SANJIN SHIHUA CONGSHU

《三晋史话》丛书

三晋史话·朔州卷

主编 刘英魁 王加关

山西出版传媒集团 三晋出版社 山西人民出版社

《三晋史话》丛书编委会

《三晋史话》丛书学术顾问

渠传福　山西博物院研究员
赵瑞民　山西大学历史文化学院教授
李书吉　山西大学历史文化学院教授
王灵善　山西出版传媒集团重点出版工程办公室主任、编审
降大任　山西省社科院研究员、三晋文化研究会特聘专家
高春平　山西省社科院历史研究所副所长、研究员
巨文辉　中共山西省委党史办公室副主任、研究员

《三晋史话·朔州卷》编委会

总　序

中共山西省委常委、宣传部长

胡苏平

近年来，越来越多的人走进山西，领略表里山河的壮美风光，感受一脉相承的历史文化。山西这块古老而厚重的土地，充满了神奇。如何为这些远道而来的客人们提供帮助，给他们留下一个简要、生动而又难忘的记忆，这就促使我们萌发了编撰一套介绍山西历史文化丛书的想法。

经过大家的努力，《三晋史话》丛书终于和读者见面了。这套书总体成套、分体成册，图文并茂，好看、好记、好用也好带，能够把山西最具历史文化价值、最想告知读者的精华展示出来，让朋友们能够在较短的时间里对山西的历史文化有一个大致的了解。

参与编撰的各位作者和专家以严谨认真的态度，对历史负责、对民族文化负责的精神，精心设计，反复研讨，认真修改，完成了这套12卷200余万字的丛书。这是我省文化建设的又一重要成果，也是向社会宣传介绍山西悠久历史与文化贡献的珍贵典藏。

在此，我向参与丛书编撰、出版工作的同志们表示由衷的感谢！

山西表里山河，物华天宝，历史悠久，人文荟萃，是中华文明的重要发祥地。省委书记王儒林同志将山西历史文化的特色概括为“三个一”：一是“一缕曙光”，即距今约4500万年前，山西垣曲就有被专家称之为“类人猿亚目黎明时的曙光”的曙猿存在，它不仅证实了人类远祖很有可能起源于中国，并且把类人猿出现的时间向前推进了1000多万年；二是“一堆圣火”，大家知道火的使用是人类历史的开端，而距今约180万年前，山西芮城西侯度就出现了古人类活动的身影，先民们在这里点燃了第一把圣火，留下了中国最早的人类用火遗迹；三是“一座都城”，近40年的考古探明，距今4300年左右，尧帝在山西襄汾陶寺建都，陶寺就是尧都，山西南部所在的“中土之国”是“最早的中国”，“古中国”正是从这里走来！

在中华文明发展的历史进程中，山西作为中原农耕文明的核心区域，早在人类揖别洪荒之初，神农炎帝就在晋东南高平羊头山一带播五谷、尝百草，实现了从渔猎到农耕、从游牧到定居的重大历史转折，开创了延续几千年灿烂的农耕文明。尧都平阳、舜都蒲坂、禹都安邑凸显出“古中国”的遥远和厚重；夏县及周边丰富的夏文化遗存、垣曲及周边确凿的商文化遗存，生动展示了夏商时期河东大地在文化演进中扮演的不可替代的角色。西周春秋时期，晋国延续600余年，对推进华夏文明的进程发挥了主导和引领作用。战国时期，韩、赵、魏都源出山西，胡服骑射、围魏救赵、长平之战等重大事件，都直接影响着中国的发展进程。秦汉以降，山西始终发挥着民族熔炉的作用，谱写了中华民族大融合的辉煌篇章。宋元时期,山西新的经济、文化发展元素不断滋生,杂剧演出繁荣兴旺,成为中华戏曲的摇篮。明清时期,晋商把山西人的智慧与勇气推向了极致,让世人认同了“无西不成商”的历史事实。抗日战争时期,党领导的八路军三大主力在山西创立晋察冀、晋绥、晋冀鲁豫三大敌后根据地,成为全国抗战的重要战略支点,为民族解放和新中国的诞生,建立了不朽功绩。

山西历朝历代的杰出人物灿若星辰,影响深远。炎黄二帝、尧舜禹等英雄先祖,奠定了中华民族的人文精神与基本价值体系。后世山西,名人辈出,诸如称霸中原的晋文公,胡服骑射的赵武灵王,抗击匈奴的卫青、霍去病,经营西域的班超,忠义仁勇的武圣关云长,推行改制的冯太后,杰出女皇武则天,再造大唐的郭子仪,精忠报国的杨家将……仅闻喜裴氏一门就有宰相59人,大将军59人,正史立传者600余人,名垂后世者不下千余人,七品以上官员多达3000余人。还有狄仁杰、司马光、杨继宗、傅山、于成龙、陈廷敬、栗毓美、祁寯藻、徐继畬等一大批廉吏能臣,卫夫人、法显、王通、王绩、王勃、王维、王之涣、王昌龄、王翰、柳宗元、白居易、卢纶、温庭筠、米芾、马远、元好问、关汉卿、郑光祖、罗贯中等名垂青史的文化名人。

山西多样性的历史文化具有不断变革和进步的鲜明特色,许多影响中华文明的改革,首先是在山西地区孕育、展开,进而推动了社会进步。著名的“曲沃代翼”,为晋国的全面发展掀开了崭新篇章;“郭偃之法”,为晋国称霸中原提供了思想源泉;三家分晋、李悝变法、魏文侯改革,顺应了历史潮流。以子夏、荀子为代表的儒家,以李悝、韩非子为代表的法家,以吴起、尉缭子为代表的兵家，以公孙龙、惠施为代表的名家，以苏秦、张仪为代表的纵横家，在中国思想史上写下了浓墨重彩的篇章。秦汉以后，均田制及全面“汉化”的政策，从根本上改变了天下政治的格局和发展方向。隋唐以后的一些著名政治人物如柳宗元、司马光等，致力于社会改革与改良运动，为中华文明进程的延续提供了动力，也为后人留下深刻印记。

山西这块土地上留存着多姿多彩的文化遗产，是观瞻 5000 年中华文明的“金色名片”。目前，山西境内已发现各类不可移动文物 5 万余处，其中有五台山、平遥古城、云冈石窟 3 处蜚声中外的世界文化遗产。全国重点文物保护单位有 452 处，数量居全国第一。旧石器文化遗址有 464 处，早、中、晚期自成序列，为全国仅有。新石器时期各种文化类型在我省都有发现。最值得注意的是，全省现存各类古建筑共计 28000 余处，时代连续，品类齐全，全国仅有的四座唐代木结构建筑都在山西，元以前的木结构建筑占到全国存量的 75%左右，素有“中国古代建筑博物馆”之称。全省现存古壁画 24000 余平方米，彩塑 12000 余尊，素有“东方艺术博物馆”美誉。全省现存大小石窟石刻 1112 处，东汉以来各类碑碣 5 万多通，在全国占有重要地位。全省现存古民居、古城池 9300 余处，高平中庄村元代姬氏民居是我国现存最早的民居实例，襄汾丁村民居、灵石王家大院、祁县乔家大院、太谷曹家大院及定襄阎锡山旧居等，集中反映了我国明、清和民国时期北方民居的建筑艺术特色。全省现存历代长城 1400 多公里，涉及战国、汉、北魏、东魏、北齐、隋、宋、元、明、清等多个朝代，是我国保存长城朝代跨度最大的省份，其中东魏、北齐、隋、宋 4 个朝代的长城为我省独有，雁门关、宁武关、偏头关、娘子关、平型关等关隘至今仍回荡着战争的声响。全省现存革命旧址和纪念建筑1466处,武乡八路军总部旧址、五台白求恩模范病室旧址、晋绥边区政府旧址、平型关战役旧址、百团大战旧址等承载着抗战胜利的伟大记忆。经国家有关部门认定,山西有国家级历史文化名城6座、历史文化名镇8个、历史文化名村32个。四大梆子、民间歌舞、锣鼓艺术等国家级非物质文化遗产116项,国家舞台艺术精品工程8部,均居全国前茅。山西荣获中国戏剧大小梅花奖的演员有217位,在全国遥遥领先。文化产业蓬勃发展,山西文博会已成为在全国具有很高美誉度的知名展会。

山西从北到南,根据各地文化遗产的禀赋和特点,分为五大特色文化区:北部(大同、朔州、忻州)边塞佛教文化区,通过充满沧桑的边关、长城,见证中华民族融合的历史风云;透过享誉世界的云冈石窟、应县木塔、悬空寺、五台山,体悟博大而深邃的佛学文化。中部(太原、晋中)晋商文化区,通过闻名遐迩的乔家大院、王家大院、曹家大院、渠家大院、常家庄园等晋商大院展示晋商的辉煌;透过一间间店铺、一座座票号、一本本字据等实物遗存展示诚信的魅力。南部(临汾、运城)根祖文化区,通过西侯度、匼河、丁村、陶寺等重要考古遗址,领略文明源头的震撼;透过德孝天下的尧舜文化、义薄云天的关帝文化和荡气回肠的大槐树文化,品味华夏血脉的传承。中西部(吕梁山脉及沿黄地带)黄河民俗文化区,通过悠悠的临县碛口古渡、河津龙门古渡、芮城风陵渡、永济蒲津渡等古镇、古渡口,追溯逝去的华章;透过娓娓的民歌、民舞和民间技艺等非物质文化遗产,倾听历史的回声。东南部(长治、晋城及阳泉）太行生态文化区，通过王莽岭、太行大峡谷、皇城相府、沁河古堡、娘子关等自然人文景观，见证迷人的太行风光；透过女娲补天、精卫填海、后羿射日、愚公移山、神农尝百草等神话传说领略历史的变迁。也正是依托这些厚重绚丽的文化，山西逐渐形成了华夏之根、黄河之魂、佛教圣地、晋商家园、边塞风情、关公故里、古建瑰宝、太行神韵八大文化品牌，立体式、全景观地展现了华夏文明看山西深厚的文化内涵。

行走在三晋大地，你随时随地都能感受到山西悠久的历史、灿烂的文化，也能感受到山西人民淳厚善良、忠义仁勇、坚韧执着、乐于奉献的优秀品格与崇高精神。回顾并梳理山西的历史文化，可以从一个极为重要的角度了解中华文明及其对人类文明的伟大贡献，找回民族文化之根，延续优秀文化之脉，增强我们创建现代文明的自信心与自豪感；特别是弘扬源远流长的法治文化、博大精深的廉政文化、光耀千秋的红色文化，能使我们从中汲取强大的精神动力与无穷智慧，对我们展示山西形象，促进富民强省，建设小康社会，具有十分重要的现实意义。

是为序。

2016 年 5 月于太原

概　论

朔州市成立于1989年元月，初辖朔城区、平鲁区、山阴县二区一县，1993年7月又增怀仁、应县、右玉三县，共二区四县。全市东西长144.4公里，南北宽133公里，总面积1.07万平方公里。市政府所在地朔城区。

（一）

朔州山河壮丽。地处山西北部、桑干盆地西南端，内外长城之间。控长城，连大漠，背居延而面燕京；右偏关而左雁门，南峙宁武，居三关之中。襟山带水，四塞为固。古墩野戍，回环盘护，壮雁门之藩卫，启云中之唇齿。系三晋门户，世人关注，兵家必争。阴山山脉列其北，管涔山脉绕其西，恒山山脉屏其南，洪涛山脉卧其腹。千峰争雄，万壑比幽，群石竞奇，披翠滴绿。境内碧波荡漾的神头海，群泉喷涌，飞珠吐玉；分属黄河水系和海河水系的26条较大河流不分昼夜，流淌不息。汹涌澎湃的桑干河，左环右绕，穿境而过，滔滔东去。山川之壮美，河湖之灵秀，将朔州装点得风光无限。

朔州历史悠久。境内的“峙峪人”遗址表明，早在2.8万多年前就有人类在此繁衍生息，为中华民族重要的发祥地之一。朔州自古为一方雄胜之地，屏藩华夏之北，安系中原之疆。内外长城南北对峙，城堡烟燧，星罗棋布。历代金戈铁马，群雄争霸，民族融合，文化交流，形成了丰富独特的民族融合文化和边塞军事文化。隋炀帝的“毡帐望风举，穹庐向日开”、唐太宗的“寒沙迷骑迹，朔风断边声”，从一个侧面描绘了朔州的古风古韵与源远流长的文脉。

朔州名人荟萃。源远流长的文明孕育出无数风流人物，男有后唐小康天子李嗣源，女有辽代兴宗皇后萧氏；文有西汉才女班婕妤，武有唐代名将尉迟恭；面壁穷经者有唐代高僧窥基，在朝辅政者有明代内阁首辅王家屏……上下几千年，他们或成就霸业，或辅佐君王，或禀赋出众；或建功树勋，或砥行立言，或志秉忠贞，共同构成了一座生动形象的历史人物画廊。

朔州名胜古迹众多。有全国重点文物保护单位 6 处，省级重点文物保护单位 19 处。馆藏珍贵文物数以万计，国家一级文物百余件。杀虎口地当要冲，历史悠久；金沙滩古已扬名，日臻壮观；应县木塔享誉中外，举世无双；崇福古刹规模宏大，名作荟萃；清凉山风光深藏闺中，秀丽可掬；神头海景区如诗如画，秀比江南……它们像一颗颗璀璨夺目的明珠，将朔州大地装点得无比秀美多姿。

（二）

距今二三百万年的时候，地球上出现了古人类。朔州发现的距今约 2.8 万年的峙峪人遗址和距今约 1 万年的华北地区大型石器制造场鹅毛口遗址，表明远古时的朔州即有人类活动和居住。当非洲的尼罗河流域出现文明曙光时，中国正处于母系氏族社会后期绚丽的彩陶文化时代，后经历了夏、商、西周奴隶制王朝。那时，朔州地处中原华夏族和北方游牧民族活动的分界区域，先后有薰粥、北狄、鬼方、土方、戎狄等北方游牧民族活动，对中原王朝构成巨大威胁。战国时期，赵国先后吞并了地处今朔州的代国和古楼烦国，并在新开拓的土地上设置了雁门、云中、代三郡，朔州为赵国抗击匈奴的前沿。公元前 229 年，秦军攻陷赵都邯郸，公元前 222 年秦军又攻陷代。秦时，今朔州地区分属雁门郡和代郡。西汉时，今朔州地区仍分属雁门郡和代郡。西汉后期，重用外戚和宦官，政局混乱，国家权力削弱。公元 9 年，外戚王莽自立为帝，改国号为新，西汉灭亡。王莽时期，朔州地属填狄郡和厌狄郡。东汉时期，今朔州地区属定襄郡、代郡和雁门郡。

三国、两晋、南北朝，又称魏、晋、南北朝。在此时期的朔州地区，随着政权的频繁更替而不断变换所隶属之王朝。三国时，朔地基本上属魏。西晋时，朔地南部为雁门郡地，北部为鲜卑族领地。十六国时期，朔地先后为代国、后赵、前燕、代国、前秦、后燕属地。北魏前期朔州地属京畿。迁都洛阳后，朔地归恒州（今大同）所辖。东魏、西魏并存时期，朔地属东魏。北齐、北周并存时期，朔地属北齐。

隋代，今朔州地区属于朔州总管府或马邑郡。唐朝从618年建立起，直至907年朱温废唐称帝建后梁止，其间近300年。今朔州地区唐初属于河东道之朔州。天宝元年（742），改州为郡后，属于河东道的马邑郡。到了唐末，今朔州地区基本上属于河东道的朔州、应州以及云州。唐末五代初，朔州地区属于李克用、李存勖父子为首的沙陀族势力范围。李存勖称帝后，朔境归后唐。后唐节度使石敬瑭借契丹势力灭后唐，把包括朔境在内的幽云十六州割让给契丹，自称儿皇帝，建立了后晋。辽宋夏金时期朔州地区先后为辽西京道辖区的大同府、应州、朔州之地。金西京路辖区的大同府、应州、朔州之地，部分地区曾短暂地归属北宋政权数年，北宋在朔州置朔宁府。元代，朔州地区为河东山西道宣慰使司大同路辖区。

明朝时，统一的多民族国家进一步发展，朔州地区成为汉族和蒙古族争夺和较量的疆场，内外长城巍然耸立，屯堡相连，烽堠相望，狼烟时起。隆庆和议后，蒙汉关系缓和，双方互市，民族融合加强，朔州地区出现了历史上罕见的和平发展的景象。清代前期实现了大一统，奠定了中国今天疆域的基础，长城不再是蒙汉争夺的前沿，杀虎口设立户部常关，极大地推动了朔州经济的发展。由于承平日久，人口激增，大批朔州民众走西口，或商或农，开发大草原，传统的封建经济继续发展。19世纪中期鸦片战争以后，朔州兴起了反帝反封建的熊振德起义和以"扶清灭洋"为口号的义和团运动。辛亥太原起义后，朔州地区积极响应，在应县小石口起义、山阴两次夺枪、怀仁秀女村大战的助推下终于推翻了清王朝在朔州的统治。

民国6年（1917），阎锡山独掌山西军政大权后，利用第一次世界大战帝国主义无暇东顾之机，推行村政建设和"六政三事"，朔州出现了"三大渠"。之后军阀混战，严重地摧残了朔州经济。民国25年（1936）9月，山西国共联合抗日组织——山西牺牲救国同盟会成立，牺盟会在朔州各县活动，促进了朔州抗日救亡运动的发展。“七七”事变后不久，大同、朔州沦陷，八路军挺进华北，在朔州开辟西山、洪涛山、左右凉等抗日根据地。但阎锡山政府消极抗日，积极反共，不断制造摩擦，朔州军民从抗日大局出发，进行了有理、有利、有节的斗争，摧毁了朔州各县阎锡山政府和地方武装。之后，中国共产党领导根据地军民克服了巨大困难，巩固、壮大了根据地，开始局部反攻，收复失地。民国 34 年(1945)8 月 15 日，日本侵略者宣布无条件投降，朔州人民付出巨大牺牲，终于赢得最后胜利。民国 35 年(1946)6 月，在美国支持下的蒋介石政府挑起内战。朔州军民配合晋绥、晋察冀部队英勇斗争，解放了朔县、岱岳等 10 余座城镇，并广泛开展土地改革。民国 37 年(1948)5 月 25 日，随着怀仁县的解放，朔州全境解放。

(三)

一方水土养育一方人，一方人文肇创一方文化。多民族杂居交融的人文沃土、边塞军事文化特征鲜明的地理环境、根深叶茂的马文化、内涵丰富的佛教文化与历久弥新的红色家园，这些特色共同构成了朔州历史文化熠熠生辉的亮点。

极为典型的民族融合文化：朔州自古宜农宜牧，是多民族聚居的乐土，是农耕文明与游牧文明的交汇地。此一时，为中原汉族所居；彼一时，为北地民族游牧。各民族间，或和睦相处，或金戈铁马，上演了一幕又一幕兴衰交替的历史剧。战国时，赵武灵王决心通过“胡服骑射”进行改革，开拓赵国的疆域，实现富国强兵。今朔州一带正是这场改革的主要实践基地。从秦统一到汉初，匈奴强盛，大量掳掠汉人至大漠。至汉武帝强盛，曾从关中大量移民。东汉晚期，中原大乱，无暇顾及边塞，北部匈奴、鲜卑、乌桓南迁占据朔州地区。之后的魏晋和北朝，朔州地区仍是北方游牧民族与汉民族共同活动的区域，北魏定都平城的近 100 年间，就是今朔州地区历史上经济发展的黄金时代。满目疮痍、白骨盈野的境域，变得欣欣向荣、生机勃勃。隋唐与突厥往来，唐末沙陀族来此定居，北宋时契丹占领，女真崛起后继为统治者。元为蒙古族，清为满族占据。其间，民族之间，有战有和，有进有退，杂居共处，互通婚姻，彼此融合，取长补短，兼容并存。或往来，或互市，进行经济文化交流。每当北方游牧民族南下占据朔州地区，总会将本族的民众迁来。当他们被另外的北方游牧民族代替，或是被中原汉族收复，一方面他们大部分会留居，另一方面，新的主人又会将其族民，或从北方，或从中原迁徙到朔州地区来。留在当地的各个民族，大都融合成为汉人。

独具特色的边塞军事文化：从地理位置来看，内长城南称塞内，外长城北称塞外，内外长城之间称塞上。朔州位处塞上，正好处在内外长城的包围之中。内长城上有依靠地理天险修筑的易守难攻的雁门、宁武、偏头外三关，外长城上有著名的出塞西口——杀虎口。过雁门关，经朔州地区，出杀虎口，既为南北通商大道，又为重要的南北军事要地。在古代相当长的时期内，对中原王朝最大的军事威胁主要来自于北方游牧民族，而朔州正处于防御北方游牧民族南下之要冲，同时这里也是中原王朝出击北方游牧民族的重要军事基地。北方游牧民族如攻克朔州，可南下威胁全山西乃至全国。对中原王朝来说，则可以出朔州，直接征服大漠一带的游牧民族。故而朔州确系京都藩卫、三晋门户、全晋巨防，为兵家必争之地，历来为世人关注。

源远流长的马文化：地处内外长城之间的朔州与马有着难以割舍的情缘。2.8 万年前的峙峪人即以猎取野马为生，到赵武灵王胡服骑射，以及蒙恬北击匈奴筑华夏第一马文化城马邑时，朔州养马已蔚然大观。北魏尔朱新兴时，“牛羊驼马，色别成群，弥漫川谷，不可胜数”。北齐王朝的开拓者高欢在未发迹之前，曾投附尔朱荣，因替尔朱荣降伏一匹常常踢啮伤人的悍马（号称“毒龙”）而受到尔朱荣青睐。后来高欢窃取六镇起义果实，登上政治舞台，因而便有“尔朱荣送‘毒龙’送天下，高欢得‘毒龙’得天下”的传说。唐代在北边设立马市，今朔州一带放养马匹得以进一步发展。元代曾在马邑建军马牧场，今朔城区的西套村、马营堡村一带，就是当时的放牧马场和圈马之地。新中国成立后，1956 年，山西省畜牧厅在原朔县麻家梁一带兴建颇具规模的国营种马场，引进苏联重挽马等品种，进行纯种繁殖和本地马的改良。时至今日，马文化在朔州备受广泛重视，并以多种形式向公众宣传展示，其中尤以马踏飞燕巨型雕塑广为人们所熟知，成为朔州最具代表性的城市标志之一。

影响深远的佛教文化：佛教从十六国时代的后赵传入朔州，到北魏太和元年（477），平城有寺约 100 所，僧尼 2000 余人。平城周围有寺 6478 所，僧尼 77258 人。今朔州地区有著名的显明寺、崇虚寺、安福寺等。唐代著名的佛寺有大寺庙（今崇福寺）、天王寺、净土寺等。辽金时期，又有释迦塔、文殊寺、栖林寺、广福寺等。元明清时期,朔州又有护国寺;应州又有大安寺、中海寺、下生寺,至清末有寺37所;平鲁又有千佛洞寺、天门山观音寺等;怀仁又有永宁寺、天罗寺等共84所;山阴又有瑞云寺、卧佛寺、洪圣寺、得胜院寺、沙家寺等;右玉又有海藏庙、菩萨庙、观音庙、显明寺等。在朔州佛教历史上,名僧众多。东晋慧远(祖籍朔州)为净土宗创始人,弟慧持亦为东晋名僧。唐代窥基为玄奘嫡传弟子,有论著30余部,草疏100余本,是佛教法相宗的创立者。窥基著作传入日本,法相宗成为日本最有影响的宗派之一。壁峰,元末明初名僧,在应州崔家庄大安寺修持。他与明太祖朱元璋有特殊关系,故朱元璋当皇帝的第二年,即将壁峰召到南京,接见于奉天殿,并赐南京大天界寺给他,使其为该寺主持,并亲制翰墨诗十二韵赐之。圆寂后安葬于大安寺。朱元璋令大学士宋濂为壁峰撰写了《寂照圆明大禅师壁峰金公舍利塔碑有序》。维绪,生于清末,19岁时在五台山成果巷受戒。民国25年(1936)在净土寺立戒坛,为129人受戒。在山西、内蒙古、河北等地很有影响,佛教徒尊称其为禅师。大行,生于清末。1974年,他把自己多年积蓄的100元人民币献给国家维修应县木塔。佛教界称他为大行禅师。净如,对日军入侵五台山时劫掠珍贵文物,坚决予以抵抗。当敌人搜出碧山寺的"华严经字塔"时,净如法师冒着生命危险争夺回来,又避过敌人悄悄地将其护送至上海密藏起来。民国31年(1942)1月28日,日本侵略军进入应县下庄村天王寺杀死僧众8人。恩惠和尚(青年时当过兵)目睹侵略者的残暴行为,出于民族义愤,一连杀敌14人,后壮烈牺牲,群众称其为佛教徒民族英雄。北魏千佛石塔、佛宫寺释迦塔(俗称应县木塔)、右玉宝宁寺敕赐镇边水陆画等佛教圣物更是誉满华夏。

光耀千秋的红色文化:朔州是具有光荣革命传统的革命老区,也是红色文化资源的重要聚集地。从国内革命战争时期、抗日战争时期、解放战争时期到社会主义建设和改革开放时期,红色文化在朔州都有丰富的体现,深入研究这些宝贵资源的历史渊源、丰富内涵、时代价值和实践要求,对于促进全市经济社会全面协调发展有着重要的推动和促进作用。长期艰苦卓绝的国内革命战争,锤炼和造就了像罗绣、曹汝谦、郑足、寇子严等无数优秀共产党员和革命战士。他们用鲜血和生命唤醒了广大民众,他们以不屈与悲壮谱写了一曲曲先驱者的赞歌。抗日战争期间,朔州人民在中国共产党的领导下,同仇敌忾,投入到反侵略、保家园、驱倭寇、卫中华的民族解放斗争中。八路军一二〇师和广大人民一起，先后建立了左右凉、大怀左、朔平西山、洪涛山、清平、应县南山6个抗日根据地。8年间，进行了马鞍山伏击战、奇袭岱岳等数百次战斗，涌现出了民族女英雄李林、全家抗战的蒙蔚等无数彪炳史册的英烈，创造了可歌可泣的业绩。1945年8月，朔州全境先后得以收复，朔州人民终于和全国人民一起赢得了抗日战争的伟大胜利。1946年，国民党撕毁“停战协定”后，内战的狼烟再次在朔州大地燃起。在中国共产党的领导下，朔州军民进行了不屈不挠的斗争，7月16日，解放朔县城，晋北战役首战告捷。三攻应县，1948年5月19日，毛泽东主席曾为此作了亲笔指示。1949年10月1日，新中国成立后，当家做主的朔州人民同全国人民一样，开始以主人翁的姿态，用勤劳的双手医治战争创伤，重建家园。从此，各项社会事业不断发展，其成就是任何一个历史时期都无法比拟的。

如今之朔州腾飞猛进，一跃成为塞上赫赫明珠。雄厚的经济实力，和谐的人文环境，优美的自然风光，完善的服务设施，为各项事业的发展奠定了坚实的基础。

应县木塔

目 录

第二章 马邑建置和马邑之争

（秦汉时期）

第三章 南北民族大融合

（魏晋南北朝时期）

第四章 代北士马甲天下
（隋唐五代时期）

第五章　多元文化汇聚
（辽宋金元时期）

第六章　辉煌与衰落
（明清时期）

第八章 走向新中国

（从五四运动到解放战争时期）

第一章

猎马人开塞上文明

（史前至春秋战国时期）

概述

朔州——内外长城之间的塞上地区，是一块山川秀丽而历史悠久的风水宝地。

这里山河壮丽，阴山山脉列其北，管涔山脉绕其西，恒山山脉屏其南，洪涛山脉卧其腹。千峰雄峙，万壑幽深，苍岩竞秀，林莽拥翠。境内分属黄河水系和海河水系的26条河流不舍昼夜，流淌不息。其中汹涌澎湃的桑干河，左环右绕，穿境而过，滔滔东去。碧波荡漾的神头海，群泉喷涌，飞珠吐玉，竞秀江南。这里田原广袤，宜农宜牧。山川之壮美，河湖之灵秀，将朔州大地装点得风光无限。

朔州地区的史前史，最早可追溯至几千万年前大同盆地（桑干盆地）的形成和二三百万年前的大同湖时代。其时，朔地处于大同盆地和大同湖的西南端。早在2.8万多年前的旧石器时代晚期，黑驼山下峙峪“猎马人”就在桑干河源狩猎、生活，开启了塞上文明的先河。新石器时代人类活动的遗址，境内已发现的尤以华北地区大型石器制造场——鹅毛口石器制造场最为著名。

夏朝时代，朔地活动的北方民族称薰粥（薰鬻）。商朝时代，朔地活动的北方民族主要是土方与鬼方，他们最终被商王所征服，出土于右玉县大川村的商代乳钉纹青铜簋被一些学者认定为商王赐给臣服首领的礼器。西周时代，朔地南邻晋国，这里活动的北方民族称猃狁或戎狄。周穆王西游过朔境曾受到了戎狄部落的热情款待，堪称中原与北方游牧民族经济文化交流的最早记录。

春秋战国时代，今朔州地区盛产的代马闻名于世。春秋时代，朔境活动的北方民族仍称戎狄。今朔州地区既是“魏绛和戎”的前沿与主阵地，也是这一事件的主要受益方。战国时代，朔地初为代地和楼烦地，赵襄子灭代（以今河北蔚县代王城为中心，包括今朔州东部山阴县、怀仁县与应县大部），赵武灵王破楼烦后，朔境全部归入赵国版图。朔境考古发掘中出土的战国新城布与“宋子”三孔布，就是朔州地属赵国的有力佐证。战国后期，赵国良将李牧大破匈奴10余万骑，朔州地区得到不断开发。公元前222年，朔地完全归秦。

朔州地区在秦以前的漫长岁月里，是由原始形态到不断成熟的发展阶段，也是当时社会通过征服、兼并战争由分散走向统一的发展阶段。这一时期，朔州地区发生的战争，给朔州打上了不可磨灭的烙印。由此，也造就了赵武灵王、魏绛、李牧等卓越的政治家和军事家。

塞上明珠——朔州

朔州位于山西省西北部，北以外长城为界与内蒙古自治区毗连，南以内长城为天险与忻州市诸县为邻，西界偏关，东邻大同。从地理位置而言，内长城以南称塞内，外长城以北称塞外，内外长城之间称塞上。朔州恰好是位于内外长城之间的塞上地区。内长城上有依靠天险修筑的雁门、宁武、偏头外三关，外长城上有著名的出塞西口——杀虎口。经雁门关，穿杀虎口，既为南北通商大道，又为重要的军事要路。

朔州市政区图

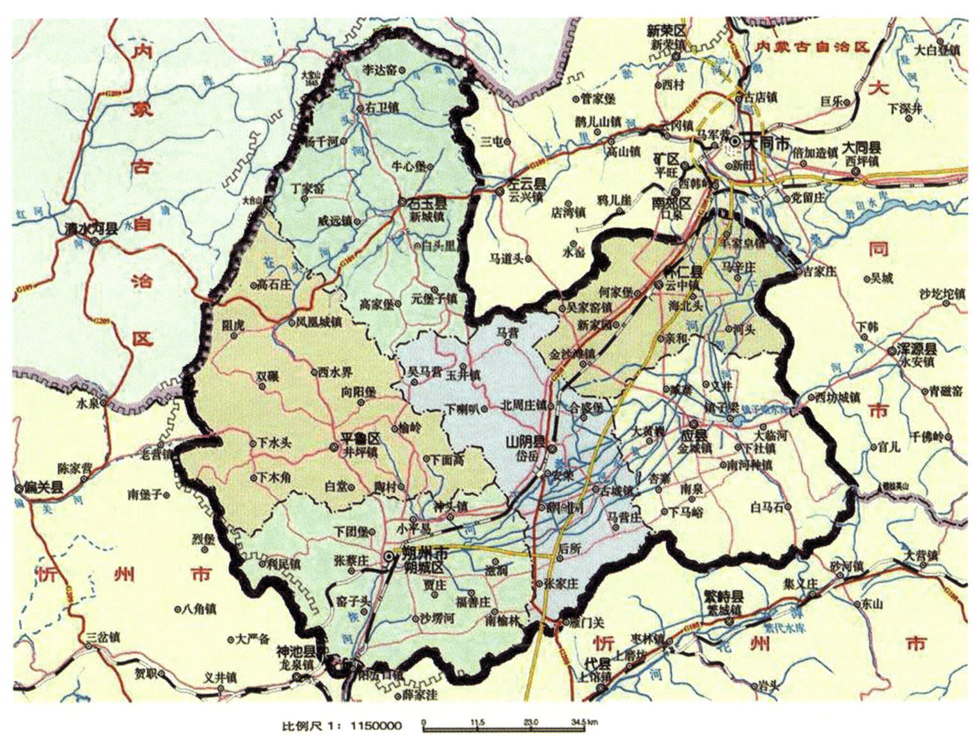

内长城朔州段遗迹

朔州境内的高峰峻岭，连绵不绝，逶迤百里。阴山余脉阻其北，右玉县杀虎口两侧山峰耸立，沟谷平缓狭长，形势十分险要，为通塞要冲。恒山余脉踞其南，山脉横跨应县、山阴县、朔城区南缘，呈东北—西南走向，平均海拔近 2000 米。管涔山脉屏其西，其脉宏阔高大，盘踞百里，主要山峰有黑驼山、人马山、乌龙山、黄华山、桦林山，平均海拔 1800 米以上。洪涛山脉壮其中，主峰大贝山海拔 1947 米。

朔州的河流分属海河流域和黄河流域。以儿女山、黄土坡、虎头山、黑驼山、两狼山为界，以西为黄河流域，以东为海河流域。黄河水系分布于境内北部和西北部地区，主要有苍头河及其支流关河、汤溪河、红河、干河、偏关河，流域面积 2953 平方公里。海河流域永定河水系是朔州的主要水系，分布在东部和南部的平原地区，主要有桑干河上游恢河及其支流七里河、歇马关河、元子河、黄水河、木瓜界河、浑河、口泉河、大峪河、鹅毛河、小峪河等，流域面积 7690 平方公里。主要河流外，尚有 1000 余条山峪、季节溪流河道，还有华北地区出流量较大的岩溶大泉——神头泉群。

介于三山环绕、众派汇流之间的桑干河盆地，地处大同盆地西南端。盆地地势平坦，土壤肥沃，水源丰富，农牧业发达，是支撑朔州发展的粮秣基地。

朔州的内长城大部分在忻州和朔州两市交界沿线一带，外长城在今山西与内蒙古交界沿线一带。明代以来维修的长城现今除怀仁县以外，其他五个县区均有遗址，总长约 285 公里，占全省明长城遗址总长度的 30%。长城线上筑有多处敌楼，附近建有屯军城堡。新、旧广武城地势极为险要。利民堡在明代与神池、八角及今五寨三岔堡，合称“四城堡”，是防御瓦剌、鞑靼的军事要地。右玉县城堡众多，烽堠林立，被誉为“中国古堡之乡”。现在保存比较完好的就有 30 多座，是明代大同镇防御体系的重要组成部分。与上述城堡形成遥相呼应之势的是遍布朔州各地的关塞隘口，北部阴山余脉有破虎堡口、大坡口、杀虎口等。西部管涔山脉有北岔口、白兰口、七墩口等。中部在洪涛山山区与桑干河盆地交界地带有刘家口、腊豁口、鹅毛口等。这些腹里山口，当年不但是运输战略物资的交通要道，而且是阻挡敌骑南下的天然隘口。南部恒山山脉有北楼口、小石口、茹越口、新广武口、白草口等。其中新广武口、白草

口为沟通雁门关南北的天险关隘。境内的烽火台星罗棋布，绵延不断，伸向各哨所据点。

数千年来，朔州一直是北方游牧民族与中原农耕民族相互争战的重要疆场。战争是残酷的，给朔州带来了无数灾难和疮痍；战争又是极具竞争性的，也给朔州带来变革与生机。战乱后的人口大迁徙，枭雄豪强的割据，聪颖贤明者的出现，为朔州的历史文化不断注入了新的血液，这些都是多民族文化相互渗透与融合的接点。各民族之间，战和进退，沟通融合，取长补短，兼容并蓄，辗转推进，共同创造了极具特色而又自成体系的朔州文明。朔州之地也是“和亲”、“附汉”、“迁徙”和互通关市的通道。先人们从雁门关至杀虎口走出了一条南北通衢——西口古道。西口古道南延北伸，汇入中原通往大漠以至中亚、波斯和欧洲的交通大动脉，在北方游牧民族和中原农耕民族的长期交流和融合过程中，起到了重要的纽带与桥梁作用。

朔州，就是这样一块地理位置特殊且历史积淀厚重的土地！

朔州的母亲河——桑干河

桑干河——朔州的母亲河，是指由恢河与元子河在朔城区马邑村南汇流后形成的河流，在朔州市境内全长 280.2 公里，流域面积 7604 平方公里，年均流量 5.03 立方米 / 秒，为朔州地区河道最长、流域面积最广、径流量最大的河流。

桑干河支流众多，广泛分布于朔州市境内各区县，上游称恢河，主要支流有元子河、七里河、黄水河等。

恢河发源于宁武管涔山北侧，向东北经阳方口进入朔州地区。恢河在朔城区梵王寺乡沙河村北钻入地下，到窑子头乡丰预村钻出地面而恢复原流，这就是朔州古八景之一的“恢河伏流”。恢河，北魏称马邑川水。隋唐时因该河在马邑郡下朔州城之南，亦称南河。辽代始有灰河之名。《宋史》误作“交河”。元时因河水冲刷土层而变得浑浊，故又称浑河。明时又复名为灰河。清代仍沿用灰河之名。后来因其伏流复出后水质清澈，且“灰”字不雅，才用“恢”字代替。现在周边人们仍然习惯称之为南河。七里河是恢河的主要支流，发源于平鲁区南端山地，三条支流汇合后，经朔城区刘家口，于太平窑村附近注入恢河。

元子河是桑干河上游最长的一条支流。发源于左云县南部马道头山，经右玉、山阴、平鲁，进入朔城区境内，在马邑村南与恢河汇合。河名据考与北魏孝文帝将拓跋氏改姓为元有关。

黄水河是桑干河的一级支流，发源于宁武县薛家洼一带，经宁武县阳方口镇至朔城区沙塄河乡上石碣峪村入境，流经朔城区东南部、山阴县、应县后汇入桑干河。由于早期水量很大，曾被误认为是桑干河主源，故亦称治水，又称㶟水、湿水。元明之际，因河水浑如黄汤，俗称黄水河。明朝时正式称之为黄水河。

桑干河是一条历史悠久的河，它古称㶟水，又名浑河、溹涫水。公元前 215 年，秦始皇派大将蒙恬北击匈奴，见其流域上游一带水草肥美，便择址筑城驯养战马，城名马邑(故址为朔州老城址及匼西匼北城垣)，后置马邑县。东汉初，该河水量充沛，能够行船运粮。曹魏嘉平年间，下游乡民利用河水每年灌田两千顷，到景元年间灌溉田地达万余顷。至北魏时，桑干河之名始见。北魏登国二年(387)到泰常四年(419)的 30 余年间，道武帝与明元帝曾数次到马邑游㶟源，观㶟源之鱼，可见当时这一带山清水秀，水中鱼类繁多。从西晋、北魏直到隋朝，桑干河下游段又称清泉河，说明河水清澈。隋炀帝开凿北运河亦引该河之水北通涿郡(今北京)。唐时，桑干河壮丽安澜，漕运粮船可以直抵卢思台(今北京西)。辽统和年间，辽帝和大批随员还“至桑干渔猎”。

元时，水土流失严重，桑干河河水变浑浊，河床冲刷改道，常泛滥成灾，因此被称为小黄河、浑河。然而，朔州地区也还对它加以利用。距马邑不远处的司马泊、神头海等地还建有水磨。明时，由于桑干河经常泛滥改道，下游在明末又称无定河。桑干河上游段，明前期河水利用率也较高。油房、水磨数量多，规模大，政府得以增加不少税收。明中叶后，水情明显恶化。嘉靖中期河水泛滥，山阴知县许光宗不得不“筑坝捍水”。从明后期开始，桑干河的利用率进一步降低。面对肆虐的桑干河等河

太阳照在桑干河上

流，清康熙三十七年(1698)大规模整修京畿、霸州一带平原地区河道，始改“无定河”为“永定河”。

民国时期，刘懋赏联络田子琮、张退庵、梁伯强等人联合兴办多家水利公司，开渠引恢河、桑干河之水，使朔县、山阴、应县平川地区大片旱地变成了水浇地，粮食产量成倍增长。

新中国成立后，在桑干河上及其支流建成泥河、太平窑、东榆林、薛家营、镇子梁等中、小型水库，并修渠筑坝，引水灌田，古老的桑干河也焕发出了崭新的生命力。

千百年来，桑干河滋润了朔州大地，也养育了朔州人民。朔州地区久受其益，真正无愧于“母亲河”之称。受其滋养的朔州大地，凭借着这土质肥沃、农牧业发达的极好的自然条件，今天又正在由国家重要的煤电能源工业基地，北方农区最大的奶源基地，晋北最大的蔬菜交易市场发展成长为北方生态园林城市。

“塞上西湖”——神头海

神头海古称灅源，位于朔州市区东北部洪涛山下的朔城区神头镇，是海河流域永定河水系一级支流桑干河的重要清水源。这一带群泉喷涌，碧波荡漾，泉水清纯，澄澈见底，水温常年保持在12℃—16℃，冬不结冰，水气蒸腾，故有“桑干冬暖”的景致，呈现出一派江南水乡的秀丽风光，素有“塞上西湖”之美称。又因这里泉眼泉群数量多、水域面积分布广，而被称为神头泉群。

神头海众多的泉组在附近村庄之间形成了多处湖泊，神西村东有狼叫沟泉；吉庄村东有庙前泉；马邑村南有倒河弯泉；西影寺村东有西影泉；下西关村东有东河湾泉、寰州泉，村北有苍湾泉；长城村南有长城泉，村北有后沟泉；东神头村西有玉龙泉、黄道泉；司马泊村北有三泉湾，南有金龙池，东南有七星海(又称五花泉)，西南有戏龙湾(又称细芦

湾）；新磨村西有莲花池，北有磨轮湾；小泊村西有小蒲泉。整个泉域涌流面积 12 平方公里，其中南北长 6 公里，东西宽 2 公里，共有大小泉眼 100 余处，形成一个个天然湖泊，自西向东在马邑城南与恢河汇合之后，成为不舍昼夜的桑干河。

神头海正北，巍巍洪涛山层峦叠嶂，腾峰跃谷，延绵不绝，构成了为泉区阻挡西北风沙的天然屏障，形成了泉域内空气湿润、温暖、清爽的小气候。神头镇十多个村庄点缀其间，堪称山清水秀人安乐。奔腾汹涌的桑干水，翠叠绿绕，滔滔东去。天设地造的灅源山水，悠久浑厚的历史积淀，灿若繁星的人文景观，吸引着历代帝王将相、文人学士和游人前来览胜探奇。

金龙池位于绿树掩映、三面环水的司马泊村南部，面积 40 万平方米，平均水深 1.5 米，金龙桥横跨南北。该池充满了神秘色彩，《朔平府志》载："其水一望潆洄，波涌天际。北魏后池有二龙，时化为马，一骊一黄，遇天阴晦，每出民间，牝马遇之，生驹神骏，或有角如鹿茸。然唐尉迟敬德收而乘之，马奔，欲入池，敬德抱池边柳挽之，柳为之旋，其迹尚存。今池后有鄂国公庙，俗传池与怀仁县金龙山泉水相通。"据传，尉迟恭拧弯的"麻花柳"上世纪 50 年代初尚存。

朔城区神头泉域

神头山下的黄道泉与玉龙泉泉水从山底涌出，积水成池，一条石板小桥将两池分

隔东、西。东称玉龙泉，西名黄道泉，又称东海、西海。相传黄道泉与管涔山汾河源头虽相距200多里，但二水潜通。为虚为实，给人们留下了神秘而有趣的兴味。在黄道泉北岸，沿着逶迤曲折的山石小径，攀上神头山，一座十字歇山顶式的“大王亭”坐落在峰端。一块巨大的岩石上，臀部印、手托印、脚蹬印和剪子印清晰可见。二寸多深的迹形，呈暗红色，像一个分娩妇女刚刚起身离去。雨后血迹更加鲜艳。这里就是故老相传的拓跋公主生三大王的地方，因此人们又称这座山为神婆山、神女山。

古往今来，勤劳智慧的朔州人民从未放弃对神头海的开发与利用，神头海也以其甘甜的泉水默默地作着贡献。

朔城区的神头、新磨、司马泊等村旧时都有“水打磨”。早在元初，黄道泉西岸的桑干河神庙（1968年拆毁）就建有水磨。民间传说是崔斌之弟崔彧帮助修建的。此磨建在玉龙泉和黄道泉之间，巧妙地利用了两泉水位的落差，推动木轮旋转磨面、榨油。1958年改称“跃进磨”。1982年废弃拆毁。明清时，今神头镇一带百姓安装水打磨生产胡油。由于客商较多，逐步形成一个以胡油加工为主的粮油商品集散地。清末这里有48家油坊，3家缸坊，6家粮店，5家棉布日用杂货店以及旅店、当铺、药铺等，民国初年曾盛极一时。抗日战争时期，神头、吉庄、新磨、司马泊等村，尚有木轮水力石磨10余盘，油坊10多家。新中国成立前后，东、西神头两村还有水磨各1盘，司马泊村有3盘，新磨村有两盘。其中几盘一直运作到上世纪80年代初。

在朔城区神头一带，旧时有一种很有名的提水工具桔槔，即用4根木杆子组成门楼状，其中一根杆子悬在门楼横杆的中间，利用杠杆原理从低处水池内提水到高处浇灌田地。

明初，随着南方军人戍边屯垦落籍朔州，也把稻种和栽培技术带了过来，在神头一带及朔州城南的塔底村（今丰预村）、凤凰台、前寨、后寨恢河滩上种植，至今尚存稻畦村名。明宗室乐昌王分封朔州后，在城西南泥河村种水稻，收获后运回城里，在“黄（皇）家场”脱粒，后成为街巷名。上世纪六七十年代在朔县、山阴县、怀仁县、应县等地河滩开始栽培水稻，尤以在神头海万泉滩等处种植的最佳。由于水质好，所以产出的“小京米”不亚于晋祠大米。后因产量不如玉米，水凉易使插秧人致病等原因，近20年来已不再种植。

神头一电厂、二电厂是全国工业旅游首批示范点，为华北坑口电厂之最。之所以建在这里，一个很重要的原因是附近神头海有极其丰富的水资源。

养殖于神头海一带的虹鳟鱼是朔城区一大名优特产。朝鲜金日成首相将该鱼种赠送我国后，有关专家经过测试，认定神头海一带最适宜虹鳟鱼的养殖。1975 年在神头海建场养殖，虹鳟鱼在异国他乡终于找到繁衍生息之地而正式“落户”，这也揭开了神头海发展淡水养殖业历史的崭新一页。

东榆林水库是桑干河上游河道的一座大型平原水库。水库位于神头海东南，朔州人称桑干湖。主要功能为灌溉、泄洪。条条渠道伸展在朔州大地上，纵横交错，改变了田地状态，孕育出绿波滚滚的田园风光。

黑驼山下猎马人

远在距今 28000 多年前，在今朔州城西的黑驼山附近生活着一群旧石器时代晚期的居民，堪称朔州最早的“原住民”。这些居民随着峙峪遗址的发掘被发现，因此被称为峙峪人。峙峪遗址位于黑驼山东麓之阳、今朔城区峙峪村北小泉沟前的一个小土丘之下。

该遗址由中国科学院古脊椎动物与古人类研究所于 1963 年发掘、测定。出土有人类枕骨一块；石器、石片 15000 多件，其中有一件名为石镞的特殊石器；烧石、烧骨等多块；装饰品一件；各类动物牙齿 5000 余枚；大量经人工击碎的兽骨等。

峙峪遗址中发现的石镞用燧石制成，加工精细。郭沫若先生在见到这件石镞后曾说：“当时的人们可能已发明了弓箭这种前所未有的武器。”在该遗址出土的脊椎动物化石中，草食性动物数量占 99%，其中 90%以上是野马、野驴。按出土的 4000 个马类牙齿齿位分类统计，至少代表了 130 匹野马和 90 头野驴，也就是说，峙峪遗址发现的马类化石最少有200个个体。从中可以看出，野马是他们捕猎的主要对象，石镞是他们用来狩猎的工具。他们在采食植物的嫩叶、花蕾和果实，以及根茎和外皮的同时，也靠猎取野马为生。因此峙峪人又被称为“猎马人”。

从峙峪遗址出土枕骨的体质形态来看，峙峪人属于早于山顶洞人，晚于丁村人的新人代表。有的考古学家断定他们是“许家窑人”的后代，较之前者原始性已经逐渐消失，肢、骨管壁逐渐变薄，髓腔扩大，脑容量也逐渐增大，体态特征大体上已接近现代人，属于晚期智人。据此，认定峙峪人已进入到母系氏族时期。据考，峙峪人乌发蓬松，面庞呈古铜色，他们用兽皮作顶搭起简陋的帐篷，生活在树木茂密的峙峪河岸。峙峪人双手灵巧，思维活跃，为适应生产和生活的需要，打制出数以万计的小巧玲珑的石器。遗址中发现了一件经过磨制、钻孔的石墨装饰品，反映出远古人类原始的审美意识与古朴的审美观，可称作是人类最早的钻孔艺术品。

在遗址中还发现了数百件具有人工刻划痕的野马骨片，其中一件具有较复杂图像的骨片——骨雕。通过显微镜观察，这件骨雕的图像有两组，左边一组是一只小羚羊，身略弓，前腿绷直，有两个角，后面是从

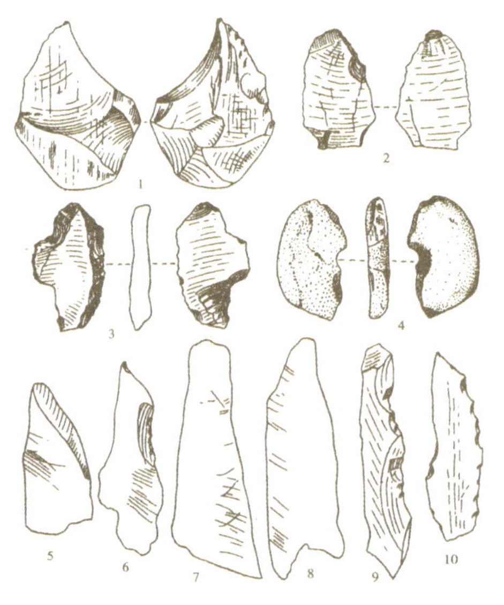

朔城区峙峪遗址出土的石器、骨器、装饰品

朔城区峙峪遗址出土的具有刻划符号的骨片化石

朔城区峙峪遗址

两侧追捕的猎人，手持带柄工具。右边一组是已落入罗网的鸵鸟，三面遭到猎人包围。这一极简单的雕刻，无疑是一件珍贵的原始艺术品。它的出土是一个极为重要的发现，因为之前考古界普遍认为，最早骨片的刻划痕发现于欧洲的克罗马农人，距今约 30000 年前，其内容有符号、标记和动物图像。峙峪遗址出土的虽比这稍晚一些，但在我国却是最早的。过去，考古界认为刻画的数字符号始见于距今约 5000 年前的半坡遗址，而峙峪遗址刻画符号比半坡遗址提前约 23000 年。所以有理由说，峙峪遗址骨片上的刻画符号和图像，应是我国人类记数符号和图像的雏形。

在峙峪遗址中，发现有烧骨、烧石和灰烬，说明猎马人已经学会长期用火。峙峪遗址没有像北京猿人遗址那样有堆积如山的灰烬，这又说明他们已经没有必要用不断燃烧的方法来保存火种了。猎马人受石墨装饰品钻孔、打磨（摩擦）制作技术的启迪，学会了人工取火。火的使用，不但增强了猎马人的体质，而且提高了他们改造自然的本领。

猎马人在自身发展过程中所形成的峙峪文化，是中国原始社会北方文化史上一颗璀璨的明珠，它开创了朔州之地的早期文明，其实质就是指这些由古人类亲手打制出来用以从事生产、生活的旧石器文化。

鹅毛口石器制造场

在中国考古发现中，山西怀仁的鹅毛口与内蒙古的大窑、广东的西樵山，被合称中国古代史前时期三大石器制造场。

鹅毛口石器制造场位于朔州市怀仁县城西北 10 公里处的鹅毛口村。村北是鹅毛口河。沿鹅毛口河而上，在约 2 公里的左岸有两条分别

怀仁鹅毛口石器制造场遗址

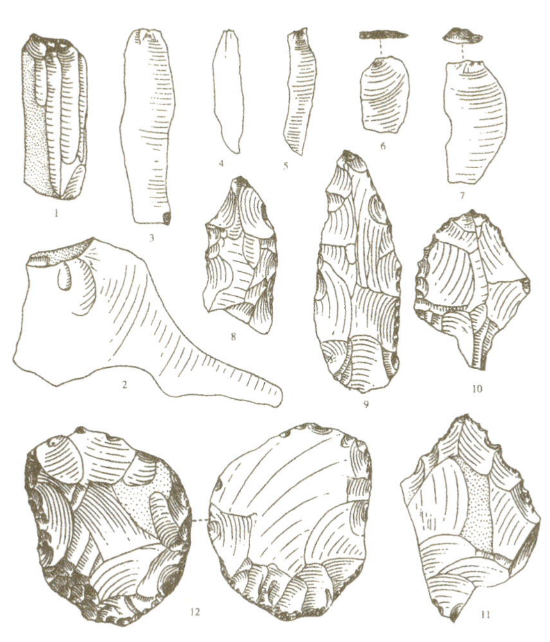

鹅毛口石器制造场出土的石核、石片、石器

名叫大瓜地沟和小瓜地沟的小冲沟，石器制造场就在这两条冲沟的源头一带和源头周围的几个相连的小山包上。

中国科学院古脊椎动物与古人类研究所原山西工作组的王择义、尤玉柱等专家会同西安矿业学院、大同市博物馆以及怀仁县有关部门，于1963年7月间在山西北部考察时发现了这一遗址。经初步调查，遗址范围大约20000平方米，有着大量的打制石器分布。由于山体长期遭受侵蚀和雨水冲刷，石器多暴露于地表，遍地皆是。山坡、冲沟以及两侧的地层中也埋藏有大量的石器。怀仁县文化馆现保存有该遗址石器制品残片1120件。著名考古学家贾兰坡先生曾三次到这里实地考察，证实此遗址是华北地区最大的一处石器制造场遗址，较西安半坡文化遗址为早，距今近10000年，属新石器时代早期遗址。

鹅毛口遗址主要以石器为代表，除了三小块陶片外，未发现任何其他遗物。发掘中出土了大量的石核、石片等石器，其中石片的数量最多，占出土遗物总数的50%以上。考古证明，鹅毛口人打制石器的技术与峙峪人相比有了很大的进步，主要用砸击、摔击、锤击等方法。一般打制厚大的石片用砸击法，将石片从巨大的岩块或岩体上用大石块砸击下来；那些较小的短石片，则是用诸如扁形石核之类在石砧上摔击出来的；而更小的长而薄的石片，是用石锤从石核上的平面或有棱脊的台面上打击下来的。在众多的石片中，歪尾石片是鹅毛口文化显著的特征之一。许多大型石器，如砍砸器、手斧、厚尖状器等多数是用歪尾石片进行加工磨制的。

鹅毛口遗址范围内有许多质地坚韧的岩石，是当时活动在该地区的居民取之不尽的石器原料来源。不像其他许多遗址那样，主要用采集于河滩的砾石来制作石器。值得提及的是，小瓜地沟附近见有凝灰岩露头，散布着巨大的凝灰岩块，有的大如桌子一般，四周留有为了制作石器打击石片的巨大疤痕；石面上也有许许多多的疤痕，这显然是制作石器时所产生的。

鹅毛口石器制造场遗址不是居住遗址，这里制造出来的大多数石制工具也已经被劳动者携带走，通过对遗存石器的分析，可以看出他们的一些生活片断：有一件带尾的尖状器，可能是粗制的标枪头；也有适于刮削兽皮用的刮削器，可间接与当时的狩猎活动相联系。还有较多的石锄和少量的石镰等农业生产工具的存在，说明当时的经济生活应以农业为主。可以推断，在当时它的主人就住在附近，有些石器和石片的边缘上有被使用过的痕迹就是证明。如果能在附近发现他们的住地和墓地，那将是一个完整的古人类“居民区”。

鹅毛口遗址为研究黄河流域氏族公社制度的早期发展，提供了重要的资料依据，也是朔州地区史前文明的重要实物资料。

武丁北伐与商代遗篇

夏商时期，朔州地区一直是北方游牧民族活动的大舞台。据考，夏朝时期，境内活动的民族称薰粥（薰鬻）。至于他们是否受夏朝控制管理，至今没有发现确切记载。但是，商朝时，朔州地区作为方国附属于商朝的史实在各种典籍中却留有多处。

商朝中后期的公元前 1250 年，武丁继位，在位 59 年，庙号高宗。武丁是商朝诸王中颇有作为的一位君主。他励精图治，力求巩固统治，增强国力，在傅说和甘盘等贤臣的辅助下，开始形成了一个庞大的官僚机

武丁画像

构，并组成了一支相对固定而庞大的军队。

当时，商朝的四周有许多游牧民族的方国部落。据考，在朔州境内活动的主要是土方，另外还有鬼方。土方和鬼方属于戎狄的范围，这些戎狄方国经常骚扰掠夺中原，是商朝的严重边患，因而也成了武丁对外用兵的重点。《易·未济》中有“高宗伐鬼方，三年克之”的记载。说明武丁对鬼方的战争就持续了三年，并且打败了鬼方。又据殷墟卜辞载，鬼方酋长自武丁时就参与商朝的祭祀、征伐、掳掠羌人等活动，说明当时强大的鬼方已被商朝征服，成为受商王朝控制的方国。

为了控制广大被征服的地区，武丁把自己的妻、子、功臣以及臣服的少数民族首领分封在被征服地区，被分封者称为侯或伯，开启了周代分封制的先河。当然，随着时间的推移，商朝与各少数民族各方国的征服与被征服、控制与反控制在武丁之后却还在继续。古本《竹书纪年》记载，商朝属国周部族首领季曾经商王同意，远征并大败鬼方。而土方经武丁出兵讨伐后，卜辞中很少见到其活动的记述，可知土方人不是归降了商王朝，就是被赶走了。商王武丁、武乙时征讨鬼方、土方的结果，解除了北方的威胁，大大开拓了商朝北方疆土，从而囊括了今朔州地区。

1973 年，出土于右玉县大川村的商代乳钉纹青铜簋是象征地位尊卑和权力等级的国之重器，具有鲜明的中原文物特色。经文物专家鉴定，商代乳钉纹青铜簋是国宝级的文物。

右玉出土的乳钉纹青铜簋

有的学者认为它是商王敕赐给臣服首领的礼器，以便施行有效的统治和管理。这也从一个侧面佐证了当时朔州地区与商朝的从属关系。

商代青铜器手工业高度发达。商朝把祭祀和军事视为国家的两件大事，即所谓的“国之大事，在祀与戎”。铜簋是古代用以盛食物的礼器，它盛行于商、周时期。当时人们在祭祀或宴会上盛菜食不用碗，而是用簋与另外一种长方形的器物“簠”。古书上常以簠、簋并举。

这件铜簋通高 16.3 厘米，口径 25 厘米，底径 16.8 厘米。器形为圆形，口沿外折光滑，直腹圆底，圈足。口沿下饰 2.5 厘米宽的夔纹一周，纹上有浮雕兽首三个，每两个兽首中间饰三个圆形凸起的泡状浮雕图案；腹部通体饰方格云雷乳钉纹；圈足上饰有 3.2 厘米长的饕餮纹一周。造型敦实厚重，乳钉圆润，与周围的菱形纹相互映衬更显得器形稳重大方，具有极高的文物价值和观赏价值。铜簋原物珍藏于山西省博物院，右玉县博物馆所展为其复制品。1973 年 9 月 15 日，周恩来总理陪同法国总统蓬皮杜到大同云冈参观时，大同市博物馆特将此铜簋借去，供贵宾观赏。商代乳钉纹青铜簋是朔州地区出土的唯一一件商代晚期青铜器，确为研究朔州商代文化的珍贵实物资料。

冀之北土，天下良马

商周之人认为，马之良驽有差，千里马良也，冀地之千里马更良，冀北之千里马最良。《左传·昭公四年》谈及晋国的军事优势时说，“国险而多马”，“冀之北土，马之所生”，就是说晋国有险可据，战马又多。“冀”指冀州，古九州之一。“冀之北土”大体指今河北、山西两省的北部一带，当然包括今朔州之地。这一带自古就是“最良之马”的产地。《郁离子·八骏》之中也有“冀之北土纯色者为上乘，居天闲，以驾王之乘舆”的记载。

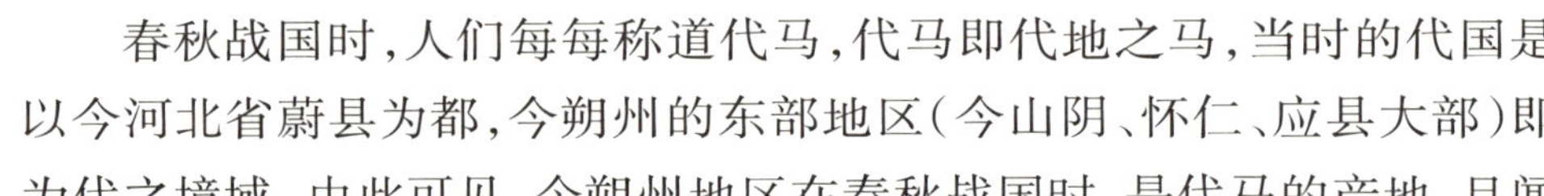

春秋战国时，人们每每称道代马，代马即代地之马，当时的代国是以今河北省蔚县为都，今朔州的东部地区（今山阴、怀仁、应县大部）即为代之境域。由此可见，今朔州地区在春秋战国时，是代马的产地，且闻

朔城区马场牧马图

名于世。当时，赵襄子灭代，也应有控制“马源”之意。

《战国策·赵策一》记述合纵派领袖苏秦为说服赵王放弃伐齐计划而全力对付秦国时，曾分析说：假如秦国从上党攻赵，扼住句注山（雁门山），沿常山（恒山）一线截断赵都邯郸与西北山地的联系，那将会“代马胡驹不东”。这也说明代地是战马主产地。

今山西北部及其周边地带成为春秋战国时期的战马主产地，与其得天独厚的特殊的地理环境分不开。当时，这一带泉水群涌，水质清纯，土壤肥沃，草木葱茂，加之域内空气湿润、温暖、清爽，形成极为适宜马类生长的自然气候条件，因而，旧石器时代晚期就有马群生长衍息。经过千万年的进化汰劣，马的品种自然是越来越好。

因为战争的需要，这一带的良马自然更受重视。所以，顾祖禹《读史方舆纪要》卷三十九《山西一》分析古代山西举足轻重的战略地位时说，它“表里山河，称为完固”，进可攻，退可守，进退攻守，因势乘便，具有无可比拟的地理优势；“且北收代马之用，南资盐池之利”，就是说又有北部代地的战马、南部河东的池盐，提供了雄厚的战略物资；在此形势下，“因势乘便，可以拊天下之背而扼其吭”，立于不败之地，“是故天下之形势，必有取于山西也”。这里也特别强调了北部“代马”的重要战略意义。

赵襄子灭代

春秋末期，晋国出现公室卑弱、卿大夫称强的局面，晋卿赵鞅（简子）执政后，为了在与其他卿大夫角逐中居于优势，采取了许多强有力的措施。将女儿远嫁赵国之北的代王，为后来开拓北部疆域做准备就是其一。代是北方戎族的一支，分布于今山西东北部和河北西北部的代地，是被晋国攻灭的赤狄余部与当地北戎部族组成的，自号“代戎”，或称“代国”。

晋出公十七年（前458），一代雄才赵简子病逝。赵毋恤继承爵位，史称赵襄子。赵简子病逝前，为让哪个儿子继承卿位颇费心思。其长子伯鲁人很老实，但才能不佳，其他儿子中只有赵毋恤聪颖过人，智勇双全，但其母是一个偏室狄女，在赵简子诸妾中地位最低。赵简子曾与诸子做过一个游戏考察他们，他对诸子说：“我在常山（今恒山）藏了一块宝符，你们都去寻找，谁找到了重赏谁。”兄弟几个争先恐后地来到常山，每个人历经跋涉，都无功而还。赵毋恤虽空手而返，但却振振有词地说自己找到了宝符，这个宝符就是依托常山居高临下之势，可以取得代国。赵简子听了十分满意，于是重赏毋恤，并确立赵毋恤继承其位。伯鲁等人输得口服心服，对毋恤也十分佩服。

朔州出土的战国蟠虺纹青铜甗

赵襄子即位后还没脱去孝服就迫不及待地带兵登上夏屋山

（今草垛山，在今山阴境内），与手下密谋灭代。不久，他宴请自己的姐夫代王。代王仅带着少量随从赶来赴宴。宴席上，襄子频频举杯与代王痛饮美酒，共话兄弟友情，其乐融融。当代王酒酣大醉之时，襄子突然摔酒杯令手下将来者统统处死。于是，其手下蜂拥而上，有的拿刀剑，有的拿铜勺，顷刻之间，杀掉了代王及其随从。接着襄子以代王召见之名，解除了代王手下大将的兵权，又亲率大军一举占领代国，封伯鲁之子赵周为代成君，将代国并入赵国版图。

代王的妻子听说弟弟杀了自己的丈夫，又气又恨，痛不欲生，便磨快自己头上的发簪，披头散发地在一座山上自杀了。后来，此山被人们称为摩笄山。有人说山阴县的“化悲岩寺”原名“代悲庙”，就是为纪念代王夫人而建的，佛教传入后才被改建为佛寺，并改称今名。

赵襄子灭代之后使赵国的疆土扩展到雁门关以北的代地。据考证，代国以今河北省蔚县的代王城为中心，包括今朔州市东部地区。这样，赵国形成了对中山国南北夹攻之势，也为赵国进一步征服楼烦，开拓今朔州西部疆土奠定了基础。

赵武灵王破楼烦

赵襄子灭代后，赵国在晋北占有了代地，其东北部是东胡，西北和北部是林胡、楼烦。这三支戎狄游牧部族实力雄厚，统称“三胡”。

公元前 325 年，武灵王成为赵国的第六代君主。赵国虽为战国七雄之一，但他即位时国势大不如前。当时，赵国东、西、南分别受到实力强大的齐国、秦国和魏国严重威胁，北边经常受到“三胡”的

朔州出土的战国春平侯铜铍（右）与郏邑相铜铍

朔州出土的战国青铜戈、青铜戟与青铜矛

不断骚扰。面对严峻形势，赵武灵王亲自北登黄华山（今山阴、怀仁、应县三县交界处黄花梁）考察，认真研究如何经营赵国的战略。他决心通过改革，首先向北发展，开拓疆域，壮大实力，实现富国强兵。今朔州一带正是这场改革的主要实践基地。

据考，商代时楼烦族就出现在我国北方。春秋战国时楼烦族的中心活动区域在今内蒙古呼和浩特市以南，黄河以东，东与赵国的代地接壤，今朔州一带为其核心地区。楼烦人长期生活在北方地区，并形成了

朔州出土的战国陶豆

朔州出土的战国夹砂交错细绳纹双耳陶罐

朔州出土的战国箭镞

自己独特的习俗风尚，其服饰——“胡服”最具民族特色，“胡服” 由短衣、窄裤、革带和长靴等组成，便于骑射活动。而此时中原人则上衣下裳，裳也称绔，类似于现在的裙子。胡服与中原人上衣下裳的服饰格局有鲜明的差别，赵武灵王独具慧眼，看到了胡服短衣窄裤的长处，遂对华夏族服装进行改革，从而引发了中国历史上第一次服饰改革。

平鲁出土的战国青铜璜

赵武灵王还认为，要从根本上改变赵国被动挨打的局面，进而继承先祖赵襄子“兼戎取代，以攘诸胡”的事业，靠中原传统的步兵和战车配合作战的方式是远不能成功的。因为步卒虽众多，但在对付那奔驰迅速、勇猛灵活的骑兵时，只能望而兴叹；笨重的战车只宜在较为平坦的地方作战，在复杂的地形中难以运用自如。因此，必须学习楼烦等游牧部族的长处，以骑兵对抗骑兵。

周赧王八年（前 307），赵武灵王以非凡的胆略和气魄，下令在全国推行“胡服骑射”。在巨大的传统风俗习惯的阻力面前，武灵王以坚定不移的信念和坚韧不拔的毅力，力排众议，以理服人，并带头穿胡服，习骑马，练射箭，亲自训练士兵，最终使得“胡服骑射”改革在赵国迅速展开。

“胡服骑射”的成功实施使赵国军事力量大增。经过五六年的艰苦作战，彻底消灭了中山国，解除了赵国心腹之患，并以此对付“三胡”的轻骑兵，大破林胡、楼烦。之后，楼烦等部族，或逃到漠北与匈奴融合，或

留在当地与华夏融合，朔州大地全部归赵。赵因拥有代地和楼烦地（句注之北），所以势力超过了韩国与魏国。赵国从强化集权统治出发，不失时机地把新开辟的北方广大游牧和半游牧区，按照中原体制设置云中、雁门、代三郡，并修筑了规模宏伟的赵长城。这不仅加强了赵国北边的军事防御力量，还有力地推动了朔州的开发。朔州作为赵国北边的军事重地，其战略地位逐步凸显出来。

“胡服骑射”不仅使赵国依靠强大的骑兵称雄列国，同时开创了中原华夏民族农耕文化与北方戎狄民族游牧文化融合的新篇章，表明戎狄民族的服饰文化和军事文化有独具特色的优势，凸现了民族融合的双向性，从而引发了中华民族服饰文化和军事文化的历史性变革。

“新城”布币与新城

布币为铲形，铲古称镈，镈、布谐音。农耕先民们在物物交换、互通有无的过程中，依据农具的样式发明了铲形钱币作为媒介。为便于携带使用流通，币体逐渐由大形而小形，由空首而平首，由尖足而方足而圆足而三孔。

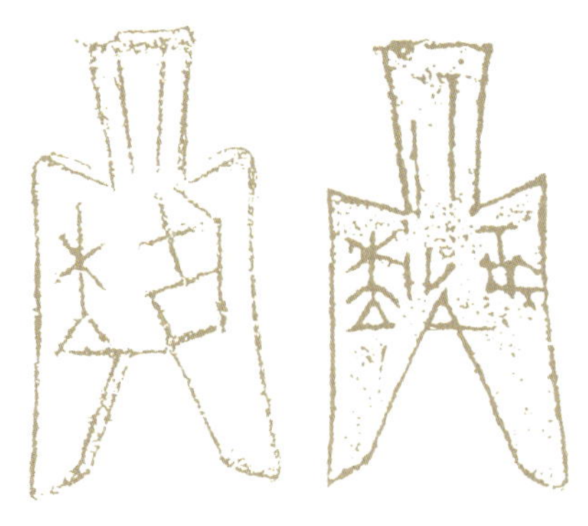

朔城区出土的战国“新（辛）城”布币

1963年以来，朔城区沙塄河、秋寺院、北旺庄、崇福寺附近、司马泊、赵坡、府南小区等处先后出土了几批战国刀币、布币，其中有不少面文地名为“辛城”或“新城”的布币。这种布币在周边的山阴县、右玉县、原平市、定襄县、阳高县，以及河北省的易县都有出土，成为当地文物部门的藏品。值得注意的是这些县市战国时均属赵地。

“新城”布币在1938年由丁福宝编著的《古钱大辞典》、日本昭和十三年(1938)奥平昌洪辑录的《东亚泉志》中早已收录。在新中国成立后出版的《燕下都东周货币聚珍》等众多钱谱中,也予收录介绍。在《赵国钱币》一书中,更收录有不同版别的12品布币。“新城”布币在国家博物馆、中国钱币博物馆、故宫博物院、上海博物院、山西博物院等处都有收藏。在钱币界珍、罕、稀、少、多五级定位中属于稀见品,在三等九级定位中属于“二下”。

用青铜铸造的“新城”布币为小形、平首、耸肩或微耸肩、尖足布,布身长5—5.4厘米,宽2.7厘米。重量在5.6克左右,微耸肩布有轻薄至4克者。面文为阳文大篆书体“辛城”或“新城”,多见倒文,书刻大同小异,版别繁多。在战国时期“辛”、“新”二字相通,学术界将两种货币合二而一,定名为“新城布”。新城和邯郸、榆次、晋阳一样,均为铸造地名。

在列国货币中,不论齐、燕之刀,魏、韩之布,秦国圆钱,均较厚重,唯有赵国的尖足布最为轻薄。“新城”布币也不例外,相当规范化、标准化,铸造工艺十分精致。

“新城”之名,最早出现于《史记·秦本纪》:“(庄襄王)三年(前247),蒙骜攻魏高都、汲,拔之。攻赵榆次、新城、狼孟,取三十七城。”因此,史学界普遍认为它是“战国赵邑”。唐代的《史记正义》认为,这个新城就是指朔州“西南四十七里”的新城。唐代《括地志》又载:“新城一名小平城,在朔州善阳西南四十七里。”上世纪出版的《中国历史地图集》也在“战国时期全图”上把新城标于此地。

经实地考察,今朔城区梵王寺村即坐落在新城南半部,村北500米处尚存长约400米的一段城墙,为新城北墙。在城墙之南的庄稼地里还拣到绳纹、网纹、布纹筒板瓦和古陶器碎片。上世纪末,在距此城西北5公里的趄坡村神(木)朔(州)铁路工地上,出土了数千枚战国刀币、布币,其中就有不少“新城”布币。可以说,新城币的集中出土地点也一定程度佐证了新城城址。

新城的始建年代当在周赧王八年(前307),赵武灵王实施“胡服骑射”之后不久,距今2300年左右。这一推断从“新城”布币的尖足币形也可得到佐证。钱币界的共识是,布币铸造年代早晚的顺序是:尖足布——方足布——圆足布——三孔布。至于该城系赵国何人所筑,当初

朔州出土的战国宋子三孔布

朔州出土的战国布币

为何以“新”名城，新城之前还有什么旧城存在于附近，仍是值得认真探讨的问题。

新城可谓朔州地区最早的城邑，也是赵国在今朔同地区仅有的两处钱币铸造基地之一，另一处在今左云县西。

战国时代的新城可以大量铸造钱币，一定是一个非常繁荣的城市。朔州境内及周边地区并无铜矿，赵国境内的三处铜山分别是悬瓮山（今太原境）、少山（今昔阳境）、白马山（今盂县境），都在山西中部，隔着恒山山脉。铸币所需大量矿石或铜锭需长途运输而来，说明在秦始皇修通驰道之前，朔地通往宁武关或雁门关南的道路已经畅通，交通堪称便捷。今朔城区城内也曾发现过战国瓦当，城外出土了战国墓葬以及战国私人玺印。可见赵国经营的马邑川一带是一派欣欣向荣的景象。老城址上也已经形成一处人烟稠密的“聚落”。司马迁在《史记》中将新城与榆次并列在一起作为蒙骜攻取三十七城的代表，绝非偶然。

此后，秦汉时代在新城设楼烦县，西汉初年一度被匈奴吞并。北魏迁都平城之后，新城成为京畿之地，繁华不减当年，在此建楼烦宫，延昌元年（512）恒肆大地震时被夷为平地。当然，新城同时也不可避免地遭到严重毁损。东魏定武三年（545）重置新城县。北齐天保六年（555）至天保八年（557），新城一度成为朔州治所，改称为平城。进入唐代，“一名小平城”。《旧五代史》载，李国昌任朔州刺史时生李克用于“神武川之新城”，有专家认为即在此城。辽代在新城设置过与宋贸易的“榷场”。大约在金代，新城东南街的佛寺梵王寺名扬四方，使新城更添风采。元、明、清代，新城城垣逐渐坍塌废弃，改称为梵王寺村，现归窑子头乡管辖。

第二章

马邑建置和马邑之争

（秦汉时期）

概述

秦汉时期，随着中央集权国家的建立和加强，中央对地方的控制权不断强化。朔州地区的行政机构先后建置，境内的治理、营建开始走上规范化轨道，各项适应统治需要的职能不断得到完善和充实。这些为朔州地区此后涌现多个具有一定规模的郡县提供了必要的开拓性条件。

秦代，朔州大部分地区属雁门郡，东北部属代郡。雁门郡治善无县（治所在今右玉右卫镇），辖境约包括今朔州、大同中西部和忻州西北部及内蒙古乌兰察布市东部地区，辖县可考者有：善无（郡县同治）、平城（今大同）、武周（今左云）、马邑（今朔城区老城）和楼烦（今朔城区梵王寺村）。代郡治代县（今河北蔚县代王城），秦始皇二十三年（前224）置，辖境相当于今大同、朔州东部、河北省西北部及内蒙古乌兰察布市东部地区，其中班氏（今怀仁东）在今朔州境内。《二十五史补编·汉书地理志补注》代郡班氏县条曰："《秦地图》书：班氏，班壹，秦始皇之末避地于楼烦，以财雄边。楼烦为雁门属县，而代郡与雁门相连，疑县名因此而起，故特著之。"

西汉时，朔州地仍属雁门郡和代郡。雁门郡治善无（今右玉右卫镇),辖14县,在今朔州地辖善无(郡县同治)、沃阳(今右玉北)、中陵(今右玉威远西南8里)、马邑(今朔城区)、剧阳(今怀仁日中城)、汪陶(今山阴故驿村北)、阴馆(今朔城区夏关城村东)、楼烦(今朔州城南梵王寺村)、繁畤(今应县东张寨村北)。代郡治代(今河北蔚县),在今朔州地区辖班氏(今怀仁东马辛庄附近,古称去留城)一县。汉武帝元封五年(前106),设置13州刺史部,其中并州刺史部监察雁门、代9郡。此时的州刺史部只是监察区,还不是一级政权,到了东汉灵帝中平五年(188),州正式成为郡、县以上的一级行政区划,原来地方的郡县两级制变为州、郡、县三级制。

王莽改制时,改变了郡县的名称,一些地名连改数次。其时,雁门郡易名"填狄",善无易名"阴馆",繁畤易名"当要",剧阳易名"善阳",埒县易名"填狄",马邑易名"章昭",中陵易名"遮害",阴馆易名"富代",代郡易名"厌狄",班氏易名"班副"。

东汉初,安定人卢芳联合匈奴,在九原(今内蒙古包头西)建都,割据一方,占有雁门等5郡之地。建武十五年(39),卢芳投降汉朝,雁门等五郡之地复归汉朝,光武帝又将王莽更改过的郡县名称恢复过来。建武二十七年(51),定襄郡治所由今内蒙古和林格尔西南部移治善无(今右玉右卫镇),省沃阳县,另将善无、中陵二县划入定襄郡。雁门郡治所由原来的善无迁到阴馆(今朔城区夏关城),朔州地属定襄郡、代郡和雁门郡,三郡均受并州刺史部监察。定襄郡属县有善无、中陵,其余不在朔州境。雁门郡属县有阴馆、繁畤、楼烦、汪陶、剧阳、马邑、埒县,其余不在朔州境。代郡在今朔州地区只辖班氏一县。

东汉末年,军阀混战,战祸频繁,朔州地区又受外族乌桓、鲜卑、羌人骚扰,故郡县完全荒废。建安二十年(215),曹操始集塞下荒地设立新兴郡,治所九原(今忻州)。《三国志》载:汉献帝建安二十年,"省云中、定襄、五原、朔方郡,郡置一县领其民,合以为新兴郡"。不久,曹魏又立马邑县。

秦汉时期,朔州地区是中原王朝抗击北方强胡匈奴的前沿阵地,从秦筑马邑城养马始,西汉马邑之争、马邑之谋到西汉大军出雁门北击匈奴,以及东汉与南匈奴马邑大战,金戈铁马不断,鼓角铮鸣寻常。当地的民众自然深受其害,但也保卫了中原地区生产的发展和人民生活的安定。

另一方面,迫于匈奴的军事压力及巩固北方边境的需要,从汉高祖刘邦开始,就采用和亲政策以缓和汉匈敌对关系。据记载,刘邦的谋士刘敬是中国历史上第一个主张和亲联姻的"红娘"。对匈奴实行和亲政策后,汉即与匈奴在长城脚下边境关市贸易，用黄金、丝织品、手工艺品等与匈奴交换马、骆驼、兽皮及毛织品。即使双方关系紧张，战争一触即发之际，商业活动也没有中止。“匈奴绝和亲，然关市仍未绝”。到汉元帝时，胆识不凡的宫女王昭君，为促进民族团结，自愿出塞履行政治联姻，成为名垂青史的杰出人物。尽管这些措施没有从根本上解决双方时战时和的局面，但在一定程度上和一定时期内缓和了军事冲突，对社会经济的发展，对促进民族融合，加强民族经济文化交流都起到了积极作用，在我国民族关系史上产生了良好的影响。

朔州地区处于农耕文化和游牧文化的碰撞交融地带，经济活动农牧并重，商业活动亦较频繁。从班壹发展畜牧以财雄边，马邑之谋时匈奴单于在朔境看到牲畜遍野，可见当地牧业规模不小。从富商聂壹经常奔走往来于匈奴游牧的大漠和内地，可想当地商业活动范围也很广阔。朔州地区走出的才女班婕妤，说明当地的文化教育也非一片荒漠。1985 年于朔州地区出土的西汉雁鱼灯，具有相当高的工艺水平，尤其表明地处边疆的朔州一带，一部分人的生活状态也与内地相接近。

但是，严酷的战争环境，也使朔州地区社会前进的脚步屡遭阻滞。仅从人口状况一个方面的情况即可略窥一斑。史载，东汉永和五年（140），今朔州地区约有 1.8047 万户，11.0760 万人。而据《汉书·地理志》记载的汉平帝元始二年(2)的户籍统计，今朔州地区总户数约为 4.4946 万，总人口约为 18.3174 万。在经过近 140 年后，朔州地区的人口不但没有增加，反而减少 7 万多。

秦汉时期，朔州地区较规范地设郡置县，行政管理能力明显增强。县域范围对后世行政区划影响明显。地域边塞文化的鲜明特征也是在这个时期基本形成的。总之，秦汉时期是朔州经济社会发展的奠基时期。

蒙恬筑马邑城

秦始皇三十二年（前 215），始皇派方士韩终、侯公、石生去寻找仙人长生不死药。燕人卢生出使回来，上报鬼神之事，还呈上抄录的谶语文书，上面写着“亡秦者，胡也”。始皇武断地认定将来威胁自己政权的一定是北边的“匈奴”。于是，他派大将蒙恬率 30 万大军北击匈奴，收回河套地区，并征发民工将原来秦、赵、燕三国的长城连接起来并继续延伸，西起临洮，东至辽东，绵延万余里，以阻滞匈奴南下。

秦筑马邑城西南角马面

朔州古城墙公园蒙恬塑像

蒙恬(前？—前210),秦名将,祖籍齐国。其祖蒙骜事秦昭王,官至上卿。其父蒙武,为秦将军。蒙恬多谋善战,秦始皇二十六年(前221)率军伐齐,大破之,拜为内史。

当时的战争以骑兵为主,蒙恬在朔境内筑土城驯养军马,所筑之城因名“马邑”。据唐《元和郡县志》载:“马邑,昔秦人筑城于武州塞内,以备胡,城将成而崩者数矣。有马驰走其地,周旋反复,父老异之,因依以筑城,城乃不崩,遂名之为马邑,其故城今朔州也。”雍正《朔州志》引《清一统志》等史志也有类似记载。史籍中关于马邑筑城的记载,明确了筑城的军事意义,暗示了筑城的艰难,也说明了马邑是当时北方最大的马场。

蒙恬为什么把这里作为其驯养军马的极佳选择呢?

“大匠筑城,必近水源”,秦马邑故城选址在七里河、恢河之间。可见筑城伊始,已考虑到利于马群行走不多远即可临河而饮,不仅省却大量汲水人工,更重要的是城南恢河之水伏流“钻沙”过滤而出,是纯天然的“矿泉水”,益于马匹健康生长。

再者，秦人筑城之前这里并不是一片荒原，马邑城内城外地表地下都有战国器皿、陶片等物品出土。近年来，在旧城改造过程中，不止一次出土过印有陶文为“马邑市”、“马市”的秦汉陶器碎片等。说明筑城前后这里都有很多人群居住。此外，城墙之外四关都有战国至秦汉墓葬，城内从未有墓葬发现，也说明今朔州城及其迤西迤北之外垣即秦马邑故城。

马邑故城南北长1800米，东西宽1600米，可见秦人气魄。墙体为泥土夯筑的土垣，夯层厚、夯窝小，这都是秦汉筑城的工艺特点。北齐天保年间曾将此城增筑，加高加厚，致使后人误以为北齐始筑。元朝末年，因兵少城阔，不利防守，缩筑为东南一角，面积仅为1平方公里。

筑马邑城养战马，可以说是赵武灵王骑射战略的继承与发展。秦王朝决定自己养战马，并选中了桑干河上游今朔州一带作为养马基地，这是因为这一带盛产良马。早在距今28000年前的旧石器时代晚期，峙峪人就在这一带“猎马”。晋学专家李元庆说：“峙峪人对野马等动物生存状况和生活规律的初步观察与掌握，可以说已经是人类驯化野马使之为人类服役的历史先兆了。”朔州地区养马不但自然条件适宜，而且有养马的历史传统。

始皇三十五年（前212），大将蒙恬与公子扶苏统帅以骑兵为劲旅的大军，挟排山倒海之势北击匈奴，匈奴向北败退700余里。始皇三十七年（前210），始皇死后，赵高假传圣旨将扶苏、蒙恬赐死。

因筑马邑城，秦在此置马邑县，隋设马邑郡，唐又在今朔城区东置马邑县，清撤马邑县为马邑乡。朔州今有马邑村、马邑路、马邑小区、马邑车站、马邑宾馆，马邑文化是朔州历史文化的代名词。秦筑马邑城强化了朔州一带养马的优势，同时也定位了朔州在中原王朝对付北地匈奴等游牧民族时成为提供战马的基地，奠定了朔州马文化的基础。在古典诗词歌赋中，“马邑”往往与“龙城”、“雁门”、“狼居”等相对，是极具古代边塞军旅文化的词语，如“新回马邑之兵，始罢龙城之战”（庾信《华林园马射赋》）；“绝漠干戈戢，车徒振原隰。都尉反龙堆，将军旋马邑”（李世民《饮马长城窟》）；“雁门山上雁初飞，马邑栏中马正肥”（盛小丛《突厥三台》）；“云暗白杨连马邑，天围青冢渺龙沙”（元好问《雁门关外》）。马邑一词，在古文献中俯拾皆是，它是先贤们的豪迈，是朔州人的骄傲。

班氏定居楼烦

秦王嬴政二十四年(前223),秦军攻入楚都寿春,楚亡。楚国人班壹迁居今朔州地区,利用当地宜于畜牧的自然环境和百姓善于畜牧的传统习惯,开始大规模地发展畜牧业。至秦始皇末年,班壹定居楼烦(今朔城区梵王寺村),以牧牛、马、羊数千群而富甲天下,成为山西北部第一豪门大户。

朔州出土的西汉半球形三足青铜行熏炉

《二十五史补编·汉书地理志补注》以为班氏县名与“以财雄边”的班壹有关。班氏以畜牧致富影响和带动了秦北方畜牧业的发展,秦王朝以班姓名县,并著之《秦地图》。地方仰慕其人,生子取名多冠以“壹”字。张辽的祖先,汉武帝时的聂壹就是一例。

朔州出土的西汉四神染青铜炉

班氏不仅富甲天下,且行侠仗义,深受边民拥戴,“(班)壹生儒,儒为任侠,州郡歌之”。班门子孙人才辈出,秦

朔州出土的西汉青铜勺

朔州出土的西汉成山宫青铜行灯

灭汉兴，班儒生班长，班长官上谷（今河北怀来东南）郡守。班长生班回，以茂才为长子（今长子）县令。班回生班况，班况以“孝廉”知名，积功劳，官上河（今宁夏银川南）农都尉，大司农考绩为最佳者，升左曹越骑校尉。汉成帝初（约前 31），班况女被选入宫，为婕妤，世称班婕妤。班氏遂由楼烦迁居昌陵（今陕西西安临潼西）。班氏居朔地前后 200 余年。

班氏虽迁离晋地，其子孙仍念念不忘故土和祖宗的坟茔。汉成帝河平年间（前 28—前 25），班况长子班伯“上书愿过故郡上父祖冢”。皇帝特下诏书，令雁门郡太守、都尉以下官员随同祭祀班氏祖坟。祭后，班伯召集宗族邻里，畅叙怀乡之情，散发数百金以救济孤老贫寒者，并州北部以此为荣，长老为之作记。

班固作《幽通之赋》，其中有“系高顼之玄胄兮，氏中叶之炳灵，飖飖风而蝉脱兮，雄朔野以飏声”之句，表达了他对故乡“朔野”的神往之情。

两汉 400 余年间，在马邑之地生活过的人口众多，名门巨族时见。新世纪以来，朔州市区建筑面积已经超过 1949 年的北京城。这些建筑占用了秦汉以来的众多墓葬，其中或有班氏墓葬也未可知。

韩王信叛汉与周勃屠城

秦末汉初，中原混乱，匈奴又强大起来。汉高帝六年（前 201），为防御匈奴，韩王信被高祖刘邦选派镇守北方，改太原郡 31 县为韩国，建都晋阳（今太原西南）。

韩王信本是故韩襄王庶孙，楚汉相争时，作为韩国将军率兵随沛公刘邦进入汉中。刘邦被封为汉王后，听从其建议，回师平定了三秦。高帝二年（前 205），他率军攻取韩国故土，刘邦立他为韩王。荥阳之战，韩王信因战败被迫向楚王投降，但不久即找机会逃归汉王。急于用人的汉王虽仍立他为韩王，但对他心存芥蒂。韩王信后来跟随汉王大破楚军，平定天下。高帝五年（前 202），汉王刘邦即皇帝位，便分剖符节给他，让他即王位，以颍川为王都。翌年春，高祖因韩王信"有材力而勇武"，且所封土地乃天下精锐军队所在，对他不放心，于是寻机改封他到北地晋阳。

韩王信因防务不便，请示高祖获准，移都马邑（今朔州）。高帝六年（前 201）秋，匈奴冒顿单于率骑兵 20 余万南犯汉边，围攻韩都马邑城。敌众己寡，韩王信一面向朝廷乞求援师，一面数次派遣使臣请求匈奴和解，以拖延时间，等待汉朝援军。不久，汉廷派大军解了马邑之围，高祖却怀疑韩王信有异心。高祖赐书信责备他："敌人围攻马邑，你的兵力难道不能坚守吗？虽处危急之时，也要坚持忠实诚信，这是我要责备你的地方。"韩王信见信后，思前想后，惧怕被诛，便公开叛汉，献上马邑，投降匈奴，并引匈奴大军越过句注山（今雁门关一带），直扑晋阳城下。马邑成为匈奴进攻汉朝的基地。当然汉朝不会放弃军事重镇马邑，刘邦命代王刘喜尽辖韩国故地。历史上著名的马邑之争开始。

汉高帝七年（前 200）冬天，刘邦亲率 32 万士卒北征，在铜鞮（今沁县）大败韩王信，并杀其部将王信。白土人曼丘臣、王黄等把败军收聚在一起，和韩王信、匈奴合谋攻击汉军。攻汉联军由匈奴左、右贤王率领，

朔州出土的西汉青铜戈

朔州出土的西汉青铜弩机

屯驻广武之南，一直到晋阳一带。联军先败于离石，后败于楼烦，但不久又聚集一处。汉军节节胜利，产生了麻痹轻敌的思想。急于取胜的刘邦向北追击匈奴，越过句注山，直抵广武（《史记·刘敬传》）。刘邦不顾前哨探军刘敬的劝解阻拦，轻敌冒进，直追到平城（今大同），结果中了匈奴诱兵之计。刘邦和他的先头部队，被围困于平城白登山，达7天7夜，完全和主力部队断绝了联系。此时正值隆冬季节，气候严寒，汉军士兵冻伤很多人，其中冻掉手指头的就有十之二三。后来，刘邦采用陈平的计谋，向冒顿单于的阏氏（冒顿妻）行贿，才得脱险。

传说，惊魂未定的汉高帝和三军将士继续南还，经过前面的一个山口后，方才松了一口气，欣喜欢呼，庆幸生还，便将此地命名为“忻口”（今忻州北忻口）。

此后，韩王信便替匈奴带兵往来汉边境，以攻击汉军。高帝十年（前197），韩王信派曼丘臣、王黄等游说汉朝代地相国陈豨谋反。陈豨叛汉后，完全占据了赵、代两地，自称代王。高帝十一年（前196），太尉周勃从晋阳北上平定代地，兵临马邑城，久攻不下，破城后，下令屠城，残杀了不少军民。这是有史以来朔州老城首次被屠。

屠马邑城既是新生的西汉政权在韩国都城炫耀武力、震慑北地，也

与周勃是赳赳武夫，意气用事，缺乏政治考虑有关。1000 多年后，具有坚贞气节的抗元英雄文天祥在山河破碎、兵败被俘的情况下所作的《常州》一诗中还感叹马邑屠城之残酷："山河千里在，烟火一家无。壮甚睢阳守，冤哉马邑屠。苍天如可问，赤子果何辜？唇齿提封旧，抚膺三叹吁。"

周勃屠马邑城之同年，汉派将军柴武平韩王信。柴武写信劝韩王信投降，韩王信复信拒绝。于是双方交战，柴武军屠参合城（今阳高南），斩韩王信，韩王信叛乱终被平定。马邑之争以汉朝取胜而告结束。马邑一带作为汉朝边塞重地备受朝廷重视。

今朔城区神头镇北有山名"韩信山"，另有"韩信背"、"韩信怀"等地名。观山峰形状，躯干四肢俱全，唯肩上无首。故老相传，此"韩信"非淮阴侯韩信，乃韩王信也。两千多年弹指一挥间，尚留一座无首之山供后人评说。

代韩更替与刘恒封代

楚汉战争后期，汉高帝刘邦迫于形势需要，或考虑信义或出于私情，先后分封了楚王韩信、梁王彭越、韩王信等七个异姓王。西汉建国后，刘邦总结秦王朝灭亡的教训时，错误地认为秦朝速败是因为没有子弟拱卫王室，因此在铲除异姓王之后，分封刘姓子弟为王，以为这样"天下一家"，是维护朝廷的可靠保证。他还规定："非刘氏而王者，天下共击之。"西汉中央政权机构，完全继承了秦朝的制度，在皇帝之下，设三公九卿。地方政权机构，实行郡国并行制。

高帝六年（前 201）正月，刘邦立其兄刘喜为代王，都代（今河北蔚县东北代王城），其对代地的重视显而易见。九月，韩王信投降匈奴，匈奴联合韩王信南下句注攻太原，至晋阳。

代国辖云中、雁门、代郡 53 县，为当时第二大封国。代国作为国号，具有悠久的历史。商朝时，名为代国的戎狄方国，都代王城。在秦末农民起义的风暴中，六国贵族纷纷复国。北方当然飘扬起了赵国的旗帜。楚汉战争期间，西楚霸王项羽把赵国主要地域封给张耳，迁赵王歇于代，都今蔚县代王城。后陈馀借齐兵打败张耳。在刘邦的支持下，陈馀复立赵歇为赵王，赵王封陈馀为代王，代国再现。陈馀令代相夏说守代土，自己留辅赵王。汉高帝二年（前 205），汉军破赵军，斩陈馀，擒赵王。至此，秦末复国运动中的代国不复存在，辖地归属于汉。

高帝七年（前 200）十二月，匈奴并韩王信军攻代，代王刘喜不能积极组织防卫，敌兵杀来狼狈逃窜，从小道跑回洛阳，托词归附天子。高祖刘邦对其兄刘喜弃国自归非常生气，出于亲情之故赦其罪，降爵为合阳侯。另立皇子刘如意为代王，同时封陈豨为列侯，以赵相国身份兼领赵国的军队，驻守代地。三年之后，有人告发他拥兵在外，广招宾客，意图盘根坐大。刘邦早有风闻，于是诏令陈豨进见。陈豨自知东窗事发，料想前景不妙，便称病不朝，进而在代地起兵反汉，自立为代王。高帝十一年（前 196），陈豨被汉军所灭，高祖刘邦复立代国，封年仅 8 岁的儿子刘恒为代王。《汉书·高帝纪下》这样记述："上还洛阳。诏曰：'代地居常山之北，与夷狄边，赵乃从山南有之，远，数有胡寇，难以为国。颇取山南太原之地益属代，代之云中以西为云中郡，则代受边寇益少矣。王、相国、通侯、吏二千石择可立为代王者。'燕王绾、相国何等三十三人皆曰：'子恒贤知温良，请立以为代王，都晋阳。'"当时代国所辖地域，包括今太原和忻州、朔州、大同等地以及河北西北部，都晋阳（今太原）。

刘恒画像

刘恒为代王 17 年，直到公元前 179 年继承皇位，成为中国帝制时代开创"文景之治”盛世的汉文帝。刘恒任代王期间,“仁孝宽厚”,励精图治,积蓄力量,对繁荣边地、阻挡匈奴南下、巩固汉朝北部边陲发挥了重要的作用,为后来反击匈奴奠定了坚实的基础。汉文帝曾四次重游代地,对稳定社会具有积极意义。

刘恒即帝位当年,分代国为二:太原国和代国。汉文帝三年(前177)复并太原和代国为一国,国号代,都晋阳。汉武帝元鼎三年(前114),代王刘义徙封清河王,代国废,朔境成为汉王朝直接管辖的郡县。

“马邑之谋”与聂壹报国

汉武帝建元六年(前135),匈奴遣使前来请求继续“和亲”,武帝就让大臣们商议是否同意。“习胡事”的大行令王恢认为:“汉与匈奴和亲,率不过数岁,即复倍(背)约。不如勿许,兴兵击之。”但群臣多以为“此危道也,不如和亲”。最后,武帝还是同意与匈奴“和亲”。

元光二年(前133),经常出入汉匈间的雁门郡马邑(今朔城区)富商聂壹(三国时张辽祖先),让大行令王恢传话给武帝:“匈奴刚与汉和亲,亲信我们。可以利引诱他们前来,伏兵袭击,此乃必破匈奴的办法。”武帝召见公卿询问意见。王恢说:“臣闻全代(代国完整)之时,北有强胡之敌,内连中国之兵,然尚得养老、长幼,种树以时,仓廪常实,匈奴不轻侵也。今以陛下之威,海内为一。然匈奴侵盗不已者,无它,以不恐之故耳……”况且,“现边境数次传来匈奴进攻警报,士卒伤死,中国境内槥车相望,此仁人痛心之事。故曰击之便”。王恢还针对韩安国等大臣“卷甲轻举,深入长驱,难以为功”论调,进一步阐述:“臣今言击之者,固非发军长驱直入,攻击对方;而是顺应单于之欲,诱其至边境,我们选骁骑、壮士暗中埋伏准备,再察看清楚险阻作为警戒。吾势已定,或营其左,或营其右,或当其前,或绝其后,单于可擒,百全必取。”武帝接受了王恢的建议。

朔州出土的西汉胡人形象俳优青铜镇

这年六月，武帝任命御史大夫韩安国为护军将军，卫尉李广为骁骑将军，太仆公孙贺为轻车将军，大行令王恢为将屯将军，太中大夫李息为材官将军，统率车驾骑兵、有才智的军官将士共30多万人，隐藏在马邑旁边的山谷中，待诱使单于进入马邑，再出伏兵加以进攻。聂壹暗中受汉廷之命做间谍，"逃亡"入匈奴，对单于说："吾能斩马邑令、丞，以城降，财物可尽得。"贪爱财物的单于相信了聂壹的话，并准允了他的要求。聂壹回马邑后，请示官府杀了几个定为死罪的囚犯，并把他们的头颅悬挂在马邑城门上，向单于使者表示守信。聂壹告诉使者："马邑长吏已死，可急来。"单于得悉后，即率领10万兵马进入武周塞（今左云境内）。在距离马邑百余里的地方，单于看见牲畜布满原野却没有人放牧，感到十分奇怪，就进攻附近的路亭，俘虏了小军官雁门尉史。尉史惧怕被杀，供出汉有伏兵。单于很恐慌地说："吾固疑之……吾得尉史，天也！"于是指挥军队迅速撤退，单于还封尉史为天王。得知单于已经领兵北返，汉军一直追至长城边，料想难以追到，只好罢兵而归。王恢本打算另外从代地出兵袭击匈奴的辎重车马，但听说单于远去，士卒又众多，所以也不敢追击。

汉武帝很生气。王恢辩解："始，约为入马邑城，兵与单于接，而臣击其辎重，可得利。今单于不至而还，臣以三万人众不敌，只取辱。固知还而斩，然完陛下士三万人。"武帝把王恢交给廷尉论处。廷尉判："恢逗留观望，徘徊不前，当斩。"王恢送千金给丞相田蚡，要他替自己向皇帝说情。田蚡不敢对皇帝说，只对太后言："王恢首为马邑事，今不成而诛恢，是为匈奴报仇也。"武帝见太后时，太后把田蚡的话告诉了他。武帝说："首为马邑事者恢，故发天下兵数十万，从其言为此。且纵单于不可得，恢所部击其辎重，犹颇可得以慰士大夫心。今不诛恢，无以谢天下。”王恢听到这消息后，自杀身亡。廷尉所判不当，武帝之议不妥，王恢之死，冤也。

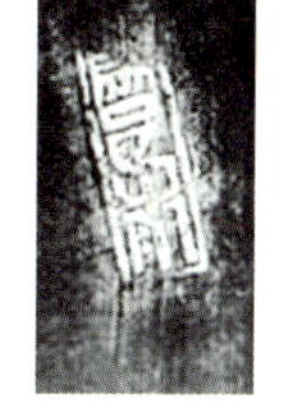

西汉雁门郡马邑县官府陶窑产品“马邑市”铭文陶壶　陶壶铭文

“马邑之谋”标志着西汉对匈奴政策的调整。汉武帝也认识到，要彻底解决与匈奴的紧张关系，光靠和亲是远远不够的。元光六年（前129），匈奴侵入上谷掠杀吏民，汉武帝派车骑将军卫青兵出上谷，轻骑将军公孙贺出云中，骁骑将军李广出雁门。卫青至龙城，斩获敌首700级。公孙敖与李广因指挥失误受挫而回。法不治众，武帝抓大放小，严厉惩处将军，赦雁门、代郡军士不循法者，让他们放下包袱，继续作战。次年，匈奴两万骑入辽西、渔阳、雁门郡。汉派卫青率3万骑兵出雁门，李息出代郡，士气高昂，抗击匈奴终获大胜。

“马邑之谋”虽以失败告终，但却揭开了西汉反击匈奴战争的序幕。马邑富商聂壹苦于家园屡遭匈奴骚扰，痛于商业活动常受战争中断，不惜以身家性命为代价助力“马邑之谋”成功。这不是见利忘义、利益至上的寻常商人能够做到的。这种位卑未敢忘忧国、富贵始终思报国的高尚情操穿越茫茫时空仍闪耀着熠熠光辉。

女诗人班婕妤

班婕妤（前48—前2），汉成帝刘骜妃嫔。婕妤是妃嫔称号，汉武帝置，为妃嫔之首。在史籍中，她有姓无名。雁门楼烦（今朔城区城南梵王寺村)人,后迁居长安(今西安)西郊,是山西最早的女诗人,中国文学史上可考的第一个有诗集传世的女性,文学造诣极高。

班婕妤的先祖是秦灭六国后,从楚地迁到山西北部来的,后来定居在楼烦,以游牧为业。从她的曾祖父班长开始,世代为官,成为当时的名门望族。其父班况,官至左曹越骑校尉,班况的三个儿子也都为官。班婕妤的侄儿班嗣、班彪和侄孙班固、班超,以及侄孙女班昭更是后来活跃在东汉上层的著名学者和高官。

班婕妤相貌俊美,聪明伶俐,勤学多才,熟读《诗经》《德象》《女师》等,尤喜诗文。汉成帝建始元年(前32)被选入宫,深获殊宠。在皇宫中初任少使,见成帝将朝政委于王凤等外戚家族,自己沉溺于酒色之中,不能自拔,常常感慨妇人祸国,引以为戒。在居室陈《列女图》,不断加强自己在妇德、妇容、妇才、妇工等各方面的修养,渴望对成帝刘骜产生更大的影响,使他成为一个有道明君。班氏尤其熟悉史事,每当成帝遇到棘手的问题内心郁闷时,经常召见她与之讨论。她常常能引经据典为成帝分忧解难,谏言多被采纳。她还极具音乐天赋,词曲多有感而发,使成帝在丝竹声中受益匪浅。多才多艺的班氏在成帝眼里不只是侍妾,已成了无

班婕妤画像

话不谈的朋友，堪可交心的知音。他们朝夕相伴，形影不离，而她始终谨言慎行，严守礼仪，从不靠诋毁献媚争宠。班氏的德行在后宫有口皆碑，成帝对她宠爱有加，很快升为婕妤。

为了随时将班婕妤带在身边，成帝特命人制作了一辆较大的辇车，邀她同辇出游。这种邀请对于后宫的每一位嫔妃来说，是一种莫大的荣幸，因为汉代宫廷等级制度严格，嫔妃乘坐的车子，决不能与皇帝相同。班婕妤不但没有同行，而是以古代的贤君是大臣在侧，而亡国之主才是宠爱的姬妾相随的事例加以拒绝。成帝认为她言之有理，同辇出游的想法只好作罢。王太后听说后非常欣赏，高兴地说："古有樊姬，今有班婕妤。"王太后将班婕妤与使楚庄王三年称霸天下并成为"春秋五霸"之一的樊姬作比，无疑给了她最大的嘉勉与鼓励，使其地位在后宫更加突出。

因怕外戚专权，王太后借故裁抑皇后势力，成帝便专宠班婕妤，班氏荣宠一时无人能及，他们一起度过了一段神仙眷侣般美好快乐的时光。她将这样的时光形容为"日月之盛明"，然而她的庄重自持、拘泥于礼法，时间久了也埋下了成帝对她失去热情的隐患。加之她生的两个皇子都不幸夭折，之后没能再为成帝产下子嗣，更使他们的关系雪上加霜。皇帝嫔妃众多，皇恩爱憎无常，红颜一旦衰老就像秋天的扇子只有被遗弃的下场。

鸿嘉三年（前 18），赵飞燕姐妹得宠娇妒，诬告许皇后和班婕妤"挟媚道祝诅后宫，詈及主上"。成帝一怒之下，命人将许皇后废居昭台宫。昔日极受宠信的班婕妤也受到牵连，但她处境艰危而守正不移。色令智昏的成帝审问她时，她从容不迫地回答："妾闻'死生有命，富贵在天'。修正尚未蒙福，为邪欲以何望？使鬼神有知，不受不臣之诉；如其无知，诉之何益？故不为也。"班婕妤一番肺腑之言，打消了成帝的疑心，还得到赏赐。班婕妤恐日久见危，遂请求到长信宫侍奉太后，成帝很快便应允了。西汉经学家刘向撰著的《列女传》，对班婕妤的德行有十分全面且中肯的评价："班婕妤辞同辇之言，盖宣后之志也；进李平于同列，樊姬之德也；释诅祝之谐，定姜之知也；求供养于东宫，寡李之行也。"

班婕妤在得宠时垂范后宫，即使在失宠时也表现得温柔敦厚，不但以贤德著称，而且文采冠绝后宫。她在长信宫的日子可以说是度日如

《女史箴图》局部

年，除了陪侍王太后烧香礼拜外，便把自己的感情倾注于笔端，作赋咏诗感叹自己的命运，从而为文坛留下了许多诗篇。《隋书·经籍志》本有《成帝班婕妤集》，但此集已佚，现仅存其作品四篇，即两赋《捣素赋》《自悼赋》，一诗《怨歌行》，一文《报诸侄书》。

班婕妤的诗赋具有较高的水平，《自悼赋》与《捣素赋》大多写及后宫生活，一字一吟，字字见泪，篇篇饱含无限的凄怆情怀，极其哀婉。辞赋中那种皇恩难忘的沉重，赍志难酬的感伤，生存险恶的忧虑，时光流逝的感慨，就像是她自己的自传。一首清婉含蓄的《怨歌行》，更是道出了她的艰难处境。她以团扇自喻，虽然"怨深"，但却怨而不怒，温文尔雅，曾被《诗品》评为上品诗人第十八位。钟嵘在序言中论及她在五言诗发展史上的地位时说："从李都尉迄班婕妤，将百年间，有妇人焉，一人而已。"还说东汉 200 年中，只有班固《咏史》诗，但质朴而无文采。班婕妤是《诗品》中评论的唯一女诗人，给了她极高的评价。从她的作品中可以看出，她丝毫没有怨愤之心，只是消极地认为这是命运使然。她的诗赋，辞藻华美，情景臻善，意境优美，在形式上不师古辙，颇有独创，绝不在汉代名家之下。《太平御览》收录的《报诸侄书》，是至今可考的中国古代女性所写的第一篇文学批评专论。其"推诚写实"的文学思想，对于后人认识和客观评价汉代的女性作家有很重要的价值。《报诸侄书》还将

女性文学批评史提前了1100多年。所以说，无论是从其中蕴含的文学观点还是写作时间来看，《报诸侄书》在妇女的文学批评史乃至整个中国文学批评史上都具有非常重要的意义。

婦人集曰漢元帝賜婕妤書曰聞飛鷰趙婕妤夫上有誠
必應以實憤懣充中必形於色詩云鼓鍾于宮聲聞于外
猶此言之眞偽之效難以欺矣夫君子貴素文足通殷勤
而已亦何必華辭哉自以親婕妤異於他人故不能無言亦
不以深相過望前數以顏色不平應對舒遲爲譴卒不能
自致婕妤方見親幸之時老母在堂兩弟皆簪金貂並侍
於側同列比舍豈不謂婕妤姊弟尊幸哉今過蒙譴獨謂
老親兩弟何班婕妤報諸姪曰記言屢見元帝所賜趙婕
妤書以相比元帝被病無悰但殿錄後宮貴人書也類多
華辭至如成帝則推誠爲實若家人夫婦相與書矣何可
比也故略陳其長短今汝曹自評之

《太平御览·报诸侄书》局部

一代贤妃班婕妤不仅为后世留下美文佳作，其身世遭遇也成为文人骚客吟咏的对象。历朝历代多有文人墨客对班氏给予评价，且将她的故事以各种形式加以宣传，以教育后人。晋朝顾恺之在他所画的《女史箴图》中，描绘了汉成帝与班婕妤同乘肩舆的情景，图中人物宛然，细节体物精微，所画妇女尤端庄娴静。插题箴文“班婕有辞……防微虑远”，可见图画意在劝导嫔妃们慎言善行，普天下女子也可以此为鉴。山西博物院珍藏的彩漆《列女图》屏风残件，有汉成帝乘肩舆图彩画，班婕妤紧跟其后，真实地再现了史实，其绘画风格俨然顾恺之《女史箴图》《洛神赋》的笔意。可见班婕妤当时在人们心目中成了妇德的某种化身，被尊奉为后人学习的榜样。

在中国古代社会中，能出类拔萃的女性实属凤毛麟角；在文学史上，文采飞扬的女文学家寥若晨星，而班婕妤被公认为山西最早的女诗人，且是中国文学史上一个极为重要的人物。她在文学史上的杰出贡献主要表现在六个方面：其一，开汉代抒情小赋的先河；其二，首创宫怨诗题材；其三，较早的五言诗创造者；其四，推动咏物诗形式的确立，独创团扇、捣素等文学抒情意象；其五，首创中国女性文学批评史；其六，开骈赋之先声。

绥和二年（前7），成帝去世，班婕妤要求到成帝陵守墓以终余生，她在孤寂哀伤中煎熬了5年多，年仅40岁出头就凄然辞世，死后葬于

成帝陵中。旷世奇才班婕妤的命运是悲惨的，但她的形象在中国文学史乃至妇女史上熠熠生辉。

昭君出塞经朔州

西汉元帝竟宁元年（前 33）正月，匈奴呼韩邪单于前来朝拜汉元帝。汉元帝下诏曰："呼韩邪单于不忘恩德，乡慕礼义，复修朝贺之礼，愿保塞传之无穷，边陲长无兵革之事。其改元为竟宁，则将待诏掖庭王嫱为阏氏。"（《汉书·元帝本纪》）王嫱，就是王昭君。

《后汉书·南匈奴传》还进一步记载了昭君出塞后的生活："生一子。及呼韩邪死，其前阏氏子代立，欲妻之，昭君上书求归，成帝敕令从胡俗，遂复为后单于阏氏焉。生二女……"

昭君出塞和亲是汉匈双方的政治大事，经过几十年的战争，汉匈在人力、物力、财力和国力上都损失很大，百姓苦不堪言，因而双方都不愿继续战争。呼韩邪单于自愿与汉和亲，昭君挺身而出，化作和亲纽带，为汉匈人民带来了 60 余年的和平，芳名传千古。多年来，经众多专家先后实地考证后提出，昭君出塞不但途经朔州地区，而且埋葬于朔城区的青钟村。

匈奴单于偕其敬重莫比的准阏氏昭君北归，场面隆重排场，车马众多，随行人员自然不少，路线的选择当然极其重要。当时可供选择的不外有东、中、西三条路线。中路，由关中（长安）东来，经蒲津桥（今永济西蒲州镇与陕西大荔朝邑镇间）东逾黄河，循涑水河、汾河、桑干河三河谷道北上，经句注（今雁门关）、杀虎口出塞，是秦汉以来我国政治中心西移关中后形成的通向塞北的一条大道。另有西路，由长安循泾水河谷西北行，至云阳（今陕西淳化西北）取秦直道北上，经当今陕甘交界的子午岭至五原北去。还有一条东路，是由中原循太行山东麓即今京广线参差北上，至井陉口折西北到句注，直至杀虎口出塞，这是先秦时中原通塞

北的传统大道。

众多专家们分析，上述三条道路，东路显然因屈曲悬远不会选用；西路距离、行程虽近于中路，却横亘着广袤的毛乌素沙漠，人畜行旅维艰，还须乘舟北渡黄河天堑，“无风三尺浪”，大有风险；中路则不独无沙漠之虞，免黄河舟船之渡，更有涑水河、汾河、桑干河三条河谷用水之便，且大队出发时正值初春时节，中路的风沙又轻于西路，再加西路人烟稀少，比不得中路郡县相接，居民凑集，沿途红火热闹。因而取道中路自然是顺理成章的。当时汉匈双方的选择无疑也非此莫属。

这个分析与朔州地区的历史记载及传说也非常吻合。千百年来，相传昭君路经朔州后，在朔州地区留下了不少相关遗迹，甚至还产生了独特剧种“耍孩儿”。

据传，当年昭君出塞临近杀虎口，因为出了杀虎口就是匈奴地界，昭君回马南望，只见群山叠嶂，长城蜿蜒，惆怅之情顿时涌上心头，不禁哭出声来，后人就把此岭叫“啼哭岭”。也有人说是因马也体察到女主人的心理踟蹰徘徊，久伫成窟，人们便称此处为蹄窟岭。对此，清雍正《朔平府志·右玉县》记载为：“东古城，在县东南

朔州出土的西汉博山青铜熏炉

朔州出土的西汉凸弦带纹青铜壶

朔州出土的西汉星云纹青铜镜

朔州出土的西汉龟鹤博山青铜炉

右玉出土的西汉千岁青铜鼎

五十里，相传汉王昭君栖迟之迹……盖因出塞，道经此岭，岭路石上有马蹄痕迹，至今尚在，故名。”光绪《山西通志·山川考》记载：“蹄窟岭在右玉县东五十里，连左云界。相传昭君出塞道经此。”民国《左云县志》也有相关记载。

《应县志》中记载“要孩儿”剧种产生的原因是：相传，昭君出塞时在句注塞举行了换装仪式。当昭君换上胡服，由婚轿改乘坐骑时，望着眼前一片荒凉，思汉心切，禁不住悲从中来，泣不成声，哽咽不止。当地百姓为了纪念她而模拟其悲切凄怆之调，配上叠褶回复的歌词进行演唱，代代辗转流传，形成独特的剧种，取名“要喉儿”，后演绎为“要孩儿”。现在，这一剧种已成为祖国戏曲百花园中的一枝奇葩，被专家誉为“戏剧史上的活化石”。

流传更为广泛久远的是，雁门关北侧紫荆山边塞之下的青钟村，据说就是昭君死后栖身之地，这里有一座民族友好的纪念塔——“青冢”。自古以来“青冢”只有一个意思，那就是王昭君墓。传说昭君出塞时路过一个叫旧堡的村庄，见这里春花初开，青草遍地，牛羊遍野，眼前紫荆山，起伏连绵、紫气升腾，彩云缭绕、气象万千，因而命人将村名改为青庄村（今青钟村），并表达了逝后葬在此地的意愿。昭君“大命方尽”，单于当即派人奏报大汉王朝，而飞书汉帝的奏表却迟迟不

见回音，单于回思昭君生前意愿，就下令把昭君葬到汉匈边境的青庄村。昭君埋在此地后，改名“青冢”。

昭君死后，到底身归何处，历来众说纷纭，各执己词，莫衷一是，已成千古之谜。现在，在全国范围内的昭君墓，一说 23 座，一说 11 座。据考古人员在对颇有影响力的“八拜昭君墓”和“朱堡昭君墓”考证时发现，这仅仅是两座汉代烽燧遗址。“达拉特旗昭君墓”也不是人工修筑的古代墓葬，而是一座天然的石山。而最具影响力的内蒙古呼和浩特市南郊的昭君墓，也并非昭君真正墓冢，经考证它是昭君的“衣冠冢”。

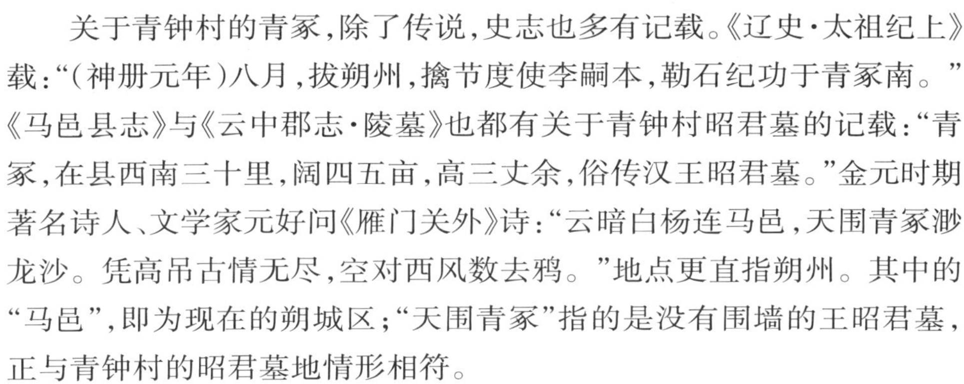

关于青钟村的青冢，除了传说，史志也多有记载。《辽史·太祖纪上》载：“（神册元年）八月，拔朔州，擒节度使李嗣本，勒石纪功于青冢南。”《马邑县志》与《云中郡志·陵墓》也都有关于青钟村昭君墓的记载：“青冢，在县西南三十里，阔四五亩，高三丈余，俗传汉王昭君墓。”金元时期著名诗人、文学家元好问《雁门关外》诗：“云暗白杨连马邑，天围青冢渺龙沙。凭高吊古情无尽，空对西风数去鸦。”地点更直指朔州。其中的“马邑”，即为现在的朔城区；“天围青冢”指的是没有围墙的王昭君墓，正与青钟村的昭君墓地情形相符。

青钟村位于朔州市区南 20 公里处，原名旧堡、青庄、青冢。明万历、民国《马邑县志》与雍正《朔州志》记载均为“青冢”，传因有昭君墓而得名。后村民觉得“冢”字不吉利，遂改为青钟村。青钟村现存的清道光二十七年（1847）《藏山大王庙记》云：“青冢村旧有藏山大王庙一座”、“恩膏紫塞，俎豆青钟”，记录了青冢与青钟村的名称变化。

1899 年出土于敦煌千佛洞的唐代《王昭君变文》（以下简称《变文》），也为研究昭君出塞路线及葬址提供了佐证。变文多是取材于历史故事、民间传说和现实生活的文学作品，不能作为史实依据，但其故事梗概无疑具有一定的参考价值。文中提到，昭君归葬途中“一百里铺氍毹毛毯，踏上而行；五百里铺金银胡瓶，下脚无处”，表明送葬队伍已南行 600 里。可见，昭君的死处与葬址相距甚远。经考证，从呼和浩特市单于牙帐出发经右玉杀虎口到青钟村，其距离正好是 600 里，印证了《变文》的相关记载。同时，多年后，汉哀帝差使者杨少徵和番，返回途中走到番汉边境，看到昭君墓，宣读了皇帝的祭文。“汉使行至番汉界头，遂见明妃之冢……宣哀帝之命”，也应该就是指此。

青钟(冢)村昭君墓

另外,文中对昭君下葬地点的描述是"坟高偲尺号青冢……只今葬在黄河北"。青钟村王昭君墓正南方约100米处有一道河,叫黄水河,现只存古河道,《马邑县志》有明确记载。这也与青钟村王昭君墓的位置相符。"黄河北"应是"黄水河之北"的略称。在古诗中,"黄水河"略为"黄河",与李白诗"秋风吹不尽,总是玉关情"把"玉门关"略为"玉关"是同一种常见的诗句表达形式。

2009年第三次全国不可移动文物普查时,考古专家曾在青钟村昭君墓地周围考察。经鉴定,从墓地地表拣拾到的"长乐未央"、"千秋万岁"、"万岁无极"等瓦当残片,断定墓葬建于汉代。残片中的壶、罐之类明显属于西汉时期,板瓦残片则属于东汉时期,同时根据板瓦形制推断,墓地当时应该有过大型建筑。现状表明,墓葬封土位于方形平台之上。对于这一发现,结合史志记载,2013年8月21日《山西日报》曾以《昭君坟茔今安在》为题,作了昭君坟茔在此地的专题报道。

历史上王昭君只有一人,而真实的昭君墓理应只有一座,当时雁门关附近的青钟村地属"番汉界头","明妃之冢"为青钟村的昭君墓,与史迹多处吻合。

两千多年来，王昭君已成为美的化身，和平的使者，精神的楷模和文化的符号。昭君精神已逐渐形成了一种影响深远、闻名中外的“昭君文化”。在朔州，由于历史上对昭君死后归葬的史事重视不够，探究也不深入，青钟村昭君墓与内蒙古呼和浩特昭君墓的名气难以相比，但由于考古工作的进展，朔州的“昭君文化”研究，应具有更大的价值。

西汉雁鱼灯

1985 年 7 月，在朔县照什八庄一个墓葬中发现了一件珍贵文物——雁鱼灯。此墓属西汉晚期，雁鱼灯的铸造时间应比墓葬时代略早。雁鱼灯长 34.5 厘米、高 53 厘米，青铜铸造，整体作鸿雁回首衔鱼伫立状。雁额顶有冠，眼圆睁，颈修长，体肥硕，身两侧铸出羽翼，短尾上翘，双足并立，掌有蹼。雁嘴张开衔一鱼，鱼身短肥，下接灯罩盖。雁鱼灯外饰华丽，通体彩绘，羽鳞斑斓纷呈，栩栩如生。虽历经两千多年，出土后却依然光彩夺目，尤其是彩绘的颜色至今艳丽如初。雁冠绘红彩，雁鱼通身施翠绿彩。并在雁、鱼、灯罩屏板上，用墨线勾出翎羽、鳞片和夔龙纹。灯体施以黑、白、红、绿四色，彩绘简约概括，整体色彩对比强烈，更凸显雁鱼灯的艺术之美。其造型生动，工艺精巧，堪与河北满城汉墓出土的长信宫灯媲美。出土当年即被列为国家一级文物。1986 年加入了故宫举行的全国出土文物精品展行列。1987 年为中国历史博物馆所收藏。2010 年在上海举办的第 41 届世界博览会上展出时受到广泛关注，备获盛赞。《世博周刊》将其彩照置于封面，被列为中国十大珍品之一。

雁鱼灯由雁首衔鱼、雁体、灯盘、灯罩四部分套合而成。雁颈与雁体以子母口相接。鱼身及雁颈、体腔均中空相通。灯盘圆形。灯罩屏板可左右转开合用，既能挡风，又可调节灯光的亮度和照射的角度。灯芯点燃后，烟雾通过鱼和雁颈导入雁体内，减少了油烟对室内空气的污染。

雁鱼灯

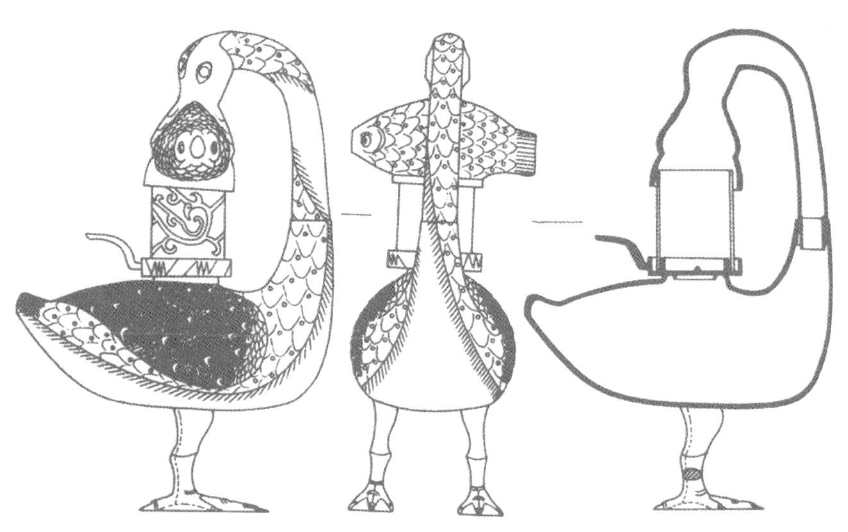

雁鱼灯侧面、正面与剖面图

雁鱼灯的四个部分又可自由拆装,便于擦洗,成为一件充分体现环保概念的杰作。汉代灯具多以动物油脂为燃料,点灯时会有一些没有完全燃烧的炭粒和燃烧后留下的灰烬,随着油面上升的热气流挥发,造成室内烟雾到处弥漫,污染室内空气和环境。鱼腹、雁颈、雁体内部中空,彼此相连。照明时燃烧引起的烟雾, 先由鱼形灯罩将烟导入雁颈造型的烟管,再经烟管进入盛水的雁腹,利用水来净化油烟。如此精巧的设计减轻了油烟对室内空气的污染,艺术而又环保。据说,魏晋之前国人的室内家具(包括卧具在内)都比较矮,所以这座高仅 53 厘米的雁鱼灯,应该称得上是一座落地豪华台灯。

鱼和雁的图案组合在我国历史悠久,早在新石器时代就已出现。最著名的就是河南省临汝县阎村出土的仰韶文化类型的鹳鱼石斧缸。在该陶缸外壁上,用白色在夹砂红陶缸外壁上绘出鹳、鱼、石斧,以粗实的黑线勾出鹳的眼睛、鱼身和石斧的结构,画面粗犷、简洁、神秘。雁鱼灯造型似与此有传承关系,有着远古时期的造型特征。后来,在民间艺术中,鱼因多子而常指代女性,雁在我国古代被认为是一种传信之鸟,古人把鸿雁当作瑞禽,用作聘问、婚嫁之礼。所以,雁衔鱼代表夫妻恩爱、爱情美满便是顺理成章了。鱼与雁的组合可以表达古时人们追求婚姻美满、生活富裕的愿望。鸿雁衔鱼还有“获鱼”和“取胜”之意。“鱼”和

"余"同音,在民间,鱼的形象还是富裕的象征。在近现代,人们还会在窗棂上贴娃娃抱鱼或是鸳鸯戏水等图案的剪纸,应该就是其理念的延伸和发展。

雁鱼灯的雁和鱼均有生动的表情,表现出了顷刻间鱼被雁捉住的惊慌场面和雁获得鱼后回头一瞥的得意神情。雁鱼灯的造型,也是通过自然界中生命的瞬间搏杀和竞争表达人们追求富足、向往胜利的思想愿望,寄托了人们的无限美好情趣。

雁鱼灯集工艺水平、实用价值和祈福寓意三者于一体。早在两千多年前的汉代,就能设计出如此巧夺天工的防污灯具,充分显示了我国古代劳动人民的高超智慧。对于雁鱼灯丰富的文化象征和精神内涵,所有国内外的观赏者无不啧啧称赞,给予极高的评价。

1982 年以来,朔州地区考古发掘中的汉代出土文物多达 3 万余件,主要有炊具、酒具、货币、兵器、印章、装饰品和生活用品等,几乎涵盖了汉代社会的常见器物。雁鱼灯为其中的上乘佳品。这一切都为研究汉代北方社会状况提供了非常丰富的实物资料。

东汉与南匈奴马邑大战

东汉建武二十四年(48),匈奴日逐王比率所属八部四五万人到五原塞归汉,表示"愿永为藩蔽",捍御北边,日逐王自立为单于,史称其为南单于。次年,南单于向东汉奉藩称臣,匈奴由此分为南、北二部。

南匈奴入居塞内,分布于今山西、陕西北部和内蒙古南部,东汉输河东米粮 300 万斤、牛羊 36000 头资助南匈奴,并以匈奴中郎将领兵予以护卫。南匈奴以左南将军部屯雁门,以栗籍骨都侯部屯代郡。建武二十七年(51),东汉把雁门郡治由善无迁到阴馆城(今朔城区境内)应该也是为了加强这一带的管辖和治理。

此前,匈奴及卢方扰乱东汉北部边塞期间,给东汉特别是朔境百姓

造成极大的灾难。雁门、上谷、代三郡的大批边民甚至于建武十五年(39)被迫迁往常山关(今河北唐县西北)、居庸关(今北京延庆北)以东避难。建武二十六年(50),从前被迫迁出的代郡、雁门等八郡人众重归本土。东汉朝廷还赐予返故土者旅费,另给粮食。南匈奴入塞后,与汉人杂居,学习和进行农业生产,文化上与汉人同化。逐渐生息繁殖,南匈奴人口也迅速增加。至东汉和帝时,南匈奴人口增长很多。东汉每年给南匈奴"一亿九十万钱",保障他们的生活。南单于也自称:"生长汉地,开口仰食,惭无报效之义。"南匈奴骑兵一度成为反击北匈奴和鲜卑的主力军。

东汉与南匈奴保持了友好关系,于是边患暂息。东汉明帝、章帝、和帝三朝 60 年间,山西北部基本太平。

东汉安帝永初后期,朝政腐败,边境驻扎的官兵放纵违纪,地方官员为政苛刻,恣意贪占,境内各族民众都遭到严酷的欺压和扰害。从汉安帝永初三年(109)起,南匈奴开始攻击东汉边境郡县。今山西北部再次陷入战乱。

汉顺帝永和五年(140)四月,南匈奴左部句龙吾斯、车纽等攻西河郡(今陕西府谷西北),接着又招引右贤王部,合起来有七八千骑,围美稷(今内蒙古准格尔西北),杀朔方郡(今内蒙古磴口北)、代郡(今阳高西南)长史。南单于庭徙治左国城(今方山南)。汉将马续与中郎将梁并、乌桓校尉王元征调边境部队及乌桓、鲜卑、羌胡的兵力共 2 万多人,出

平鲁汉代张马营古城遗址

朔州出土的东汉陶井

朔州出土的东汉"五铢钱"铜范

其不意，袭击并将其打败。顺帝派使者责备南匈奴单于休利，宣明恩德和信义，要单于招叛军投降汉朝。当时，单于对匈奴各部的约束力已经大大下降，不能完全控制匈奴部落。单于并非叛军同谋，他脱去帽子，让出帐篷，到梁并处谢罪。梁并被征回朝后，五原太守陈龟接任中郎将。陈龟认为南匈奴左部叛乱，是因为单于未能管好部下，屡次严词逼迫单于，单于和其弟左贤王无奈自杀。南匈奴对东汉的仇恨进一步加深。陈龟因逼死休利事，免职下狱。

秋天，句龙吾斯等人立句龙王车纽为单于。吾斯向东招引乌桓，向西收聚羌戎和各部胡人，总共有几万人，打败了京兆（今陕西西安）的虎牙营，杀害了上郡的都尉和军司马。接着，锋芒直指并、凉、幽、冀四州，西河郡府被迫迁入离石（今离石）。

此时，地属并州的朔州地区不可避免地成为并州北部的重要屏障。而马邑作为控扼南匈奴南下并州的重要通道，更加突显其重要的战略地位。双方在朔州地区的争夺，马邑当然成为首选。

同年冬天，东汉派中郎将张耽率幽州、乌桓各郡营兵攻打车纽等。两军于马邑之大战随之爆发。关于这次大战，在有关史籍中尽管没有发现详细的记载，但是，以车纽在几个月间屡战屡胜，直下京兆、上郡、并州等处的战绩看，车纽之军势必然是极为强大的。但是，这次大战中，张耽军斩敌头颅3000级，俘获人口、武器和牛羊非常多，车纽之军居然惨败。可以想象，东汉为此战也必然投入了相当大的兵力、军资，以加强其军事力量。其战况必然也是极为惨烈的。而战争给朔州地区至少是马邑境内带来的侵害无疑是极其巨大的。

桓帝延熹元年(158)十二月，南匈奴诸部并叛，与乌桓、鲜卑侵扰代、雁门等沿边九郡。东汉任陈龟为度辽将军，命其前往边境平叛，南匈奴、乌桓及屠各胡(北方游牧民族)又火烧陈龟军门，双方冲突不断加剧。此后，中原大乱，战祸频繁。原来分布在西河、上郡、朔方等地的匈奴人加速南下，大多数深入集中到并州中部的汾水流域一带。

东汉与南匈奴马邑之战表明，如果不能从长治久安的大局入手解决民族问题及矛盾，即使取得局部胜利，也只是暂时的、表面的。当时，东汉大将军梁商就曾上奏朝廷："转运日增，三军疲苦，虚内给外，非中国之利。"并提出："宜务先所长，以观其变，设购开赏，宣示反悔，勿贪小功，以乱大谋。"虽然说，他并没有进一步提出对其实行分化瓦解的建议，应当说，这还是具有非同一般的战略眼光的。

东汉末年，曹操使司隶校尉钟繇围南单于于平阳，南单于在自知不敌的情况下归附曹操。

献帝建安二十年(215)，曹操集塞下荒地设立新兴郡，治所九原(今忻州)，朔境属新兴郡。重新加强对这一地区的管辖。

建安二十一年(216)，曹操留南单于居邺(今河北临漳西南)，待遇如列侯，许其子孙世袭单于名号。将南匈奴分为南、北、左、中、右5部，各立其贵人为帅，选汉人为司马以分化监督之。分而治之的策略。逐步使南匈奴成为居东汉并州等各处的一族。此后一个时期，朔州地区相对安定。

广武汉墓群

广武汉墓群位于朔州市山阴县西南 40 公里处，旧广武和新广武之北，南邻蜿蜒的内长城，北连一望无际的桑干河盆地。整个墓群，占地面积 32 万平方米，已发现的封土堆共有 298 座。封土堆连绵起伏，状若丘陵，星罗棋布，面积辽阔，雄伟壮观。封土堆分为大、中、小三种。最大的

236号封土堆高20米，占地面积3250平方米。封土堆南北成行，东西错落有序。广武汉墓群是中国迄今为止发现的最大最集中的汉代墓葬群。1988年被国务院公布为全国重点文物保护单位，1993年被列为亚洲最大的墓群。

在2000多年后相继发掘的10多座汉墓中，随葬品有成套的铜礼器鼎、钟、钫、盘等，还有铜镜、铜熏灯、铜灯、贝币、五铢钱、骨制饰件和残碎漆器等。随葬品中最多的是陶器，主要有：罐、尊、魁、勺、耳杯、盘、灯、案、灶、壶、盒、盆等等。这批汉墓的发掘，正式揭示了广武汉墓群的重要内涵，对其上自西汉中期，下至东汉后期的年代的上下限确定，墓型和器物的断代，提供了一个可靠标尺。并且，对墓主人的身份及当时墓葬习俗等也提供了一定的推断凭据。

广武汉墓群雪景

朔州出土的汉代青铜鼎

朔州出土的汉代球形青铜熏炉

广武汉墓群从一个侧面反映了朔州地区在汉代的政治、军事等各个方面的真实状况。秦汉之际，我国北方少数民族匈奴迅速兴起，严重威胁着中原王朝的北边安全，汉朝政权为了抗击匈奴，雁门关外成了双方争夺的要塞和进行战略决战的辽阔战场。汉代近百年的战争以及尔后的屯兵设防，使无数从征将士、驻守官吏和当地豪门贵族、土著百姓一起骨撒沙场，长眠塞上。斗转星移，沧海桑田，汉代遗留至今的抔抔黄土仍沐雨临风而立，成为现在封土如丘的汉墓群。据传，封土堆的高低大小依死者生前的官阶财力而定，等级森严。墓冢越大，显示出墓冢主人官职越大，身份越高，这也反映了当时的封建等级制度。广武汉墓群可以说是当时为保卫边塞作出贡献的将领、官员及当地富豪专设的大型陵园。

雁门郡 14 县中的阴馆县（今朔城区夏馆城村东），距离广武仅 10 里，广武汉墓群位于阴馆县城之南近郊。后汉时雁门郡治所由善无移至阴馆县。当时的广武又是汉王朝屯兵重地，雁门郡更是南北军事冲突、文化交流之境，这一带的文武官吏和土著富豪无疑较之一般地方要多，其墓葬之多，当然也属情理之中了。

当地百姓又称汉墓群为谎粮堆。相传当年宋辽交兵，宋军粮草不继，杨六郎心生一计，一夜之间把300多座墓堆围起来，上面用芦席覆盖，伪装成“粮草”。第二天，远远望去宋大营旌旗迎风招展，粮草堆满目遍野，使辽兵误认为宋军兵精粮足，严阵以待。于是，辽帅只好和六郎谈判言和。传说虽不可尽信，却彰显着浓重的军事色彩。

整个墓群的地下文物，有不少曾经被盗，但现存的出土文物和地下文物，对研究我国汉代的政治、经济、文化也都具有重要的价值，是宝贵的文化遗产，也是研究汉代政治、军事、经济和文化的重要实物依据。

第三章

南北民族大融合

（魏晋南北朝时期）

概述

从公元220年曹丕称帝建魏，到公元589年隋统一全国，是中国古代史上国家大分裂、民族大融合时期。此时的朔州地区，可谓是这一时代特色的缩影。

三国时，朔地基本上属曹魏。曹魏在并州共设6郡，其中的雁门郡（东汉时郡治阴馆县，在今朔城区夏关城村东。曹魏黄初二年，郡治移于广武县，即今代县古城村）辖7县，在今朔州地区有汪陶（今山阴故驿古城）、繁畤（今应县城东）、阴馆（今朔城区夏关城村东）、楼烦（今朔城区梵王寺村）、马邑（今朔州老城）5县。大体自今吕梁柳林县到朔城区西北一线以西为羌胡人居住地，自朔城区西北到浑源县北一线以北为鲜卑人居住地，不属曹魏的政区。三国时杰出的边郡太守牵招曾任职雁门郡，在朔州地区作出了卓有成效的贡献。曹魏"五子良将"之一的张辽，即为雁门郡马邑县人，他英勇善战，屡建奇功。

西晋时，朔州北部为鲜卑人领地，南部为西晋的雁门郡。当时，雁门郡治广武（今忻州代县境内），所辖之县，在今朔地有：汪陶、繁畤、马邑、楼烦、阴馆和剧阳（治今怀仁日中城）。据《晋书·地理志》

记载，西晋太康元年(280)，雁门郡8县的户数是12700户，县均户数1985户。人口减少的原因，主要是战争和自然灾害。西晋末年，雁门关以北之地划归鲜卑拓跋部后，拓跋猗卢“乃徙十万家以充之”(《北史》卷一)，故迁来朔州地区的鲜卑族约50万人。其时，繁畤(治今应县东)人莫含经常往来于鲜卑拓跋猗卢与并州刺史刘琨之间，对推动雁门关内外民族和解作出了重要贡献。

十六国时，朔地先后由代国(猗卢)、后赵、前燕、代国(什翼犍)、前秦、后燕占领。西晋建兴三年(315)，愍帝封拓跋猗卢为代王，准许设置属官，猗卢正式建立代国，这是拓跋氏首次立国，但猗卢代国很快就衰落了。东晋咸康四年(338)，19岁的拓跋什翼犍在繁畤北即代王位，称建国元年，这是拓跋氏有年号之始。什翼犍代国强盛之时，今朔州地区完全包括在其版图之内。什翼犍代国于建国三十九年(376)被前秦所灭。发生在今朔州大地的这场战争为“前秦灭代之战”，在历史上很有名。

北魏时，平城(今大同)既是都城，又设司州、平城县，有三级行政机构。朔州地属京畿(京郊)，为北魏王朝的腹心之地。其时，北魏在平城所设之司州，由司隶校尉管辖，统辖京城周围郡县，前后共领7郡14县。与今朔州有关者有：司州之善无郡，领善无(治今右玉右卫镇)、沃阳2县，后1县不在今朔境。繁畤郡，领繁畤(治今应县城东)、崞山2县，后1县不在今朔境。桑干郡，领桑干(治今朔城区西影寺村东古城)1县。平齐郡(治今朔城区夏关城村东)，领怀宁(治今朔城区东南)、归安(治今朔城区南)2县。另有梁郡，治今朔城区老城北10公里，为梁郡公封地，不辖县。今朔州大地作为北魏时期的京畿之地，得到了多方面的大规模开发建设，历史上著名的㶟南宫就是在这一时期建设的。其时，世居今朔州境内的尔朱氏以畜牧起家，对北魏朝廷有着重要的影响。北魏末年，尔朱荣所率军事集团称霸北朝。北魏太和十八年(494)迁都洛阳后，平城改为恒州，原司州所辖郡县均归恒州所辖。在平城又设代郡。由于战乱频仍，天下混乱，给各级政区的管理和设置造成严重的干扰。其时，恒州连同各郡县在孝昌中(525—527)没于战乱。在六镇起义的影响下，山胡刘蠡升于孝昌元年(525)聚众起义，以云阳谷(今右玉县城东北17.5公里)为主要据点，自称天子，年号神嘉，坚持斗争11年才基本上被消灭。

东魏时，山西北部(雁门关以北)被柔然(蠕蠕)所控制。东魏天平二年(535)，将恒州以及所领之7郡14县，均寄治于今忻州一带。其中包括：善无郡，领善无、沃阳2县；繁畤郡，领崞山、繁畤2县。除繁畤郡及县寄治今原平市南板市村、崞山县寄治今原平市北崞阳镇外，其余均寄治秀容郡城(今岚县城南2里古城村)。强盛的柔然成为东魏和西魏争相通好的对象，通好的主要手段便是联姻。武定四年(546)八月，高欢在下馆城(今朔城区夏关城村)迎娶柔然公主，增强了东魏与柔然之间的互信，对东魏在巩固北部边疆方面起了重要作用。

北齐天保六年(555)，复置朔州，把治所由盛乐(今内蒙古和林格尔土城子)迁到马邑城南48里的新城(今朔州城南梵王寺村)。为了与东魏侨置于介休一带的南朔州相区别，称北朔州。这是今朔州地区称“朔州”之始，天保八年(557)，北朔州治所又由新城迁到马邑城(今朔州老城及其外垣)。同年，改马邑为招远县。武成帝于北朔州置北道行台，辖广安郡(治招远)、广宁郡(治今朔城区西影寺村东)、太平郡(北齐置，原名神武郡，后改名，治神武县，在今朔州城东南神武村)、长宁郡(今神池)、齐德郡(今朔城区境)。北齐时，北朔州为北方重镇，其兴衰对北齐影响很大。

北周时，因朔州系北周屯戍设防的重镇，设朔州总管府，治招远县(治今朔州老城及其外垣)，领广安、长宁2郡。

魏晋南北朝时期是中国历史上各政权间频繁战争与民族大融合的时期。其时，今朔州地区就是北方民族活跃和南北民族融合的场所。东汉以后，朔州所在的雁门郡便因匈奴民族聚居，加快了匈、汉民族交往与文化交流。拓跋部族勃兴后，朔州地区成为鲜卑、汉民族交往与文化交流的历史舞台。拓跋珪定都平城(今大同)近一个世纪间，朔州地区作为京畿，属于北魏王朝的腹心之地，成为北魏王朝的政治、经济、文化重心所在，更进一步加速了各民族融合的历史进程。北齐、北周时期，以马邑(今朔州老城及其外垣)为中心的北朔州和朔州总管府，依然是鲜卑族活动的集中场所，是鲜卑、汉民族交往与文化交流的历史舞台。总之，魏晋南北朝时期，南北民族大融合的局面在今朔州地区表现得十分突出。

牵招马邑救田豫

牵招是三国时代杰出的边郡太守之一。魏文帝时拜他为使持节护鲜卑校尉,他广布恩信,招诱降附,使鲜卑10余万众臣服魏国。继而又拜右中郎将,出任雁门郡太守,防御鲜卑对边陲地区的进犯。

牵招到任雁门后,上表请求免去辖内乌桓500多户的赋税,让他们备好鞍马,到远处去侦察敌情,敌人一有动静,立即禀报。牵招预作筹谋,率兵迎击,敌人屡屡受挫,不敢轻易来犯。雁门郡吏民胆气日锐,四方归心,郡境很快出现了一派安宁景象。

牵招还采用离间计,让鲜卑大人步度根、泄归泥率3万余家归降,后又击败鲜卑轲比能,通好河西鲜卑10余万家,修治加固句注陉北故上馆城(今朔城区夏关城村东),并且又设立太学,大兴儒风,力求改善民俗民习。

同时,他还勘察地形,根据山势凿开水源,筑渠引水浇地和饮用。牵招还置屯田于陉北(今朔州地区),储备物资粮草,待机征讨鲜卑。这一地区的少数民族无论势力大小,没有不归附的,百姓也有了安宁的生活。雁门郡成为抵御鲜卑的坚固堡垒。

文帝黄初五年(224),鲜卑轲比能部发展壮大到“控弦十万余骑”,“余部大人皆敬惮之”,他率部占据匈奴领地,称雄塞北。

魏明帝太和二年(228),护乌丸校尉田豫派翻译夏舍到鲜卑郁筑鞬的部落后被杀害。当年秋天,田豫出兵讨伐鲜卑郁筑鞬,郁筑鞬的岳父轲比能前来助战,以3万兵力把田豫围困于马邑城7天,田豫派人送信给雁门太守牵招,请求救援。

田豫也是三国时代一个守土御边、保境安民、政绩突出的将领。此人平时生活俭朴清贫,他把朝廷的赏赐都分发给了部下。每当收到别人送来的礼品,他都让下人登记造册,收入官府。他虽然性格孤傲,与他人很少来往，但人们都很看重他的节操。

牵招得知田豫求救的消息后，立刻整顿军队，要赶去救援。当时，雁门郡属并州管辖，并州长官按常法规定禁止牵招出塞救急。但牵招认为，在田豫被包围的紧急关头，不应被长官所限制，所以自己上奏表后就出兵进发了。他同时派快马传送紧急书信给田豫，讲述形势，说应当向西北偷袭攻占鲜卑的大本营，然后向东行进，会合消灭鲜卑大军。牵招的书信到达后，田豫的军队欢腾跳跃。牵招又故意把这一信息透露给鲜卑人，轲比能看到后担心后路被断，就率部众退至平城（今大同）。牵招率军追击大破轲比能，被困的田豫也得以解围。

牵招守雁门郡前后 12 年，他御边保境，治理社会，扶植农耕，兴办教育，威震边塞内外，政绩卓著，受到民众爱戴。田豫后来升为使持节护匈奴中郎将，加官振威将军，领并州刺史。

对于牵招救援田豫一事，尽管《三国志》的《牵招传》作了较详细的记述，但同书《田豫传》和《鲜卑传》却另有两种说法。《鲜卑传》的说法是田豫被围后，由与鲜卑关系较好的阎柔的弟弟阎志劝说轲比能退兵后才解围的。《田豫传》又说是田豫出其不意以奇兵制胜，才使自己解围的。当时，轲比能率 3 万之众而来，又有郁筑鞬部相助，一无所获而被一番话劝退或者被田豫奇兵一击大败溃退，恐怕都不可能。而雁门郡治所设在广武县城（今代县古城村），距马邑城极近，作为雁门郡太守的牵招出兵相救应该是最为合理的。

曹魏名将张辽

雁门郡马邑（今朔城区）人张辽是三国时曹魏的“五子良将”之一。民国《马邑县志·人物》载：“公为聂壹之后，以避怨改姓，今城东十五里之大夫庄其故里也。乡人张氏者即其苗裔欤。”

张辽年轻时当过郡里的小吏。东汉末年，先后随附并州刺史丁原、

张辽画像

大将军何进、董卓、吕布。吕布为李傕所败，他随吕布东奔徐州，兼任鲁相，当时年仅28岁。

建安三年(198)，曹操在下邳(今江苏宿迁)打败了吕布，张辽也成了俘虏，但他表现得视死如归。曹操深爱其才，就任命他为中郎将，赐爵关内侯。后来，屡立战功升为裨将军。

建安五年(200)，张辽随曹操破袁绍。后来，曹操遣夏侯渊、张辽率军围攻吕布余党昌豨于东海郡（今江苏灌云)，数月未克，而曹军却粮草将尽，夏侯渊就和他商议撤军。张辽对夏侯渊说："这几天以来，每次巡视我军包围的各个营寨时，昌豨一直注视着我。另外他们射出的箭越来越少，想必是昌豨心中犹豫不决，所以不拼力作战。我想和他谈谈，或许能劝他投降。"于是派人对昌豨说："曹公有话托张辽转告给你。"昌豨果然出城和张辽交谈。张辽对他说："曹公神明威武，正用仁德安抚四方，先归附他的人会得到重赏。"昌豨于是答应投降。张辽就单身一人登上三公山(位于安徽无为县中部)，来到昌豨家中，拜会了他的妻子与儿女。昌豨非常高兴，就随张辽来见曹操。曹操遣放昌豨返回，并责备张辽说："这不是大将的做法。"张辽知道曹操担心他的安全，于是谢罪说："我张辽奉行您的旨意，这才是昌豨不敢加害于我的缘故啊。"

后来，张辽随军征讨袁谭、袁尚，招降缘山诸寇及黑山孙轻，又破辽东柳毅。他归来时，曹操亲自出城迎接，与他同乘一辆车，并任命他为荡寇将军。张辽又平定了江夏各县，被封为都亭侯。张辽随曹操到柳城(今辽宁朝阳)征伐袁尚时，突然和敌人遭遇。张辽积极主战，曹操很赞赏他的勇敢，就把自己指挥用的大旗授给张辽。于是发起攻击，把敌人打得大败，斩杀单于蹋顿。

曹操又派遣张辽驻守长社。临出发时，军中有人谋反，夜间故意引起混乱，并点起火来，全军纷扰不安。张辽对身边的人说："不要动！这不是整个军营都要反叛，一定是有人制造兵变，想用骚动来扰乱军心罢了。"于是就命令军中，凡不参加反叛的人都安静坐下。张辽带领数十个亲兵，在军营中央站立。不久就抓住并杀了策动反叛的人，军队很快就安定了下来。

张辽英勇善战，屡建奇功，合肥之战尤显威猛。建安二十年（215），东吴孙权趁曹操率兵攻打汉中之机，亲率 10 万兵马围攻合肥，而合肥城内仅有张辽、李典、乐进等率 7000 多曹军驻守。此时，曹军众将对于战守，意见不一。乐进、李典等认为敌众我寡，两军力量悬殊，出战很难取胜。张辽见乐进等不肯出战，拍案而起说："曹公远征在外，若坐等援军来救，我们早被吴军击破。应当乘吴军立足未稳之时，主动出击，方能挫其锐气，守住城池。"乐进等听后，仍犹豫不决。张辽生气地说："成败之机，在此一战，你们若不战，我一人也要出战。"李典虽与张辽不和，这时见张辽如此坚决，也慷慨陈词："此国家大事，既然将军主意已定，奋不顾身，我们怎能不顾大义。"于是，众将同意张辽征募 800 勇士，主动出战。

第二天拂晓，张辽披甲执戟，大喊："张辽在此！"率领 800

安徽合肥逍遥津公园张辽塑像

精兵冲入敌营。孙权不知虚实，犹豫之间，张辽已如入无人之境，直冲到孙权帐下。孙权见状惊慌失措，仓皇间登上一个土台，手持长戟自守。吴军见张辽兵少，迅速围上来，密密麻麻地将张辽围了好几层。张辽毫无惧色，左冲右突，杀出一条血路，带领麾下冲出包围。冲出后，张辽见阵中还有人没有突围，又冲入重围，救出被困的士兵。孙权见张辽杀得起劲，而自己的军队皆望风披靡，没人敢抵挡，又见李典带人接应，心生恐惧，只好鸣锣收兵。此战吴军伤亡惨重，士气大挫。

“威震逍遥津”纪念邮票

之后，孙权虽持续围城十多天，但一直未能攻破，只好下令撤军。当吴军撤退时，张辽得知孙权与少数将领在逍遥津北岸巡视，立即率兵突袭孙权。吴将甘宁、吕蒙等与张辽奋力拼杀，凌统则率亲兵护卫孙权突围。当孙权等骑马退至逍遥津桥时，见桥南的木板已被拆除了一丈多，没法通过。吴将谷利急中生智，在孙权的战马屁股上猛打一鞭，骏马奋力一跃，凌空越桥而过，孙权才得以夺路而逃。

这次战争是三国时期魏军创下的一个以少胜多的著名战例。这一战使张辽威震江东，名扬天下，以至于吴国的孩童啼哭时，父母常常说：“张辽来了！张辽来了！”孩童便不敢再哭。

魏文帝曹丕追念张辽之功，曾下诏曰：“合肥之役，辽、典以步卒八百，破贼十万，自古用兵，未之有也。使贼至今夺气，可谓国之爪牙矣。其分辽、典邑各百户，赐一子爵关内侯。”张辽之子张虎，后来升为偏将，死于战阵，张虎之子张统继任偏将。

沙漠汗冤死塞南

曹魏高贵乡公甘露三年(258),鲜卑部落首领拓跋力微于盛乐(今内蒙古和林格尔土城子)祭祀上天,各部君长都来助祭,白部大人却迟疑不到,于是力微就杀了他。从此,远近无不震动慑服。力微在部落大人会议上说:“我遍观前代匈奴、蹋顿之流,苟且贪图财利,抄掠边境民众,虽然有所获取,而他们的死伤不足以相补,更招致许多仇敌,百姓困苦,不是长远的计策。”于是,他决定改变以往的民族仇视与掠夺政策,与曹魏和亲,以实现民族和解、平等的宏大愿望。这个决定也被称为“盛乐宣言”。

在“盛乐宣言”思想的指导下,曹魏元帝景元二年(261),力微派遣太子沙漠汗到魏都洛阳, 成为魏国最尊贵的宾客。沙漠汗仰慕汉族文化,“风彩被服,同于南夏”。从此以后,拓跋部与曹魏双方通问互市,往来不绝。魏国赠送拓跋部黄金、布帛、缯絮,每年以万数计。直到西晋时,还保持着这种友好的关系。

力微是鲜卑拓跋部实行民族融合的表率。后来北魏成功地统一北方,便是民族融合的必然结果。然而,民族融合之路是一条充满坎坷、艰辛、暴力、血腥之路。沙漠汗冤死塞南,便是典型的事例。

力微年老之时,沙漠汗以父老求归,晋泰始三年(267),晋武帝备礼护送。沙漠汗将在中原所学的文化知识带回盛乐。

晋咸宁元年(275),沙漠汗再次入晋,其年冬回盛乐时,晋武帝送给沙漠汗锦、绵、缯绢等丰厚的物品,足足装了 100 辆牛车。沙漠汗行至并州(今太原),晋征北将军卫瓘认为沙漠汗为人雄杰奇异,担心成为后患,就密报晋武帝拘留沙漠汗。晋武帝不忍失信于人,不同意拘留。卫瓘又请求用黄金、锦缎贿赂力微国中各部大人,以离间拓跋力微与沙漠汗父子二人的关系。武帝采纳了这一计谋。不少鲜卑贵族也惧怕沙漠汗

"若继国统,变易旧俗",便暗中大肆活动,中伤沙漠汗。卫瓘见时机成熟,于晋咸宁三年(277)才放沙漠汗回国。力微听说儿子归来,很高兴,令诸部大人到阴馆(今朔城区夏关城东)迎接。在宴会上,沙漠汗仰望飞鸟,对大人们说:"我为你们射下它来。"于是,拿起弹弓射出弹子,飞鸟应弦而落。当时,力微国中没有弹弓,众人都大为惊奇,就互相说:"太子的风度和服饰,和南方的华夏相同,加之奇特的法术举世无双,如果继承大位,改变旧习俗,我们必定不能满足他的志愿。他不如留在国内的诸王子习于本分、淳厚朴实。"加之他们都收受了卫瓘的贿赂,于是谋图加害沙漠汗,便先行赶了回去。力微问道:"我的儿子已游历别国,德行增进得怎么样?"大人们答道:"王子的武艺不同凡响,拉开空弓而射落飞鸟,这似乎是得到了晋人怪异的法术,这是乱国害民的征兆,惟愿明察。"沙漠汗在晋为质,力微的其他王子却不断献媚邀宠,力微年过百岁,颇受迷惑,心中产生动摇,于是说:"凡是不可容忍的,就应当除掉。"诸大人便来到塞南(今右玉杀虎口南),杀害了沙漠汗。不久,力微也后悔自己的决定过于草率。

这一年,力微患病,归附拓跋氏的乌丸王库贤先前接受了卫瓘的贿赂,想乘机离散鲜卑各部落,便在庭院中磨砺钺斧。鲜卑大人们问他要干什么,库贤回答说:"主上恨你们谗言杀害王子,现在想要全部收捕各大人的长子杀掉。"大人们都相信了,纷纷逃散。

沙漠汗虽被内外小人陷害,但他前后两次客居魏、晋都城洛阳,深受中原文化熏陶,为通好中原王朝作出了开创性贡献。沙漠汗的冤死,不能不说是汉与拓跋鲜卑之间的民族融合和文化融合进程中的一大损失。

拓跋氏代国与朔州

西晋永嘉四年(310),鲜卑白部大人叛晋,与匈奴南单于后裔铁弗部刘虎联合起来,进攻新兴(治今忻州)、雁门(治今代县古城村)二郡。

并州刺史刘琨把其子刘遵作为人质，请求拓跋猗卢出师援助。猗卢派侄子拓跋郁律率骑兵2万助刘琨。

猗卢助刘琨破敌之后，二人结拜为兄弟。刘琨上奏朝廷酬谢猗卢，晋怀帝下诏封猗卢为代公，以代郡（治今河北蔚县东北代王城）为封邑。猗卢以代郡“封邑去国悬远，民不相接”为由，率部万余户入居雁门郡地，并请求割句注陉北五县地。为了得到猗卢的援助，刘琨遂迁徙马邑、阴馆、楼烦、繁畤、崞县五县人民到陉南（今雁门关以南），将雁门关以北之地送给猗卢。猗卢入据马邑等地之后，又迁徙10万户来填充这一地区。今朔州地区成为鲜卑拓跋氏的控制区域，期间，适于农耕的朔州地区得到了大力开发，大量荒芜土地被开垦出来，畜牧业得到进一步发展，成为鲜卑拓跋氏新兴壮大的发祥地。

北魏张愈买地券拓片

拓跋猗卢占领陉北之地后，拓跋氏空前强大，威震北方。于是，冬夏两季往返于北都盛乐和南都平城之间。并于建兴元年（313）在桑干水之阳黄瓜堆修筑新平城，让长子六脩镇守，统帅南部。

建兴三年（315），晋愍帝封猗卢为代王，准许设置官属，除代郡之外，又增封常山（今河北唐县西北）一郡，猗卢正式建立代国，这也是拓跋氏首次立国。此后，猗卢仿照晋朝，定刑法，设官府。他还从晋朝引进了一些音乐，使代国王府礼制有了相当规模。不久，代国因内讧衰落。

东晋咸和四年（329），翳槐继代王位，他以10岁的弟弟什翼犍及

5000 户牧民为人质向后赵请和。什翼犍在邺城(今河北临漳西南邺镇)度过 9 个年头。翳槐临终前感到什翼犍有勇有谋,遂命诸大人从后赵迎回什翼犍。他死后,诸大人欲立拓跋孤,拓跋孤坚持不从并亲赴邺城,愿代兄为人质,换兄回国即位。赵王石虎感其兄弟义气,放二人回国。

东晋咸康四年(338)十一月,19 岁的什翼犍在北返途中于繁畤北(今应县境)即代王位,称建国元年,这是拓跋氏有年号之始。什翼犍即位后立即设立百官,他汇集了一批为他服务,而又不是氏族部落酋长之类的人员分掌众职。什翼健雄勇智略,号令明白,政事简清,很快使四境归服,部众发展至数十万人。

建国三年(340)春天,什翼犍迁都云中盛乐宫,次年在盛乐旧城南修建了一座新城,有了一个比较稳定的政治中心。此后又两次远征漠北的高车,两次讨伐朔方的铁弗,引起了四邻的震惊。建国二十七年(364)冬十一月,什翼犍率部讨伐没歌部,获马牛羊几百万头。军事上的一连串胜利,将什翼犍代国推上最为辉煌的强盛时代。其时,今朔州地区完全包括在代国版图内。朔州地区也随之得到发展建设。

北魏王朝的缔造者道武帝拓跋珪,是前代王什翼犍的孙子。建国三十四年(371)七月七日,拓跋珪诞生于参合陂北,消息传出,群臣称庆,什翼犍为此特行大赦,祭告祖宗。

然而,什翼犍代国的强盛,却引起关中前秦的注意,建国三十九年(376)最终被前秦所灭。

东晋太元十一年(386)正月,15 岁的拓跋珪大会各部于牛川(今内蒙古乌兰察布境内塔布河),即代王位,复建代国,年号登国,以长孙嵩为南部大人、叔孙普洛为北部大人,以张衮为左长史、许谦为右司马。并以代人和跋、叔孙建、庾岳、王建为外朝大人,建立起鲜卑人和汉人共同组成的新代国。四月,拓跋珪改国号代为魏,史称北魏。

北魏天兴元年(398)七月,拓跋珪定都平城(今大同),始营宫室,建宗庙,立社稷。次年十二月,拓跋珪称帝。直至太和十八年(494)十一月迁都洛阳前,今朔州大地一直是畿内之地。

经过猗卢代国、什翼犍代国、拓跋珪代国的奠基,拓跋氏的势力由小到大,由弱到强,强大的北魏王朝终于建立起来。可以说,拓跋代铸就了拓跋魏(北魏、后魏、元魏),拓跋代是拓跋魏的前身,没有先前的拓跋

代，便没有以后强大的北魏王朝，拓跋魏是拓跋代之继承和发展，也是拓跋代之辉煌。在拓跋代到拓跋魏的发展过程中，朔州地区的早期地位与作用尤其值得重视。

拓跋氏经营朔州

道武帝拓跋珪天兴元年（398）七月，北魏正式定都平城（今大同），并确定了京畿的范围：东至代郡（治今河北蔚县），西及善无（治今右玉右卫镇），南达阴馆（治今朔城区夏关城村东），北尽参合（治今内蒙古丰镇、兴和间）的广大地区。北魏王朝确定的京畿范围基本相当于今朔州、大同两市所辖范围，又与自然地理上的大同盆地大体一致。

盆地内地势平坦，河流纵横，既适于农耕，又便于游牧。四周为崇山所环绕，成为大同盆地与周围地区相阻隔的天然屏障。这样的地形有利于政治统治和军事攻防。晋阳至平城的交通干道通过今朔州境内，便于境域人们与外界联系交往。京畿之地，各项建设效果明显，进入了前所未有的大开发时期。

发展经济，首先需解决的是劳动力不足的问题。为此，北魏向畿内进行了大规模的移民。仅正平元年（451），就迁刘宋降民 5 万余户于京畿。史载，道武帝拓跋珪时期，迁入畿内的人口就有 156 万左右。在数量庞大的移民群中，有不少来自经济发展较快地区的汉人。充足的劳动力和先进的生产技术，为畿内经济发展奠定了坚实的基础。这也有力地促进了各民族间的友好相处和亲密融合。

鲜卑拓跋部建都平城后，开始了长时期的统一战争。兵马欲动，粮草先行，拓跋珪进攻中山时，就曾遇到“六军乏粮”的大窘困。因此，北魏统治者从建国之初，就十分重视农业生产。后来北魏又逐步推行“均田制”政策，调动了广大农民的生产积极性。今朔州境内大量荒芜土地被开垦出来，而且出现了连年丰收、粮食盈仓的可喜局面。

东汉末年以来，今朔州境内一直是北方游牧民族长期聚居的地区之一，畜牧业已经有了一定的基础。北魏迁都平城后，虽然许多荒地被开辟为农田，但仍有大片土地可供发展畜牧业。北魏在战争中掠夺了大量牲畜，这些牲畜除朝廷占有外，还大量赐给了贵族和有功之臣，随同赐予的还有辽阔的牧地。当时，尔朱氏的领地以内"牛羊驼马，色别为群，谷量而已。朝廷每有征讨，辄献私马，兼备资粮"，具有经济和军事的双重价值。今朔州境域畜牧业发展，由此略见一斑。

北魏前期，统治者除了在平城大兴土木，开凿云冈石窟外，也非常重视京畿地区的城市建设，将原拓跋猗卢在黄花堆所建的新平城（又称小平城），建为日中城。据说是为便于行旅往来，早上从今怀仁县东南早起城（又称食时城，在今怀仁安宿疃村东）出发，到此恰好中午，故称日中城。再往西到木瓜河源头，恰好日没，故在此再建日没城（又名黄昏城、黄花城，即今山阴永静城）。此三城互为比邻，距离相当。其中日中城较大，且有皇城。早起、日没两城相对较小，应是日中城的拱卫城。除此之外，北魏统治者在今应县张寨村北，建设繁畤宫，作为北魏之离宫。之所以在此建离宫，是因为拓跋什翼犍曾在此即位。另外，北魏在秦汉时所设的楼烦县（今朔州城南梵王寺村）修建了楼烦宫，在班氏县（今怀仁马辛庄附近）修建了去留城。据说是因为北魏都平城，官僚贵族南向送客，都要送至桑干河北岸，目送客人远行后方返平城。因此，古班氏县城起名去留城，即去者自去而留者不再送之意。与此同时，北魏统治者还在今朔州地区兴建了规模较大的灅南宫。上述工程在当时都是相当雄伟的大型建筑，也是今朔州地区在北魏时期经济发展的重要标志。

北魏定都平城的近100年间，是今朔州地区历史上经济发展的黄金时代。满目疮痍、白骨盈野的境域，变得欣欣向荣、生机勃勃。那时森林覆盖率也很高，郦道元在《水经注》中这样描绘京畿之地："山大乔木，连跨数郡，万里林集，茂林阴翳。"

恒、肆大地震

北魏延昌元年四月二十日（512年5月21日），恒（今大同）、肆（今忻州）地区发生强烈地震，今朔州一带深受其害。

《魏书·灵征志》载："延昌元年四月庚辰，京师及并、朔、相、冀、定、瀛六州地震。恒州之繁畤（治今应县城东）、桑干（治今朔城区西影寺村东）、灵丘（治今灵丘）；肆州之秀容（治今岚县南）、雁门（治今代县），地震陷裂，山崩泉涌，杀五千三百一十人，伤者二千七百二十人，牛马杂畜死伤者三千余。"

据新编《山西通志·地震志》记载，此次地震震中位置在原平—代县间，北纬38.9°，东经112.8°，震中裂度为10度，震级为7.5级。地震范围较大，涉及今山西、内蒙古、河北、河南等省区。

此次地震，使今朔州地区原来的繁荣景象不复存在。原先所建的楼烦宫（今朔州城南梵王寺村）、灅南宫（今朔城区西影寺村东）、新平城（今怀仁日中城）、去留城（今怀仁马辛庄）、繁畤宫（今应县城东北张寨村北）等大型城池、宫殿都成了一堆废墟。地震后，不少活下来的人也因家园破碎，背井离乡，今朔州地区的人口在大量死伤后出现大量流失现象，整个社会经济遭到严重破坏。房倒屋毁，重建自然是艰难而缓慢的，尤其是农业和畜牧业，恢复不知何年何月，更何谈振兴发展。

地震之后，不但土地荒芜，还使河道因而改流。清代学者熊会贞在《水经注疏》中就曾明确指出，在右会马邑川水后，"桑乾水又东南流"是"与今水道不合"的，因为"今水东北流"。

古时的统治者认为，地震是上天对执政者不满而采取的一种惩罚，于是北魏宣武帝元恪于震后第三日（即四月二十三日）颁《罪己诏书》，并通过各种方式赈济灾民，"派遣太医、骨科医生，并供给所必需的药品"。《魏书》中还有："乙酉，大赦天下，改年号。诏立理诉殿、申讼车，以尽冤穷之理。""丙午,诏令天下存有谷粟的家庭,存留供给一年的以外,全部借贷给饥民。""庚辰,诏令放出太仓的谷粟50万石,来赈救京城和州郡的饥民。""(延昌二年)冬十月,诏令因恒州、肆州地震,民众很多人死伤,免除两河地区一年的租赋。""乙巳,诏令因恒州、肆州地震,民众很多人遭灾,凡有课丁死光、老幼孤单困苦、家中没有接受免除者,各赐给口粮接济到来年谷物成熟。"这些都是北魏朝廷赈济此次地震的有关记载,这也从一个侧面反映了它破坏程度大,受灾民众多。

1992年,山西省地震局的专家测定,此次地震,从今朔城区到今浑源界裂开了长长的深沟。专家们在朔州市应县马兰庄到镇子梁,还找到了这条深沟的痕迹。

北魏千佛石塔

北魏千佛石塔原存朔州城东街崇福寺弥陀殿内,是我国北朝佛教艺术的重要成果,是国家一级文物,也是崇福寺镇寺之宝。

北魏定都平城(今大同)时,曾修造了举世闻名的云冈石窟。天安元年(466),宫内宦官首领曹天度调用修建云冈石窟的工匠和材料,为亡父和亡子雕造千佛石塔。历经三年,石塔雕成。最初,该塔存放于平城某寺院殿堂中间,以便于崇奉者绕塔膜拜。

塔为细沙石质,方形,高约209.5厘米,重400千克。由塔身、塔顶(塔刹)、塔座组成。塔身共九层,为仿木楼阁式建筑形式,其上共有高浮雕小佛坐像1342尊。最下一层两侧各有一佛龛,龛内有1尊佛、2尊菩萨。每层四角均有角柱。一至七层为一节,与八至九层的一节相接。塔刹残高49.5厘米,最大直径12.3厘米,重10.45千克。上部雕有相轮九重,下为复钵,再下为塔刹刹座,座下端留有榫头。刹座四面佛龛内和四角共有高浮雕坐佛12尊。塔身与塔刹既上下呼应,和谐统一,又是两个独立的部分。塔座正面浮雕供养比丘,两侧有莲花狻狮;左右两侧面有

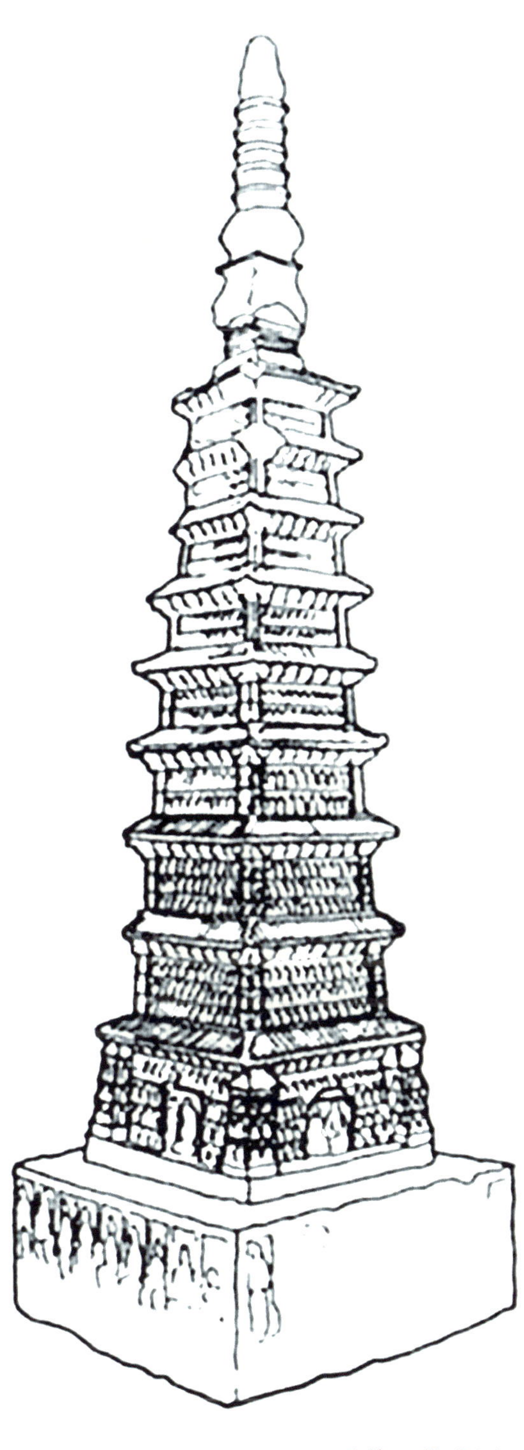

千佛石塔全图

千佛石塔塔刹

千佛石塔塔身及塔座

千佛石塔塔座局部

各式浮雕男女供养人像;背面有题记。全塔共有浮雕佛像1357尊,故有千佛石塔之称。该塔塔身为中国式的重楼建筑,塔刹则为印度式窣堵婆缩形,又加中国式瓦顶佛龛,创造了印度和中国建筑艺术相结合的造塔范例。

千佛石塔雕成500多年之后,契丹族建立的辽王朝雄踞于中国北方。辽代有府寺相通之风,始建于初唐的崇福寺,成了朔州顺义军节度使耶律弘古的府署,耶律弘古后加封林牙(辽对太师之称),所以一度称崇福寺为林牙寺。据说寺内屡有灵光显现,使居人不安。耶律弘古便将千佛石塔从平城运回府署,作为镇寺护府之宝。

1937年9月,日军占领朔县(今朔城区)后,一个"本愿寺"从军的日本和尚,发现了存放在崇福寺弥陀殿东南角的千佛石塔,被石塔精美绝伦的雕刻艺术和文物价值所吸引,就想劫往东京。1939年,在石塔装箱将要被日寇掳走之际,城内爱国人士丁克成机智地躲过敌人的严密监视,冒着生命危险趁夜将塔刹藏起。1953年,丁克成将塔刹无偿献给了崇福寺。

被劫运到日本东京的塔身和塔座,陈列在东京帝室博物馆(日本国立东京博物馆)。京都大学教授村田治郎、水野清一等经过鉴定,确认此塔为中国北魏时期所造,于日本昭和十四年(1939)十月二十五日在《朝日新闻》上刊文作了介绍。当时日本出版的《艺术美术全集》中收录了千佛石塔的翔实资料。

抗日战争胜利后,日本将掠走的塔身和塔座随同六批文物交还我国,后被运往台湾。1957年5月,以登录号第7032号入藏,并被长期陈列展出在台北市南海路历史博物馆一楼廊道。时至今日,千佛石塔塔身与塔座已在台北历史博物馆栖居了近60年,并已成为该馆镇馆之宝,而塔刹仍由崇福寺文管所妥善保存。

1979年,奥地利格拉兹大学艺术史学院海因里希·格哈德·弗兰兹教授在台北见到了千佛石塔的塔身后,激动万分,称山西朔县崇福寺的塔刹就是该石塔的塔刹,他在《中国塔及窣堵婆》一书中谈道:"此塔的重要意义,在于它是公元五世纪的唯一石塔,因在中国内地尚未有公元六世纪以前的佛塔建筑,它对我们研究中国早期佛教和造塔史,具有不可估量的价值。"

台北历史博物馆馆长、文物专家黄永川先生就石塔曾撰写了3万多字的论文《关于北魏曹天度九层石塔》。在1995年庆祝建馆40周年时,从馆藏的5万件文物中选取40件作为“馆藏重宝四十”,他说:“它是被公认为本馆首屈一指的国宝。”黄永川先生在该文中还指出:“就艺术史角度而言,这件石塔更有着如下的意义:(一)本塔建造于公元四六六年,完成于四六八年,是现存最早,也是最完整的宝塔。(二)本塔是最早期以一独立的个件雕刻最多佛像的作品。(三)本塔是北魏天安元年‘二皇’正式执政同时的作品,实开以后北魏大量雕造‘释迦多宝并座’题材的风气之先。(四)本塔造型告别了‘北凉式’,正式树立了‘中国塔式’的新典范,影响后世至巨。(五)本塔直接刺激了皇室广造宝塔的风气,影响了高三百余尺的永宁寺七级佛图、高十丈的三级佛图,乃至高千尺的永宁寺九级佛塔等之建造。(六)本塔除了在造型上以开八度方法处理,特别显出其曼妙之外,在色彩上则施以秾丽的粉饰,与后世所见佛塔风格大异其趣。凡此种种,足以使其于艺术的成就之外,在艺术史上占有重要的一席之地!”

从北魏千佛石塔的曲折经历,我们可以看到祖国近代历史的一个侧面。塔身在台湾,塔刹在朔州,两者分居异处,不能璧合,实在是一件憾事。我们热切地盼望台湾早日回归祖国的怀抱,千佛石塔早日恢复原貌。这不仅是祖国大陆和台湾文物工作者、博物馆工作者的一致企盼,也是热爱中国文化艺术的国际友人的殷切希望。

刘蠡升云阳称帝

刘蠡升,善无云阳谷(今右玉云阳堡)人,北魏末年山胡领袖。山胡,又称稽胡、安落稽、步落稽,他们源于南匈奴,从事农业,以麻布为衣,与汉人杂居。

北魏孝昌元年(525)十二月,在六镇起义的影响下,山胡刘蠡升以云阳谷(今右玉县城东北 17.5 公里)为主要据点聚众起义,自称天子,年号神嘉,分别封三个儿子为南海王、北海王、西海王,下属群僚 400 余人。他以 20 余万众攻略四周,且掠夺汾(今隰县、汾阳附近)、晋(今临汾附近)一带,使北魏连年不得安宁,当时称之为"胡荒"。

东魏孝静帝天平二年(535),统治者把目光投向了刘蠡升。当年正月,孝静帝诏齐献武王高欢进剿刘蠡升。高欢采取偷袭的战术,打败刘蠡升。魏帝封高欢为相国,允许他假黄钺、剑履上殿。三月,高欢为了进一步剿灭刘蠡升,假装同意把女儿嫁给蠡升的太子。蠡升就派儿子到邺城,高欢以厚礼相待,许以稍缓一段时间成婚。蠡升认为已经和亲,未作戒备。高欢却暗中派兵进攻,刘蠡升率领轻骑出外征召兵马时被他的北部王所杀。刘蠡升的部众又立他的第三个儿子南海王为主。高欢再次进攻,又俘获南海王及其弟西海王、北海王和皇后、夫人、公卿以下 400 余人,且获胡、魏部众 5 万户,送到邺城。至此,从北魏孝昌元年(525)到东魏天平二年(535),坚持斗争 11 年的云阳军,基本上被消灭了。

刘蠡升起义失败后,众山胡流落到山西各地山区。北周建德五年(576),北周军在晋州(今临汾)打败北齐军队。周军无暇收拾齐军沿途遗弃的铠甲器械,附近山胡就乘机用这些武器将自己武装起来,再次起事。次年十一月,并州山胡拥立刘蠡升之孙刘没铎为主,号圣武皇帝,改年号为石平,分据山西北部。

周军平定北齐后,准备征伐山胡,意欲直捣其巢穴。齐王宇文宪以为"种类既多,又山谷阻绝,王师一举,未可尽除。且当剪其魁首,余加慰抚"(《周书·稽胡传》卷四十九)。周武帝同意宇文宪的建议。宇文宪率军驻扎在马邑(今朔城区),分道俱进。刘没铎令其将天柱守河东(黄河以东),其大帅穆支守河西(黄河以西),各据险要,抗拒北周军。宇文宪破天柱,宇文逌破穆支,斩首万余级。赵王宇文招击败刘没铎军,并将刘没铎擒获,山胡余众于是全部投降。

史学家程应镠在《南北朝史话》一书中写道:"居住在现在山西崇山峻岭中的胡人,一百多年来,反抗北魏的压迫,前仆后继。他们甩掉身上的镣铐,在反抗斗争中,锻炼出一个著名的领袖刘蠡升。"

尔朱荣称霸北魏

尔朱荣，字天宝，契胡族，北秀容（今朔城区）人。他是北魏末年著名的将领与权臣。

契胡族为羯胡的一支，也有说是鲜卑族的一支。契胡族世居北秀容，尔朱氏所居的梁郡城就在今朔城区北部，其遗迹在清代尚存。所以，北魏黄门侍郎徐纥称尔朱荣为“马邑小胡”（《洛阳伽蓝记》）。

尔朱氏在北魏时数代有居高官者。尔朱荣的父亲以畜牧家业暴富，尔朱荣居官最高。

尔朱荣之高祖羽健，作为契胡领民酋长，曾率领契胡武士1700人跟随道武帝拓跋珪平晋阳、定中山（今河北定州），因军功受封于尔朱川之北秀容（今朔城区北部一带），故以封地为姓，称尔朱氏。北魏太祖拓跋珪下诏割出此地方圆300里封给尔朱羽健，作为其家族的世袭封地。拓跋珪曾看到南秀容的土地肥沃，想让羽健居住在那里，羽健却说自己一家世代侍奉国君，北秀容已在自己的封境之内，距京师较近，怎能因土地的肥沃瘠薄而搬迁到远地。拓跋珪同意了他的意见。

尔朱荣之曾祖父郁德，祖父代勤，相继为领民酋长。尔朱代勤是敬哀皇后的舅舅，因为是外戚，加之数次征伐有功，特予免除100年的赋税，授爵立义将军。文成帝时，代勤为宁南将军，授肆州（今忻州）刺史。孝文帝时又封梁郡公。代勤年老辞官后，每年照常受赐帛百匹。91岁去世时，赐帛500匹、布200匹，追赠镇南将军、并州刺史，谥号为庄。

尔朱荣的父亲尔朱新兴，太和年间继为酋长，家世豪强，财物丰盈。朝廷每有征讨，他都奉献私家马匹，并备上物资粮草，以助军需。孝文帝拓跋宏嘉奖他，授以右将军、光禄大夫。每次入朝，诸位王公重臣竞相向他馈送珍玩，新兴也回赠名马。后转为散骑常侍、平北将军、秀容第一领民酋长。孝明帝时，新兴以年老上表请求传爵位给儿子尔朱荣，朝廷准

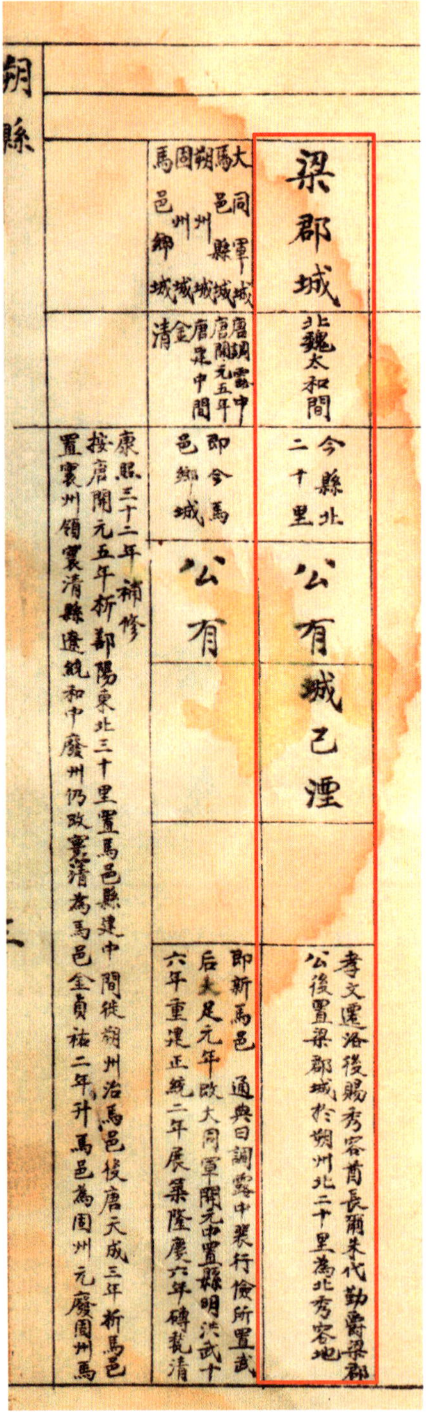
梁郡城
北魏太和間
今縣北二十里
公
有
公有城已湮
孝文遷洛後賜秀容酋長爾朱代勤爵梁郡公後置梁郡城於朔州北二十里為北秀容地

大同軍城 馬邑縣城 朔州城 固州城 馬邑鄉城
唐調露中 唐開元五年 唐建中間 金 清
即今馬邑鄉城
公
有
即新馬邑 通典曰調露中裴行儉所置武后大足元年改大同軍開元中置縣明洪武十六年重建正統二年展築隆慶六年磚甃清

康熙三十二年補修
按唐開元五年析鄯陽東北三十里置馬邑縣建中間徙朔州治馬邑後唐天成三年析馬邑置寰州領寰清縣遼統和中廢州仍改寰清為馬邑金貞祐二年升馬邑為固州元廢固州馬

民国11年(1922)《山西省名胜古迹古物调查表》对梁郡城的记载

许。他于正光年间(520—525)去世,终年74岁,死后追赠散骑常侍、平北将军、恒州刺史,谥号为简。

尔朱荣承继爵位后不久,就爆发了六镇起义。他便散卖牲畜,招集义勇,给其衣马,组成北秀容军事集团,并因军功深受北魏朝廷器重。尔朱荣先前的梁郡公爵位,任由他赐予次子尔朱叉罗。孝昌初年,尔朱荣兵威日益强盛,朝廷为驾驭和控制他,官爵一加再加。不久,今山西大部分地区统归尔朱荣管辖,尔朱荣遂严格统带部众,广泛招募忠勇之士,北捍马邑(今朔城区),东卫井陉(今平定阳关),以晋阳为首府,成为坐镇一方的地方实力派。至武泰元年(528),尔朱荣兵出晋阳,南向洛阳之前,北秀容军事集团已经威震中原,强大无比。

其时,北秀容军事集团中除了以尔朱荣为首的诸尔朱,如尔朱仲远、尔朱世隆、尔朱承世(《魏书》误为世承)、尔朱天光、尔朱度律、尔朱兆、尔朱彦伯、尔朱世弼等以外,尚有代郡桑干人朱瑞、神武尖山人侯深(亦说侯渊)、北秀容人乙速孤佛保、善无(治今右玉)人厍狄干等,他们有的是能征善战之勇将,有的是重要的谋臣。

特别是斛律金、斛律平、高欢、尉景、段荣等众豪杰投奔尔朱荣后，更是如虎添翼。北秀容军事集团成为以尔朱荣为首，以诸尔朱氏族人为核心，以朔州籍的人物为骨干形成的一支强大的军事力量。

尔朱荣从弟尔朱承世墓志拓片

正当尔朱荣北秀容军事集团形成，并逐步发展壮大之时，北魏王朝却面临重重危机。于是，高欢便劝尔朱荣趁天下之乱，以“清君侧”为名，夺取北魏政权。尔朱荣也正有此意，便在武泰元年(528)出兵晋阳，众军皆呼“万岁”。因贺拔岳力劝，他才暂时放弃了称帝的想法。

四月，尔朱荣在河阴(今河南孟县西南)正式立长乐王元子攸为帝，是为敬宗孝庄帝。孝庄帝封尔朱荣为使持节、太原王等诸多官爵，食邑两万户。在尔朱荣南下大军迅速向洛阳逼近时，镇守河桥的郑先护与孝庄帝交好，遂放其入城，小平津守将费穆见势，亦率众投降，城内徐纥、郑俨见大势已去，纷纷外逃。尔朱荣兵权在手，大权在握，又生异心，将掌权的胡太后等拘送河阴，淹死在黄河里。当月十三日，尔朱荣把迎驾的文武百官引到行宫的西北处，然后纵兵大开杀戒。王公卿士束手就戮，死者1300余人。史称此次事件为“河阴之变”。此后，尔朱荣派人为其铸造金像，铸了四次都没铸成。当时魏王朝凡做重大抉择时，常常铸金人以卜吉凶。尔朱荣信任的一个巫师也劝他说，天时人事都不成熟。于是尔朱荣重新迎孝庄帝还宫，叩头谢罪，率军返回晋阳。但王公卿士、大小官员死的死，逃的逃，北魏朝廷处于崩溃之中。于是，尔朱荣让孝庄帝采取下诏大赦等手段稳定洛阳秩序。与此同时，尔朱荣令好友元天穆为京畿大都督镇守洛阳，又提出将其女立为皇后。孝庄帝经黄门侍郎祖莹劝谏，方才应允。孝庄帝封尔朱荣为柱国大将军兼录尚书事。五月，尔朱荣回到晋阳后，继续遥控洛阳朝廷。他在皇帝周围广泛布置自己的亲信，凡朝廷内部大事小事，尔朱荣必知底细，且须按他的意图行事。一朝官员无不仰其鼻息，惧其权势。

六月，葛荣率军大举进攻邺城，洛阳面临极大威胁。九月，尔朱荣亲率精骑7000东出滏口（今河北涉县），大破葛荣军。在战场上生擒葛荣，押至洛阳斩首。孝庄帝任命尔朱荣为大丞相，都督河北畿外诸军事，增加封邑1万户。不久，孝庄帝又下诏表彰尔朱荣，新增封邑7万户，共计10万户，又进位太师。

之后的几年里，尔朱荣借北秀容军事集团之势力，又杀邢杲，翦韩楼，灭万俟丑奴与萧宝夤，诛元颢，再立新功。于是，孝庄帝于永安二年（529），任尔朱荣为天柱大将军，增封10万户。他喜欢打猎，每次游猎，只要有一鹿逃生，必有数人坐罪处死。有一兵见虎而逃，当即斩之，故出猎如登战场。虎在深谷中，尔朱荣令10余兵空手搏虎，又不许伤虎，兵士死伤数人后方才将虎擒住。他以此为乐，部下则苦不堪言。

孝庄帝外有强臣尔朱荣逼迫，内有恶后尔朱氏威吓，经常怏怏不乐，于是开始与一些皇族近臣密谋诛杀尔朱荣。消息传到了尔朱荣那里，亲信都劝他抢先下手，但尔朱荣自信得很，认为孝庄帝绝对没有这种胆量。堂弟尔朱世隆怀疑庄帝举动有异，亲自写了内容为"天子与杨侃、高道穆密谋，要杀掉太原王"的匿名帖，然后假装自己发现，并呈送给尔朱荣。尔朱荣此时没把任何人放在眼里，撕毁匿名帖，往地上狠狠吐了口唾沫，并说："世隆真是胆小鼠辈，谁敢生杀我的念头！"尔朱荣的妻子也劝他不要去洛阳，但尔朱荣不听。

永安三年（530）八月，尔朱荣率四五千骑入朝，当面问起外面传言，孝庄帝说："外面的人都说您也要杀我，难道是真的！"这样的巧妙反问使尔朱荣无言以对，以后每次入朝觐见，左右随从不过数十人，还都不带兵器。尔朱荣部下仗势凌侮皇帝左右，无所忌惮。元天穆到京之后，孝庄帝亲自出城迎接，并赐宴于西林园明光殿，命杨侃等10人埋伏于殿之东侧，准备杀掉尔朱荣与元天穆二人。尔朱荣与元天穆赴宴未毕，便起身出门，杨侃等无法下手，暗杀失败。此后，尔朱荣对孝庄帝所为也有所察觉，遂数日不出。尔朱世隆劝尔朱荣率先动手，尔朱荣仍以为孝庄

帝无能为力，不必动手。后来，城阳王元徽又出一计，要孝庄帝假称太子早产，召尔朱荣与元天穆入殿。九月戊戌日，孝庄帝依计而行，放言皇子出生，埋伏兵士于明光殿。二人应召入殿，未坐安稳，李侃晞、鲁安等人抽刀闯入，尔朱荣见势不妙，起身奔向御座，孝庄帝膝上早已横备一刀，见尔朱荣冲上，直刺其腹，一代枭雄应声毙命。元天穆也死在乱刀之下。跟随尔朱荣入宫的14岁儿子尔朱菩提以及随从30余人全被伏兵所杀。尔朱荣死时年仅38岁。

古人评价尔朱荣说："假使没有尔朱荣的效力，平定国家大难，真不知有几人称帝，几人称王。北魏灭亡，一决于尔朱荣。以尔朱荣之雄才大略，本可以由太原王取代北魏天下，但其顾虑臣节，当断不断，反为弱主所图，死于非命。尔朱荣死而天下重归于乱。"一代枭雄死于非命，原因固然很多，而"河阴之变"的滥杀无辜，也早已为其埋下了隐患。

高欢下馆城迎亲

北魏分裂为东西魏后，朔州地属东魏。其时，东魏的军政大权完全操纵在鲜卑化了的汉人高欢手中。

高欢，鲜卑名贺六浑，渤海蓨（今河北景县）人。世居怀朔镇（今内蒙古固阳境），曾参加杜洛周军，继归葛荣，后叛降尔朱荣。尔朱荣死后，他依靠鲜卑武力，掌魏兵权，东魏时称大丞相，执政16年。

在东魏的北部边疆，漠北柔然（蠕蠕）头兵可汗阿那瑰复兴其国，颇为强盛，频频南下寇掠。高欢起初收复的雁门关以北地区，几乎全部成为柔然族活动的场所，今朔州地区也基本上为柔然所控制。强盛的柔然成为东魏和西魏争相通好的对象，通好的主要手段便是联姻。

东魏武定三年（545），西魏与柔然头兵可汗阿那瑰计划联兵攻伐东魏。高欢得知消息后很是担心，便派遣行台郎中杜弼出使柔然，为世子高澄求婚，以期柔然不与西魏合兵攻伐。柔然头兵可汗阿那瑰拒绝了高

沿用至今的骡驮轿娶亲

澄的婚事，而是同意把公主郁久闾氏嫁给高欢本人。面对这种情况，其亲信尉景和世子高澄都请求他答应这门婚事。高欢之妻娄氏说："此为国家大计，请您不要犹豫了。"孝静帝得知后也同意高欢纳娶。

次年八月，高欢派遣靖南将军慕容俨带兵前往娶亲，并亲自从太原带病北上，穿过雁门关来到今朔州境内的下馆城（今朔城区夏关城村东）迎亲，头兵可汗阿那瑰派其弟秃突佳带队护送公主至下馆城。一时间，下馆城人山人海，锣鼓喧天，送亲娶亲队伍络绎不绝，热闹非凡。

柔然公主到了晋阳之后，娄氏让出正室给她居住，自己情愿做偏室。高欢万分感动，跪在娄氏面前拜谢。娄氏为了不使丈夫难堪，就说："柔然公主将要发觉了，希望您不要再顾及我了，也不要为我担心。"柔然公主性格严厉刚毅，一生不肯说中原的语言。高欢曾经因生病，不能到公主住处，公主很是怨恨，高欢便从射堂抱病去见公主。

由于这次婚姻是柔然族与汉族间高层次的结亲过程，两大民族都非常重视，送亲迎亲的队伍亦很庞大。据传，柔然公主是乘坐骡驮轿来到下馆城的。从此以后，用骡驮轿娶亲逐渐在朔州地区盛行起来。同时，柔然公主下嫁也增强了东魏与柔然之间的互信，化干戈为玉帛，对东魏巩固北部边疆起了重要作用。

高洋黄瓜堆破柔然

东魏武定八年(550)五月,东魏孝静帝退位,高欢次子高洋登帝位于邺都南郊,即文宣帝,建立了北齐,并改元天保。

开国的文宣帝高洋,尽管也搜刮民财,大兴土木,却能够任用汉人杨愔等改定律令,使魏晋以来的刑律从繁返简,便于执行,在军事上出击突厥、柔然,攻取南方萧梁的淮南地区。黄瓜堆之战,就是高洋与柔然庵罗辰可汗之间的一场关系柔然存亡的大战。

柔然是鲜卑的一支,长期游牧在拓跋部北边,冬天从漠北迁向漠南,夏天又回到漠北。拓跋部攻打过柔然,迫使其迁到了云中(今内蒙古托克托东北)。不久,柔然首领社仑率部逃走,征服高车诸部,雄踞漠北,

北齐墓室壁画

朔州出土的北齐画像砖

自称豆伐可汗，建立了一个强大的游牧政权，时常攻掠北魏边境。北魏太武帝拓跋焘主动出击，降服柔然30多万户，掳获马、牛、羊数百万头。柔然退回漠北后仍不甘心失败，遇有机会就袭击北魏北方边境。至北齐建国，这种状况一直没有改变。

公元6世纪，北方游牧民族突厥渐强。北齐天保三年（552）春，突厥酋帅土门偷袭柔然大胜，自号伊利可汗，建立突厥汗国。柔然头兵可汗阿那瑰自杀后，其子庵罗辰及其堂弟登注俟利发、登注俟利发长子库提一起统领柔然大部投奔北齐，其余部众又立登注俟利发次子铁伐为可汗。天保四年（553）二月，高洋出兵伐突厥，接应柔然，护送铁伐可汗之父登注俟利发和兄库提回国。不久，铁伐可汗被以鲜卑宇文残部为核心集聚形成的游牧部族所杀，登注俟利发、库提虽先后为可汗，但柔然诸部分散，各有所立，元气大伤。同年十一月，突厥再次进攻柔然，柔然举国奔北齐。高洋废其可汗库提，另立阿那瑰子庵罗辰为可汗，供给粮食布帛，把他们的国人安置在马邑川（今朔城区境）。继而，高洋亲自率军追击突厥于今内蒙古和林格尔一带，答应他们归顺的请求后凯旋。此后，突厥进贡献礼不断。

北齐天保五年（554）三月，庵罗辰可汗不甘寄人篱下，又叛离北齐，高洋率军出击获胜，庵罗辰逃回漠北。四月，庵罗辰为报上月失败之耻，发兵攻齐之肆州（今忻州），高洋再次率部出晋阳北讨，柔然大败而逃。高洋自率2000骑自恒州（今大同）南返，夜宿黄瓜堆（又称神堆，即横跨在今怀仁、应县、山阴三县交界处的黄花梁),突然被数万柔然兵包围。在兵力悬殊的情况下,北齐2000骑兵大惊失色,而高洋却安睡大帐,到天亮才起身。他神色自若,指画形势,挥兵奋击,所向披靡。数万柔然兵败逃,高洋穷追不舍,致使柔然兵伏尸20余里,北齐军俘获庵罗辰妻、子及部众3万余口,斩首无数。接着,高洋还令善无都督高阿那肱带兵数千堵塞柔然逃路,高阿那肱认为兵少,请求增兵,高洋不但没有同意,反而还裁掉了一半的兵力。其时,柔然军仍十分强盛,高阿那肱破釜沉舟,奋勇攻击,大败敌军。庵罗辰慌不择路,越过岩谷逃走,仅免于一死而已。北齐军队利用有利地形,沉着应对,以少胜多,取得黄瓜堆大捷。自此,高洋威震天下。

战后,柔然元气大伤。天保六年(555),在突厥进攻下,走投无路的庵罗辰率部众1000多户投归西魏。西魏恭帝当时正与突厥通好,迫于突厥的压力,反而将庵罗辰及其部众3000余人交与突厥使者,全部斩杀于长安青门外,柔然汗国灭亡。

北齐重镇朔州

北齐为了北防突厥,西备北周,加强北部边防,于天保年间调发民夫180多万西起西河(今汾阳),东至于海(今秦皇岛)修筑长城,前后所筑共3000里,每10里一戍,其要害处皆设州城。其规模相当宏大。

北齐天保六年(555),文宣帝高洋把朔州治所由盛乐(今内蒙古和林格尔土城子)迁到马邑城南的新城(今朔州城南梵王寺村),这是他鉴于"百室之邑,便立州名,三户之民,空张郡目"的现状,并省州郡县的重要举措。也是今朔州境域称"朔州"之始,为区别于东魏侨置的朔州(今介休),称北朔州。

北朔州之建立,具有相当的战略意义。黄瓜堆之战,使高洋认识到马邑一带确为战略要地,必须加强防务。天保八年(557),又将北朔州治所由新城迁到马邑(今朔州老城及其外垣)。从此,马邑城(秦马邑城址)成为北朔州的治所,马邑称朔州始此。

据考,今朔州老城南墙、东墙以及近20年来拆除了的西墙、北墙,即是北齐时在原秦马邑城的旧址上增高加厚重修起来的。其时之朔州,辖广安、广宁、长宁、齐德、神武等数郡,大体范围相当于今大同、朔州广大地区及忻州市的宁武、神池等县。

北齐后主高纬承其父武成帝奢侈之习,荒淫昏聩,穷奢极欲,却以为理所当然。武平五年(574),高纬令宠臣斫胥光弁到朔州巡视。当时,高思好任尚书令、朔州道行台、朔州刺史、开府,封南安王,骁勇善战,甚得朔州一带民心。光弁依仗皇帝权势倨傲不恭,摆架子耍威风,使本来恭敬迎候他的高思好大怒,便举兵造反。二月,高思好率兵2000人进入阳曲(今阳曲镇),自号大丞相,置百官,以行台左丞王尚之为长史。高纬听说高思好兵反,急调大军前往镇压,高思好兵少失败,投水死,其部下2000人无一投降,全部战死于阳曲。此次战事,致使北朔州的兵力空

目前仅存的一小段古城北墙(秦代始筑,北齐重修)

虚，北齐的北边防务有名无实，为北周伐齐提供了可乘之机。

北齐“常平五铢”铜钱

北周建德五年（576）十月，周武帝宇文邕亲率大军大败北齐于平阳。高纬认为北朔州城垣坚固，仍可作为重要据点抗击北周，打算逃向那里。安德王高延宗哭泣劝谏，高纬不听。他秘密派遣王廉德与宦官齐绍等人送皇太后、皇太子先到北朔州。十二月，宦官、仪同三司苟子溢来到北朔州后，还倚仗齐主的宠信，恣意暴虐，竟然放猎鹰猛犬去搏杀攫取民间饲养的小鸡和小猪。而高纬到晋阳城南军营慰劳将士后，当夜便想退到北朔州，将领们不依从。高纬把防御重任托付给高延宗后，出城北逃，随从官员溃散。由于梅胜郎勒马苦谏，他才东逃邺都（今河北临漳西南）。北齐臣子相继降北周，周军攻破了晋阳。高励从北朔州率兵护卫皇太后、皇太子自土门道（即井陉关，今河北井陉北）到邺都。北周军随之追来，朝中官员纷纷投降。承光元年（577）正月，高纬将帝位交给8岁的儿子高恒，自称太上皇，继续逃命。高阿那肱于青州（今山东境）将穷途末路的后主高纬、幼主高恒等出卖给北周兵。北齐至此灭国。

北周灭北齐后升北朔州为朔州总管府，以封辅相为朔州总管府总管。封辅相及其部属不甘心归顺北周。承光元年（577），前长史赵穆、司马王当万等人迎接文宣帝高洋的三子范阳王高绍义到马邑（今朔州老城），兴兵复齐。自肆州（今忻州）以北280余城，均响应高绍义。高绍义率军南下，欲攻取并州。途中闻知肆州已为周师所占，前军也降了北周，且周师反击连陷数城。高绍义只得退保北朔州。北周东平公宇文神举率

北齐“平南将军章”

兵攻马邑，高绍义说：“宁可战死，不做降兵。”齐军虽顽强抵抗，无奈敌强己弱，城被攻破，高绍义准备北投突厥。这时他尚有 3000 兵力，高绍义说：“有愿意还乡者请自便，本王绝不强留。”于是，部下挥泪辞别而去的，占了大半。高绍义到突厥后，因佗钵可汗推崇北齐高洋为英雄，高绍义像他父皇高洋一样脚上有重踝，所以备受照顾和敬重。所有流落在突厥的齐人，可汗都拨交高绍义管辖。后来，高绍义在突厥登基称帝，仍用后主高纬“武平”年号，组织起了流亡政府。

朔州之重要，更为后来者重视。

第四章

代北士马甲天下

（隋唐五代时期）

概述

朔州在隋唐五代时期，由于地处北部边陲，北邻少数民族地区，在隋结束分裂走向统一，唐由强盛转向割据，五代复由分裂回归统一的大动荡中，以甲马纷驰的全新姿态，登上了中国历史舞台。这一时期，朔州地区不仅走出了诸多名载青史的杰出人物，也成为各路英雄大展风采的广阔天地。因为朔州位居当时的代州之北，故有“代北士马甲天下”之誉。

隋初，隋文帝继承了北周于冲要诸州设置总管府的制度，朔州地区仍设朔州总管府。隋大业元年(605)废。大业二年(606)改朔州置代郡，大业三年(607)又改为马邑郡，统县四个：善阳(今朔州老城，改招远为善阳)、神武(今朔州老城东南)、云内(今大同西北30里)、开阳(由长宁县改名，今忻州神池县城)。其时之境域比今朔、同地区还大。

隋朝由于存在不到40年，在中国历史上只能被视作一个过渡朝代。隋朝在北边数次大破突厥，朔州地区成为大隋维护边境稳定的前沿阵地。朔州目睹隋炀帝三次北巡，见证了他由不可一世转向狼狈不堪的前后过程。刘武周在马邑率先反隋称帝，朔州也由此留下了“塞上古都”的名号。朔州名将尉迟敬德也于此际初试锋芒。而开创大唐基业的唐高祖李渊与王仁恭共抗突厥，也是在朔州初露头角。

唐初，改郡为州，马邑郡改为朔州。唐玄宗开元五年(717)，于大同军城分善阳县地置马邑县(今朔城区西影寺村东)。天宝年间，朔方节度使王忠嗣建置静边军(今右玉右卫镇)。唐末增置应州(今应县)。

唐代的朔州，仍为北方边境的军事重地。唐高祖武德初，刘武周以朔州为根据地，席卷三晋，曾与李唐争天下。突厥与李唐的马邑争夺战，重兵云集，几经反复。唐名将李靖于朔州集结重兵，奇袭突厥，勋著史册。这都凸显出朔州战略地位之重要。“安史之乱”时，郭子仪插入敌后，在朔州右玉地区夺得“静边大捷”，成为唐军战略反攻的转折点。

晚唐之际，沙陀族内附后定居于神武川之黄瓜堆(今山阴、应县、怀仁交界处)，凭依此地迅速发展壮大。这一带南壮雁门(代州境内)之藩卫，北为云中之唇齿，古墩野戍，回环盘护，为代北之扼塞、河东之屏障。此后更成为龙争虎斗的重要基地。沙陀族习骑善射的尚武传统，也同时影响着此地的民风民性，正所谓“农夫也习挽雕弓”。朔州地区既融合了汉民族和活动于此的诸多北方游牧民族的血液，也同时兼有农耕和畜牧文化的双重特点，人民的衣食既取自于耕耘土地，也获益于牧养牲畜；既食五谷，也啖腥膻。朔州地区的民众体型高大健壮，性格大气豪爽，既淳朴尚义，又剽悍勇猛。沙陀族崛起于代北，号称沙陀骑兵，有着天下第一之称。沙陀军不但有诸胡部族人，同时也有大量的代北汉人，名将周德威就是沙陀军中的著名汉族将领。李克用20余年威镇群雄，勇创大业，堪称这一时期的代表人物。“代北士马甲天下”，也无疑就是朔州在这个非常时期的形象概括。

在唐代，朔州地区的文化事业与军事相比，似乎不太凸显。但唐贞元时，朔州人苑论南宫会试，独占鳌头，成为隋唐时代的一名文状元。大唐高僧窥基与其师玄奘共创唯识宗，对中国佛教文化的发展产生了极大影响，成为一代宗师。他们虽已离开家乡，但也光宗耀祖，为朔州增添了缕缕文采，尤其给家乡后辈们奋发上进以极大激励。

五代时期，朔州地区的行政区划发生了重大变化。后唐天成元年(926)，马邑升寰州。清泰三年(936)，石敬瑭割让幽云十六州给契丹，云州、应州、寰州、朔州均在其中。

五代时期，沙陀军纵横驰骋，入主中原，先后建立了后唐、后晋、后汉三个王朝，在中国历史上独领风骚数十年。在中国军事史上，他们以区区一方的军事力量大展风采于天下，实在罕有其匹。

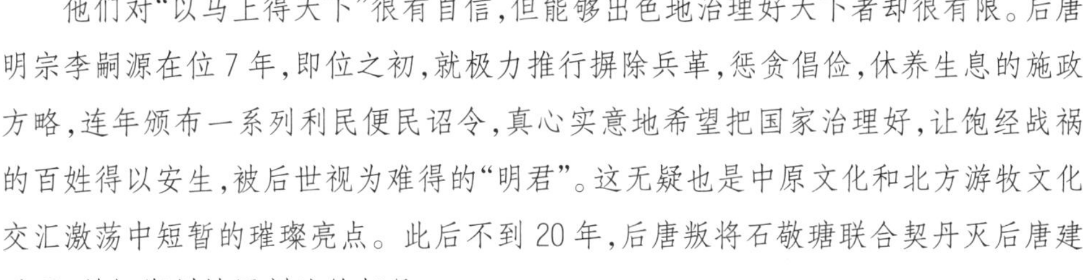

他们对“以马上得天下”很有自信，但能够出色地治理好天下者却很有限。后唐明宗李嗣源在位7年，即位之初，就极力推行摒除兵革，惩贪倡俭，休养生息的施政方略，连年颁布一系列利民便民诏令，真心实意地希望把国家治理好，让饱经战祸的百姓得以安生，被后世视为难得的“明君”。这无疑也是中原文化和北方游牧文化交汇激荡中短暂的璀璨亮点。此后不到20年，后唐叛将石敬瑭联合契丹灭后唐建后晋，并把朔州地区割让给契丹。

总的来说，隋唐五代时期，朔州地区的历史最为突出的是军事史。这期间，由于不少少数民族政权参与其中，无论是隋末的农民起义、唐初的统一战争、唐中央平定安史之乱，还是藩镇之间的相互混战以及五代时期的政权争夺，尽管规模大小不等，原因各异，都使其性质更为复杂。因此，朔州地区这段历史不但在中国军事史上，而且在中国古代民族关系史上也同样占有相当重要的历史地位。

隋初的朔州总管府

杨坚画像

北周外戚杨坚于公元581年代周称帝建隋后，精简机构，废郡存州，沿用了北周在地处冲要的诸州设置区域性地方军事管理机构——总管府的制度。朔州地区地近边塞，北控广漠，南扼雁门，交通位置及战略地位极其重要，北周时就作为屯戍设防重镇设立的朔州总管府，理所当然地得到保留。

当时，朔州总管府的最高长官称总管、刺史，并加使持节。另设长史、司马、主簿、仓督、市令、丞等大小吏员共300多人，辖招远（府、县同治，在今朔城区）、神武（今朔城区东南）、长宁（郡、县同治，599年改长宁为开阳，在今忻州神池）、云内（云中县，隋为避讳改名，在今大同西30里）四县。其时之辖境，南起宁武，北至丰镇，西起五寨、偏关，东至蔚州，恒安镇也隶属于云内县，其辖境比现今的朔同地区都要大。

隋代总管府分上、中、下三等设置于诸州。有的总管府只管一州兵马，有的则可节制数州，甚至数十州。山西设立总管府的州有并州、代州（今代县）、隰州（今隰县）、朔州等处。

总管也有大小之分。其中统辖数州至数十州的俗称大总管，如并州总管，管二十四州诸军事，朔州总管归属并州总管节制。

鉴于北周宇文氏“孤弱而亡”的教训，隋文帝杨坚强力推行宗王出镇制，让其五子以宗王身份分莅方面之任，担任要害地方总管，控制地方军权。他让晋王杨广、秦王杨俊、汉王杨谅先后出任过并州总管，还让太子杨勇出任过洛州总管，秦王杨俊出任过扬州总管，更让越王杨秀出任益州刺史。不难看出，隋文帝为了强化“家天下”集权专制、防止重要地方军权落入外姓人之手，也确实是煞费苦心。

担任朔州总管府的历任总管虽然不是宗王贵戚，但却是经过朝廷慎重选拔任用的威震北方边境的良才强将。目的主要是抵御和打击北方边境不断强大起来的突厥的频繁入侵，扼制和扭转多年来突厥摆布内地政局的窘境。历任总管先后主要有：

郭衍，曾领兵屯守平凉（今甘肃平凉），数年间，突厥人不敢入侵。他担任朔州总管府总管后，在辖境内看到恒安镇（今大同）与突厥边境相接，粮食器物转运不便，就选择当地肥沃的土地设置屯田，一年下来，不仅做到粮食自给，还剩余有万余石，免除了辗转运输的劳苦。又在朔州中心地带看到原桑干郡残破不堪，便在筑长城的同时，修筑成一个新的桑干城（今朔城区西影寺村东）。

杜彦，生性勇猛果敢，擅长骑射。初仕于北周时，以战功卓著，被拜为大都督。隋文帝时，又晋爵为公。调任云州总管，镇守榆林（治今内蒙古准噶尔东北十二连城），遇突厥人进犯，他领军大获全胜，打击了突厥人的气焰。战后，调任朔州总管，突厥人数年内一直未敢再犯边。其威慑力竟至于此。

赵仲卿，初仕周时以军功进位大将军。隋文帝时，拜石州刺史。任职期间，法令严猛，盗贼屏息，皆称其能。他担任朔州总管后大兴屯田，“收获岁广，边戍无馈运之忧”。开皇十九年（599），随高颎征讨突厥时任前锋，与敌激战 7 日，大获全胜。乘胜追击，突厥降者万余，以功进上柱国。后在乐宁镇与友军邀击突厥达头所部，斩千余级，突厥人闻风丧胆。

源雄，以伐齐功封为朔方郡公，历任冀州刺史、平州刺史。入隋进位上大将军，拜徐州总管，不久担任朔州总管。突厥每有寇掠，源雄总能有所斩获，因此，突厥十分惧怕他。伐陈时，以功进位上柱国。平定了陈朝后，源雄奉命再次镇守朔州，保境安民。

韩洪，隋上柱国大将军韩擒虎之季弟，骁勇善射，力大过人，授行军总管，以功加柱国。突厥为患，授代、朔二州总管以备御之，甚有威名。

李充，慷慨有英略。隋开皇二年（582），突厥出兵 40 万攻入长城，李充与之激战于马邑(今朔城区),大破之。开皇三年(583),又以总管跟随行军元帅卫王杨爽与突厥大战于白道(今内蒙古呼和浩特西北)。担任朔州总管后,突厥自然避之唯恐不及。

吐万绪,通武略,初仕周时以军功进位大将军。入隋,先后任襄州总管、青州总管,颇有治名。后为备御突厥,改任朔州总管,突厥很惧怕他,不敢冒犯。

杨义臣,本姓尉迟,隋文帝为表彰其父死节忠义,赐姓为杨。他秉性谨厚,能驰射,有将领之才,很受文帝器重。开皇十九年(599),以行军总管身份,跟随汉王杨谅等出朔州,征讨犯边的西突厥,并亲率步骑 3 万大破敌军于白道。第二年,率军出朔州道,追击突厥于大青山,与史万岁军合兵大破敌军。仁寿初年,任朔州总管,赐给御甲。

就是这样一个个著名将领各自以他们保境安民的武功治绩,在朔州历史画卷上留下了一笔又一笔浓墨重彩。隋炀帝即位后的大业元年(605),鉴于汉王杨谅以并州总管起兵造反,下诏废除诸州总管。朔州总管府也随之废除。

隋朝推行总管府制度的 26 年间,初步改变了之前北边屡遭不断强大起来的突厥猖狂侵犯的困窘局面,国势也逐渐呈现出蒸蒸日上的强盛态势。朔州地区作为隋初抗击突厥的战略重地,于开皇二年(582)、开皇十九年(599)、开皇二十年(600)先后数次取得了大破突厥的重大胜利,在频繁的征战年代中,目睹了突厥由猖狂到臣服的大转折。

隋文帝统治期间逐渐繁荣和富足的盛世,及其开创的深远地影响着后世的一系列制度性改革,都依赖于边疆的稳固。

李渊与王仁恭抗击突厥

隋大业十三年(617)初,炀帝任命李渊为太原留守率所部兵马北上,与马邑太守王仁恭一起抗击突厥。

李渊，字叔德，陇西成纪（今甘肃秦安）人。祖父李虎，西魏时官至太尉，北周时被追封为唐国公，这也是后来李渊建国名为大唐的渊源。父李昞，北周时历官御史大夫、安州总管、柱国大将军。李渊7岁即袭爵唐国公。母为隋文帝独孤皇后的姐姐，所以特别见重于文帝。炀帝大业十二年（616），李渊任太原道安抚大使。

李渊画像

当时任马邑太守的王仁恭也是将门之后。王仁恭小时候就很刚毅严谨，擅长骑马射箭。20岁时，他跟从杨素在灵武攻打突厥，因功拜上开府。炀帝嗣位，仁恭跟随杨素平定汉王杨谅叛乱，以功升任大将军，拜任吕州刺史。后历任卫州刺史、汲郡太守，以有才能而出名，也很得人心。他以军将身份奔赴扶余作战时，皇帝鼓励他说:“现在委派你为前军，应当不负众望。”赐给良马10匹，黄金百两。仁恭在新城面对数万之敌，亲率精锐骑兵千人出击得胜。敌人依城拒守，隋军四面围攻。皇帝听说后非常高兴，派人前往军中慰问，赐给珍奇异物。王仁恭升任光禄大夫，赐给绢5000匹。大业十年（614），突厥入侵，因他屡立战功，授马邑太守，倚重如此。其年，始毕可汗率轻骑数万来寇马邑，当时郡兵不满3000，王仁恭挑选精锐逆击破之，后突厥又侵定襄，王仁恭率兵4000掩击，斩获千余级，大获六畜而归。

当时，太原是关中的屏障，马邑是山西的北大门。隋炀帝派李渊和王仁恭到马邑，可见对此地的重视和对两人的倚重。但是，此一时彼一时，由于农民起义烽火遍地，隋炀帝南向江都（今江苏扬州），隋军在北边与突厥的力量对比，明显处于劣势。

有鉴于此，李渊经过考虑，提出一套新的马邑作战方案。首先，他指出，“突厥人善于骑射，有利则进，无利则退，捞不到好处，遇到什么困难，便很快远走高飞。他们营无定所，逐水草而居，以牛马为军粮，弓不离身，剑不离手，没有筑垒和后勤方面的担忧，而我们中原的军队，却处处与之相反，这么下去，只能被动挨打”。接着，他又进一步提出，“向他们学习，同其所为、习其所好，以其人之道，还治其人之身。如今皇上又隔那么远，孤城绝援，若不决战，难以图存，我们只有创造战机，打个漂亮仗，让突厥知道咱们的厉害！”李渊说得头头是道，又是皇亲国戚，于是王仁恭便从军中挑选出2000余名善骑射的士兵，交由李渊统一指挥，一切都按照李渊的部署行事。

这支新组建的骑兵劲旅，全部换上突厥的服装，起居饮食与突厥军一模一样。远处，安排侦察兵担任警戒，他们时常在草原上演练，驰骋射猎，旁若无人。经过一段时间的锻炼，这支骑兵不仅习惯了草原上的马背生活，也增强了战斗力和自信心。

这一日，突厥一部由二特勒率领南过马邑，李渊抓住战机，趁其不备，一声令下，将士们似离弦之箭，又似猛虎下山，以一当十，向突厥骑兵冲杀过去！一仗下来，上千名突厥人就莫名其妙地成了刀下之鬼，阵斩二特勒（突厥官名），还缴获了一匹特勒骑的骏马。其中一特勒为李渊次子李世民射杀。从此以后，突厥人对李渊十分畏惧，心里又非常敬佩他的军事才能，纷纷收拢兵马，向北撤移，暂时不敢南下。史书记载：“自

朔州突厥遗址考古发掘现场

尔厥后，突厥丧胆，深服帝之能兵，收其所部，不敢南入。”

这件事情，对“李家军”的建立，有着很大的影响。从此以后，李渊便训练出一支“突厥化特种骑兵”，而且是属于快速反应部队性质的轻骑兵。这是“李家军”的独门秘诀，在日后众多战役中，都发挥了出奇制胜的特殊作用。

李渊见突厥一时不会南侵了，便率本部回到晋阳，设计平定了境内的“历山飞”作乱。

此时的李渊，内忧搞定，外患也暂时解除，已经牢牢控制了太原。史载：“于是郡境无虞，年谷丰稔，感帝恩德，若亢阳之逢膏雨焉。”同时也为起兵反隋奠定了基础。

刘武周称帝建“大汉”

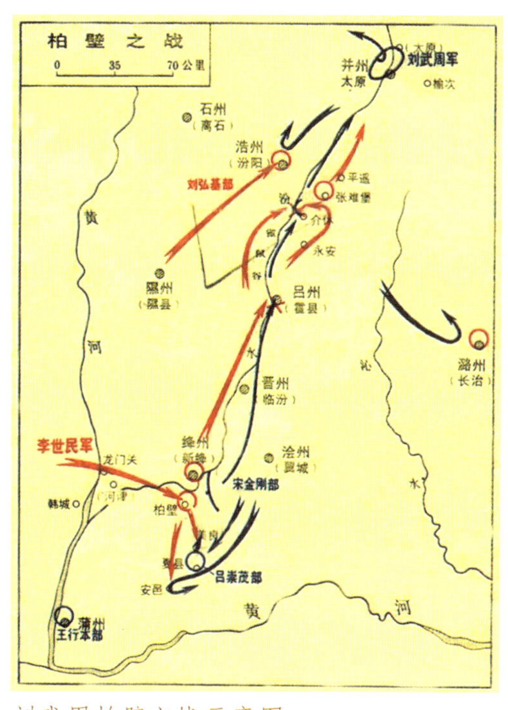

刘武周柏壁之战示意图

隋末，在群雄竞起、逐鹿问鼎的历史舞台上，马邑（今朔城区）起兵反隋的刘武周，以其率先称帝、席卷山西的声威著称于世，朔州也由此留下了“塞上古都”的名号。

刘武周，祖籍河间景城（今河北沧州西），其父迁居马邑后，时来运至，成为豪富之家。据说他的母亲梦见一只光亮的雄鸡飞入怀中，然后怀孕生下了脑后有鸡冠状肉瘤的刘武周。当然这无疑是他称帝时编造出来的舆论，表明自己异乎常人。武周年轻时骁勇善射，喜结交豪侠。因为家里人反对他“不择交游”，便负气离家前往洛阳，投奔太仆杨义臣。大业八年至十年间(612—614)，隋炀帝征讨辽东，他因军功授建节校尉。衣锦还乡，任鹰扬府校尉。太守王仁恭对他很是器重，让他担任自己的亲兵队长。不料这职务给刘武周提供了方便，竟然与王仁恭的一名侍妾发生了私情。有了这事，自然担心一朝事发，遭到王仁恭严惩。

王仁恭在马邑的作为很不好，贪婪吝啬，大收贿赂，当然也不得人心。与他先前任衢州刺史、汲郡太守时的行为判若两人。离任汲郡时，官员百姓感念他的公正清廉，曾拦住坐骑苦苦挽留，数日不得出境。史载其“颇改旧节”应是指此。要说原因，恐怕和隋炀帝北巡时前任马邑太守杨廓因招待不周而被解职有关系。王仁恭接受前任的教训，只好改弦易辙，融入官场。

大业十三年(617)春，马邑郡大饥，饿殍遍野，太守王仁恭不肯也不敢开仓赈济。这时的隋朝已是风雨飘摇、乱局难控。刘武周决定乘机谋杀王仁恭，聚众起事，一来保全自身，二来干番事业。他先是在郡中散布言论说：“现在百姓饿得要命，田野上死人压着死人，王府尹关着粮仓不愿救济，哪管百姓的死活啊！”用这些话激起群众的怨恨。接着又诈称生病在家，待结交的豪侠们都来问候时，刘武周杀牛摆酒请他们大吃大喝，并鼓动说：“造反才能像这样生活，英雄好汉就要大展志向，一起死在溪谷山沟也在所不辞。如今仓库里堆积的粟米都要烂了，谁敢跟我去拿？”张万岁等10余人都赞同响应。于是，又进行了细致的筹谋策划。

二月初七，王仁恭照例在郡厅议事，刚刚“病”愈的刘武周假装上前禀告，张万岁却从后厅突然冲出，在王仁恭毫无防备的情况下，将其杀死。刘武周当即宣布起事，一面命令割下王仁恭的头示众，一面开仓济民，一面传檄境内。旬日之间，竟然集兵万余人。刘武周自称太守，为了避免腹背受敌，主动遣使与北方的突厥联络，寻求靠山和支持。隋雁门郡丞陈孝意、虎贲将王智辩得知刘武周起义后合兵征讨，将他围困于桑乾镇(今朔城区西影寺村东)。刘武周联合突厥骑兵共同反击，王智辩兵败被杀，陈孝意奔还雁门。之后，刘武周引兵围攻雁门。陈孝意悉力拒守，百余日后粮尽援绝，部下张伦暗杀了他后举城投降刘武周。

刘武周趁势袭破楼烦郡，攻取汾阳宫。为了取得突厥进一步扶持，

刘武周将俘获的汾阳宫的宫女献给突厥，突厥始毕可汗以战马回赠。刘武周如虎添翼，兵威益振，攻陷定襄后又回军马邑。突厥为了扶植地方割据势力，册封刘武周为“定杨可汗”。“定杨”就是平定杨家的意思，志在反隋，一目了然。当年，刘武周在马邑称帝，史书中只载年号天兴，未载国号。2011年春，在马邑古城附近出土了一方唐代的《郭静墓志》，载明刘武周的国号为“大汉”。以其姓刘，冒认刘邦为祖宗之故。刘武周以妻沮氏为皇后，任命妹婿马邑人苑君璋为内史令（亦即中书省之中书令），马邑人杨伏念为尚书左仆射（类似宰相）。刘武周的政权组织正式建立起来。

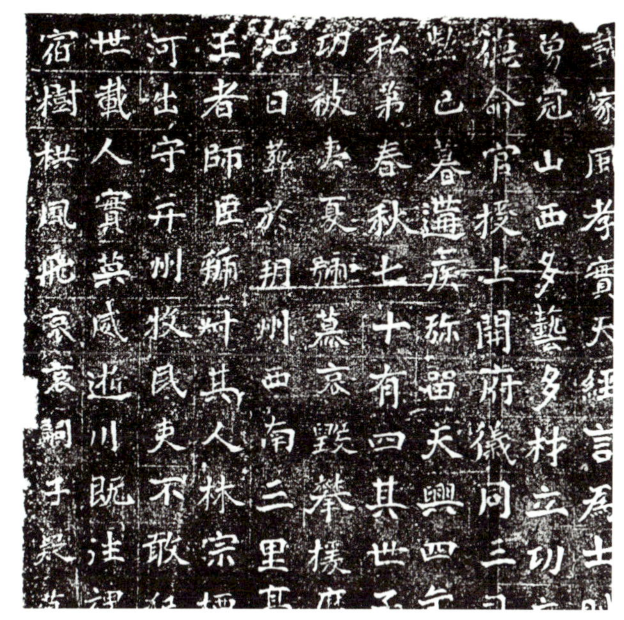
家周孝實天經言爲士
勇冠山西多藝多材立功
德命官授上開府儀同三
已暮遘疾弥留天興四
私第春秋七十有四其世
功被春夏歸墓哀毀攀擗
日葬於丑州西南三里
王者師臣犻對其人林宗
河出守并州牧民吏不敢
世載人實英威遊川既注
宿樹栱風飛哀哀嗣子疑

郭静墓志拓片

至于刘武周的皇宫所在地，据朔州城内老者传言，在明朔州城北关，亦即秦马邑城中心偏东北之地。今朔城区第一中学校园之内曾留有遗迹，一中西墙外曾有一座大土堆，人称万岁山。此山南北约 50 米，东西约 30 米，其上布满残砖断瓦，据传为刘武周御花园中假山。上世纪末推平盖了楼房。一中校园内西北角处曾有刘武周的御井遗迹，上世纪 60 年代末，在这里出土了很多块被砸毁的碑碣，据目击者说，碑首雕刻的龙纹为隋唐典型风格。朔州城内的箭道巷据说是刘武周当年的造箭处。

刘武周称帝后，易州起义军领袖宋金刚，引 4000 余众来投奔，声势更为壮大。刘武周素闻宋金刚善于用兵，封宋金刚为宋王，委以军事，分一半家产给他，还把妹妹嫁给他。接着，尉迟敬德也来投奔，被任为偏将。

刘武周起事三个月后，隋太原留守李渊也起兵反隋，攻入长安。第二年（618）五月，建唐称帝，年号武德。

唐武德二年(619)三月,刘武周接受宋金刚"入图晋阳(今太原),南向以争天下"的建议,联合突厥,率兵2万南攻并州(治所晋阳)。四月,刘武周大败唐并州总管、齐王李元吉派出的车骑将军张达,夺取榆次(今榆次)。五月攻陷平遥。六月占领介州(今介休)。

唐高祖派遣太常少卿李仲文为行营总管,与左卫大将军姜宝谊率兵救援并州,被刘武周的将领黄子英击败于雀鼠谷(在今介休境)。唐高祖又派右仆射裴寂为晋州道(今临汾)行军总管,督军抗击刘武周。八月,双方战于索原度(在今介休介山下),唐军全军溃败,裴寂只身逃回晋州。刘武周兵锋所向,迅疾异常,势如破竹,进逼晋阳。李元吉连夜携其妻妾弃晋阳奔还长安。刘武周在数月之间占据了李唐王朝的发祥地晋阳。十月,刘武周又派遣宋金刚南下攻陷晋州,进逼绛州(今新绛),占据龙门(今河津),攻陷浍州(今翼城)。与此同时,夏县吕崇茂起义,自号魏王,与刘武周相呼应;隋朝旧将王行本据蒲坂(今永济北),与宋金刚相联合。至此,山西大部尽归刘武周统辖,唐在黄河东岸只剩晋西南一隅之地,关中大震,甚至唐高祖都惊慌失措,颁发了"贼势如此,难与争锋,宜弃大河以东谨守关西而已"的手敕。

武德二年(619)十一月,唐高祖命秦王李世民率军征讨,历时两年,方将刘武周军击溃。刘武周见大势已去,投奔突厥,不久,欲谋归马邑,因事情泄露,被突厥杀死。

今介休市张壁村古堡内尚有可罕(汗)庙,供奉着刘武周金身塑像,尉迟敬德塑像作侍卫状立于殿上。

武德年间的"中顿"

唐初,马邑(今朔城区)为突厥支持的刘武周部所占据。突厥经此南下,不断侵扰掳掠,对唐朝河东道构成极大威胁。对此,唐并州总管刘世让就说:"突厥比数为寇,良以马邑为之中顿故也。"何谓"中顿"?宋代的史学家胡三省在《资治通鉴》中注为："中顿者，谓中道有城有粮，可以顿食也。置食之所曰顿，唐人多言置顿。"刘世让认为，突厥近来多次入侵，实在是因为有马邑作为中途休整基地的缘故。也就是说，马邑是突厥入寇的一个重要的粮食补给基地。其突出的战略地位于此可见。马邑地处控扼从晋阳出发，经宁武、马邑，达内蒙古的"通塞中道"，所以成为当时唐与突厥征战争夺的重镇。

唐武德二年(619)，高祖派秦王李世民出兵河东，在对突厥许以好处，得到突厥军队的帮助下，平定了刘武周。此后，突厥还留下将领统兵帮助唐并州总管镇守并州，同时"自石岭(今阳曲东北关城)以北，皆留兵戍之而去"，实行"双方共管"。尽管这是战前双方议定，但此后不久，双方在共管区却都加紧拓展自己的势力。驻守朔州的刘武周的部下苑君璋得到突厥重新庇护。唐并州新总管刘世让也将突厥留守并州的将领擒获。双方矛盾由明朗化很快转向激化。

武德四年(621)，原为窦建德部将的李大恩，降唐后镇雁门，封定襄郡王。他平定四周，为大唐在石岭关以北开辟出一块阵地。当年四月，颉利可汗率1万骑兵与苑君璋联合进犯雁门被击退。八月，突厥又先后犯代州、崞县、原州、灵州等地。当时，唐朝忙于中原战事，所以一方面让边军固守，一方面积极派人与突厥"和亲"议和。其间，双方围绕马邑的争夺战却不断升级。

武德五年(622)初，唐并州总管刘世让出屯雁门，突厥颉利可汗联合河北高开道与马邑苑君璋合力攻之，不克而退。定襄郡王李大恩奏言突厥饥荒，可趁机谋取马邑，高祖诏令李大恩与殿内少监独孤晟率兵征讨苑君璋。李大恩与独孤晟约定二月在马邑会师，因为独孤晟误期未至，大恩不能独进，便在新城(今朔州城南梵王寺村)停兵等待。四月，颉利可汗遣骑数万与刘黑闼围攻李大恩，大恩战死，唐军死者数千人。唐朝谋夺马邑胎死腹中。

武德六年(623)，刘世让向唐高祖提出了夺取马邑的新方略，提议派出勇将驻守崞城，崞城处于马邑以南，位于代州境内。同时提出两种方法：一是用金帛收买苑君璋的部属，二是不断派兵抄略马邑，破坏其农业生产，造成马邑的粮食供应无法保障，从而迫使马邑守将投降。李渊很赞赏刘世让的这一计划，就令刘世让驻守崞城，亲自付诸实施。对此，为突厥守马邑的苑君璋深以为忧，曾试图使用军事手段打破这种局面，但是没有成功。五月，“苑君璋部将高满政寇代州，骠骑将军李宝言击走之”。而到了六月，马邑内部却出现了问题。苑君璋的部将高满政发动兵变，驱逐了苑君璋，率部献马邑投降了唐朝。仅仅 10 天，苑君璋就又引导突厥兵杀回马邑，但是却被高满政击败。对此次交战，《册府元龟》载，“苑君璋及突厥吐屯设来寇马邑，高满政设二伏以待之，突厥至城下，伏兵发，大破之，斩首二百余级”。据此看，高满政还是有一手的，取得了不小的战果。高满政遂被唐朝任命为朔州总管，并封荣国公。

苑君璋受挫以后，并未死心，继续引导突厥反攻马邑。唐朝派出了右武侯大将军李高迁协助高满政守卫马邑。苑君璋引导突厥 1 万余骑杀到马邑城下，李高迁与高满政合力抵抗，于七月初二日在腊河谷(今朔城区北腊䃔口)击败了突厥军队。高满政的投降，对唐朝来讲是个喜事，这是唐朝第一次收复朔州。但是，由此也招来了突厥在当年的大举进攻。

颉利可汗在得知突厥军队于腊河谷战败以后，大怒，派出更多的军队于七月十一日再次进攻马邑。李高迁因害怕突厥，率领所部 2000 人连夜逃走，结果遭到突厥军队截击，损失惨重。由于李高迁的失利，唐朝对其采取了严厉的处罚，“坐除名徙边”。李高迁可说是当年太原首义的功臣，竟遭到如此严惩，可见高祖当时的愤怒。

击败李高迁以后，颉利亲自统率大军攻城，高满政非常英勇，出兵抵御，有时一天交战十多次。唐朝方面得报后，开始安排增援。由于刘世让驻屯代州崞城，距离马邑较近，因此，唐朝任命其为行军总管，让他增援马邑。但是，刘世让走到松子岭的时候，不敢继续前进，退兵守卫崞城。我们知道，刘世让并非平庸之辈，他都不敢增援，说明当时攻打马邑的突厥军队之多，战况之激烈。在围攻马邑的同时，颉利曾派遣使者试图向唐朝“求婚”。这说明，突厥这次进攻，还是使用了武德五年(622)的老伎俩，先抄略一番，然后遣使约和，以图得到更多的财富。唐朝对此的反馈是，突厥必须先撤掉对马邑的包围。

在唐朝提出要求突厥撤马邑之围后，“颉利欲解兵，义成公主固请攻之”。义成公主是隋朝的公主，先嫁给了突厥的处罗可汗，后嫁给颉利可汗。在义成公主的干预下，颉利继续围攻马邑，而且还找来了巧于制作攻城器械的高开道帮助加紧进攻马邑。

十月，在马邑逐渐陷入绝境的时候，颉利曾对高满政进行劝降，但被高满政拒绝。这时，唐朝自己还干了一件不太高明的事情，那就是诛杀刘世让。据记载，“突厥恶刘世让为己患，遣其臣曹般陁来，言世让与可汗通谋，欲为乱，上信之。初四日，杀世让，籍其家”。刘世让驻屯崞城，距离马邑很近，刘世让本身也是个不错的将才，因此突厥才进行离间，致使刘世让被误杀。刘世让与马邑近在咫尺，如果刘世让在，即便不能增援，突厥对全力攻击马邑，毕竟有所顾忌，但是现在刘世让死了，马邑的处境也就更加困难。

刘世让被杀，是个冤案。贞观初，唐太宗得知实情后，给刘世让平了反，并赦免了他的家人。不过，刘世让自己在此前增援马邑时的表现也确实不佳，结合高祖对李高迁的严惩来看，当时高祖很可能对刘世让也十分不满，而这时，突厥又来离间，高祖盛怒之下，冤杀刘世让。

在继续守城已经没有什么希望的情况下，高满政只得突围，但被其部将所杀，“粮且尽，救兵未至。满政欲溃围走朔州，右虞候杜士远以虏兵盛，恐不免，杀满政降于突厥。苑君璋复杀城中豪杰与满政同谋者三十余人”。马邑重新落入突厥之手。

至此，马邑争夺战以唐军的失败而告结束。不久，突厥请求与唐和亲，把马邑又还给了唐朝，唐用将军秦武通为朔州总管。

大唐名将尉迟敬德

尉迟敬德，名恭，字敬德，鲜卑族人。隋开皇五年(585)生于朔州善阳。大业末年，从军于高阳，以武勇称，累授朝散大夫。后来参加了刘武周起义，被任命为偏将，并和宋金刚率军南下，攻陷晋阳、浍州，大败唐军，俘虏了永安王李孝基及独孤怀恩、唐俭、于均等唐将。唐武德三年(620)，刘武周败逃突厥被杀，尉迟敬德在美良川被秦王李世民战败，围

尉迟敬德塑像

困在介休，接受劝降，和刘武周的另一将领寻相归附了唐朝，被任命为右一府统军。不久，寻相叛逃，一些唐将怀疑并把他囚禁起来，对李世民说："敬德骁勇绝伦，今既囚之，心必怨望，留之恐为后患，不如遂杀之。"世民笑着说："如果尉迟敬德真要叛变，他怎能在寻相之后呢？"于是令人释放了他，引入室内，赏赐了不少金银财物，并说："大丈夫处世以意气相投，我怎能听信那些谗言加害于你呢！如果你真的想走，这些东西就算我送给你的，也不枉我们交往了一场。"李世民的充分信任，赢得了尉迟敬德的倾心追随。两人的关系，此后发展成为君臣之交的千古典范。

尉迟敬德深获人心的是他的"忠、勇、廉"。唐高祖武德三年（620）夏，李世民围困王世充期间，在前线遭遇王世充的骁将单雄信。单雄信一马当先执槊直取李世民，尉迟敬德跃马大呼，横槊将单雄信刺落马下。这就是一直流传至今的"单骑救主"。战后，他在和齐王李元吉的比武表演中，"俄顷三夺其槊"，使观战者无不叹服。而齐王李元吉平时自认为骑马使槊单挑没有对手，此时心中，不难想象是多么难受。

武德四年（621）三月，李世民率尉迟敬德等与救援王世充的窦建德10万大军对峙于虎牢关。为挫敌锋芒，李世民设伏诱敌，亲自带领尉迟敬德和4名骑兵，一直抵达窦建德前军近3里处讨战。李世民满怀信任地对尉迟敬德说："吾执弓矢，公执槊相随，虽百万众奈我何！"窦建德派五六千骑追击中伏大败。此后不久，尉迟敬德又率两骑突袭窦建德阵前，闪电般擒获王世充之侄王琬，夺得李世民欣赏的王琬所骑青骢马。这次出奇制胜，也启发李世民制定出了更为大胆的斩首行动，突击穿插敌后，一举击败了窦建德。接着，尉迟敬德随李世民讨平王世充、窦建德所部刘黑闼，以功升为秦王府左二副护军，成为李世民的保镖将军。

为削弱李世民的势力，太子李建成派手下悄悄给尉迟敬德送去一车金银器物，想拉拢他。尉迟敬德不为所动，婉言谢绝。李世民知道后，动情地说："公之心如山岳，虽积金至斗岂能移之？"太子李建成和齐王李元吉又派人去暗杀，刺客看到尉迟敬德大开房门，安睡不动，也被他无所畏惧的气势吓走。李元吉又捏造罪名向李渊诬告他，将他打入大牢，严刑逼供，多亏李世民多方搭救，才死里逃生。软硬兼施统统没有动摇尉迟敬德对李世民的忠心，也赢得了后人的无限景仰。

"玄武门之变"期间，尉迟敬德极力敦促李世民变被动为主动，疾呼："大王（指秦王李世民）不先决，社稷危矣！"他奔走联络长孙无忌等人，并在玄武门内李世民被李元吉掐住脖子的危难时刻射杀李元吉，再一次解救了李世民。此后，又"擐甲持槊"奏请李渊手敕，令诸军听秦王节制，内外才得安定。"玄武门之变"后，尉迟敬德又及时提请李世民不再株连其余，挽救了包括魏征在内的许多人，大局很快稳定。尉迟敬德以功居第一，被授太子左卫率。

贞观六年（632），尉迟敬德官拜右武侯大将军，封爵吴国公。后突厥入犯，为其大败，改封鄂国公。

贞观十九年（645）初，他以 60 岁高龄任左一马总管跟随李世民远征高丽，深秋方归。这次回来后，他迷恋起了养生之道，笃信方术，闭门不出。《旧唐书》云"不与外人交通凡十六年"。他于高宗显庆三年（658）去世，"不与外人交通"似应为 13 年。去世后，朝廷为他举办了极其隆重的国葬，并遣其孙尉迟循毓从驿道赶赴马邑平城乡京畿里先茔，迎其祖母苏娬"神柩"至京师与尉迟敬德合葬，葬礼一切费用由朝廷承担。高宗废朝三日，五品以上官员都去吊唁，谥忠武。

史书还附记了他不少闪光之处：他把朝廷赐予的财物，全部分发给士卒，自己分文不留。李世民曾提出把自己的一个女儿许配给他，他坚持"富贵不易妻"，直言回绝。这一切，都使后人对他倍加崇敬。至于后来把他尊崇为"门神"，那是来源于民间传说。传说，泾河龙王因犯天条，玉帝让魏征监斩。泾河龙王托梦向唐太宗李世民求救，唐太宗答应了，却因方法不当，没办到。泾河龙王死后，冤魂晚上来找太宗，在宫外呼号讨命，吵得李世民不能安睡。唐太宗告知群臣，大将秦叔宝道：愿同尉迟敬德戎装立门外以待。太宗答应了。那一夜果然无事。太宗因不忍二将

尉迟敬德墓志拓片

尉迟敬德墓志盖拓片

尉迟敬德之妻苏斌墓志拓片

尉迟敬德之妻苏斌墓志盖拓片

尉迟敬德碑碑身拓片

尉迟敬德碑碑首拓片

辛苦，遂命画匠画二将真容贴于门上，结果也很有效。其中一位手执钢鞭者就是尉迟敬德，另一位手执铜锏，即秦叔宝秦琼。上行下效，二人的画像就由皇宫被请到了寻常人家门上，担当起了庇佑百姓安宁的重任。说到底，能得到人们从心底的信任，与对他人格魅力的崇敬有关。一切美好的事物和道德情操，总会使人产生无限的遐想和神往，尉迟敬德成神由此而来。

玄奘弟子窥基

窥基（632—682），俗名尉迟基，字洪道，朔州善阳人，鲜卑族，尉迟敬德之侄，尉迟敬宗之子。貌魁伟，性敏悟，过目成诵，能属文，经史一览无遗。窥基是唐高僧玄奘嫡传弟子，一生弘扬佛法，在中国佛教发展史上占有极高的地位。

少年时，窥基在长安遇到玄奘，玄奘见其眉目秀朗，举止大方，视为“载佛之器”。玄奘有意度他为弟子，特意向唐太宗李世民表示说：“能承我法嗣者，尉迟子耳。”唐太宗命尉迟敬德让其侄依玄奘的意图“剃落”。

窥基画像

唐太宗贞观二十二年（648），窥基17岁时，正式从玄奘出家，先住弘福寺，后移住大慈恩寺。常侍于玄奘左右，从玄奘习梵文及佛教经论。玄奘为其解唯识，授因明，讲《瑜伽经》，传五种性说。据《紫桃轩杂缀》记

窥基法师画像与铭文

载，窥基 18 岁时，仍是一副花花公子模样，“每出以三车自随，一载醇酒精馔，一载女乐十余人，一载兵器，而自与壮士锦袍花帽以骑从。遇所欲留处，纵饮至醉，拥女乐遍幸之，而后与壮士运矛挺槊持刺自乐，习以为常”。后经玄奘开示教导，才尽改旧习，而“精研宗乘”。但仍然率性而为，“肉食恣餐，饱则鼾睡”。所以，后来相传有“三车法师”之称，影响所及，乃至于今。而《宋高僧传·窥基传》载：对于出家一事，“父虽然诺，基亦强拒，激勉再三，拜以从命。奋然抗声曰，听我三事，方誓出家，不断情欲、荤血、过中食也。奘先以欲勾牵，后令入佛智，佯而肯焉”。可见，这三个要求，是为了“强拒”，玄奘也只不过是“佯而肯”。语言和行为根本是两回事。《紫桃轩杂缀》为明代人李日华据平时鉴赏、读书所得及平昔见闻随笔漫录而成，其可信度本就值得怀疑。两相印证，显系别有他意，借题发挥。为正视听，简作辨析。

高宗永徽五年（654），窥基 23 岁时，朝命度为大僧，并应选学习古印度文。两年以后，应诏参与译经。从此，他一直跟着玄奘参加慈恩、西明、玉华等处译场，随从受业。

麟德元年（664），玄奘逝世，译经事业中止。窥基重新回到大慈恩寺，专事撰述。以后曾有一段时间，在他的祖籍附近游历，沿途仍讲经造疏，从事弘化。他还曾在五台山造玉石文殊像，写金字《般若经》。在五台山栖托一载后，奉诏回到长安大慈恩寺，所以，世人又称窥基为“慈恩大法师”。

永淳元年（682）十一月十三日，窥基在慈恩寺翻经院告诉他的徒弟说：“十方刹海，游戏之场，兜率故苑，吾将归矣。”趺坐而逝，年 51 岁。御制像赞悼之，葬樊川兴教寺内玄奘舍利塔西侧，窥基与玄奘的灵骨共处一院，其塔及石刻影像、御制像赞至今犹存。塔铭为唐代原刻，铭文称其为朔州善阳人。

在玄奘门下时，窥基勤于记述，长于疏释。参译之际，凡玄奘有所宣讲，均详作记录，并加疏释，撰为述记。史载，玄奘每于黄昏二时讲新译经论，译寮僧伍竞造文疏、笔记、玄章并行于世。玄奘译《唯识论》时，经窥基提议，参糅十大论师之释论而成一本，即《成唯识论》。窥基记述释文最勤，功亦最著。

据《宋高僧传·窥基传》记载，玄奘所传因明和五种性宗义，都是窥基独得之秘。他注释了玄奘所译的二部因明论典，一为《因明入正理论疏》6卷（亦有8卷本），一为《因明正理门论述类记》1卷。在著述中常用因明以立说，对因明学多有发展。

窥基所译佛经远远多于玄奘，有经论30余部，注疏100余本。所以，当时就有“百部论师”之称誉，后来还被称为“百本疏主”。

窥基的著述涉及面很广，而以瑜伽唯识之学为重点，举凡玄奘所译的有关经论都有注释，并且对照真谛旧译经论加以解释评判。在这些著述中，窥基以护法一系学说为重心解释印度瑜伽行派经典。他不仅提议编译了以护法注释为主的《成唯识论》，而且再三注释此论，有关《成唯识论》的注释就有四种，部头多达36卷。其中《述记》20卷，为所有释著中卷数最多者。这都成为后世治此学者所奉的圭臬。在此基础上，玄奘和窥基师徒二人共同创立了中国佛

长安兴教寺窥基法师灵塔

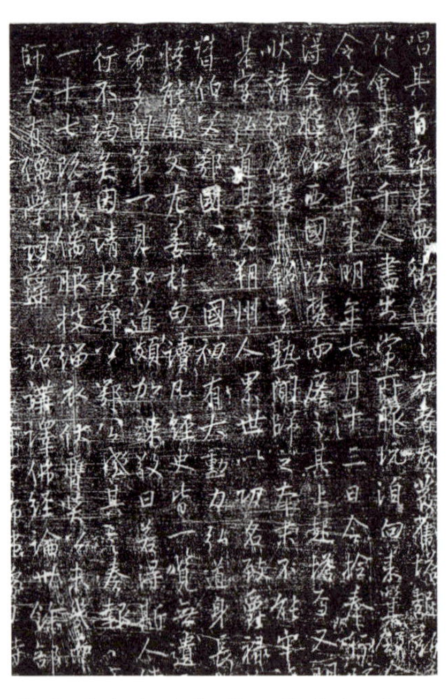
故慈恩寺大法师基公塔铭拓片

教的唯识宗。玄奘为开创人，窥基组织师说，广制诸疏，加以发扬，对于法相唯识之学，尤其精辟独到，成为后来居上的实际创宗者。玄奘逝世后，学人多认窥基为玄奘的继承者，讲习取为准据，成为奘门的权威，为国内外同人所景仰尊崇。

唯识宗，因以阐扬万法性相的义理为特点，故又称法相宗，以源于大乘的瑜伽经典，故又称瑜伽宗，以窥基常住长安大慈恩寺，故又称慈恩宗。

唐永徽四年（653），日僧道昭来华，携窥基唯识经论等著作回国，住元兴寺东南，别立禅院传布，为日本法相宗初传，确立日本法相宗。至今未绝。

窥基的佛学思想异常丰富。在唯识宗教义体系化、系统化方面的贡献，截至目前在汉传佛教系统中仍然是后无来者的。可以说，如果没有窥基的著书立说，如果没有窥基的不懈努力，印度的瑜伽行派思想是不可能发展为中土的慈恩宗的，当然也更谈不上后来在日本的发扬光大。我国明代的王夫之，清代的龚自珍、谭嗣同、章炳麟等都受到其不同程度影响。

窥基的主要著作是《瑜伽师地论略纂》《成唯识论述记》《成唯识论掌中枢要》等。据《中华大藏经》载有：《弥勒上生经疏》2 卷、《无垢称经疏》6 卷（现存 4 卷）、《大般若理趣分述赞》3 卷、《金刚般若述赞》2 卷、《般若心经幽赞》2 卷、《妙法莲花经玄赞》10 卷、《成唯识论述记》20 卷、《瑜伽师地论略纂》16 卷、《大乘阿昆达摩杂论述记》10 卷、《二十七贤圣章》1 卷、《弥陀通赞示西方要义》1 卷、《大乘法苑义林章》7 卷、《因明入正理论疏》6 卷等。

李靖出马邑破突厥

唐太宗李世民经“玄武门之变”夺得皇位后，在兴利除弊，推动社会政治、经济稳步发展的同时，对突厥决心改变防守抵御之策，谋划主动进攻，予以致命打击。

武德九年(626)，李世民刚刚登基。突厥颉利可汗率兵进犯，一路所向披靡，竟长驱直入，抵达长安郊外，与唐军隔渭水便桥对阵。颉利见唐军阵容整齐，知道有备，不敢轻举妄动，要求讲和。唐太宗审时度势，做出让步，并给予颉利大批金帛，与颉利可汗订立“渭水之盟”。他对朝臣说，“将欲取之，固必与之”，为的是让他们骄惰，以便一举消灭。这也许是一种掩饰，但决不能不说是他的真实意图。为做好备战工作，他一方面任命富有军事才能的李勣为行并州都督、张公瑾为代州都督，加强山西方面的军事部署。一方面加强军事训练，提高士卒的作战能力。据载，他“每日引数百人于殿前教射，亲自临试，射中者随赏弓刀、布帛”，“自是后，士卒皆为精锐”。

突厥方面的情形恰好相反。贞观元年(627)冬，漠北遭受特大雪灾，“平地数尺，羊马皆死，人大饥”。单一的游牧经济很难抗拒这样的自然灾害，因而，加速了东突厥汗国内部矛盾的激化。同年五月，依附突厥的苑君璋在失去马邑退保恒安(今大同)后，看到颉利势衰，率众献城归唐。恒安“地险城坚”，突厥无疑失去了扼制唐军北进的屏障，这更促成了唐太宗把进攻突厥的战略重点选在山西。

贞观三年(629)冬，唐太宗任命兵部尚书李靖为定襄道行军总管，张公瑾为副，任命并州都督李勣为通汉道行军总管，出山西；又任命薛万彻为畅武道行军总管，柴绍为金河道行军总管，出关中。各路兵马共10余万人，都由李靖节度，分路出击。

李靖，字药师，京兆三原(今陕西三原)人，少有“文武才略”。其舅

李靖画像

韩擒虎为隋朝名将，常与他讨论兵法，曾称赞说："可与我讨论孙吴兵法的人，只有李靖一人了。"李靖与朔州之缘，始于唐立国之前，隋朝末年，李靖出任马邑郡丞。李渊与王仁恭一起抵抗突厥时，李靖凭着自己敏锐的观察力认识到李渊有谋取天下之志，就离开马邑准备经长安到江都向隋炀帝告发。李渊父子起兵反隋，正在长安的李靖被俘，李渊欲杀之，经李世民说情，幸免一死。于是随李世民在征讨王世充的战争中立下战功，被授为开府。后累有升迁。

贞观四年（630）正月，朔风凛冽，李靖统率骁骑 3000 自马邑（今朔城区）出发，马不停蹄疾驰到恶阳岭（今平鲁西北边外），随即出奇兵夜袭距此不远的定襄（今内蒙古和林格尔西北）。唐军如从天降，杀敌不计其数。颉利大出意外，率残部弃牙帐仓皇而逃。当他们发现李靖只有数千骑兵时，有人主张再战，颉利说："唐军如果不是倾国而来，李靖怎敢孤军到此！"为避李靖兵锋，颉利徙牙帐于碛口（今内蒙古二连浩特西南）。李靖发现了颉利的判断失误，索性就冒充唐军主力继续攻击，在后尾追。同时沿路派人恐吓劝降突厥各路小可汗，颉利众叛亲离，很快身边只剩下几万部队。

李靖敢于孤军深入，而且进军神速，应该与他先前在马邑任职，对这一带地理和地形特点熟悉有关，其过人的胆略、智谋也真如后来李渊所赞："韩（信）、白（起）、卫（青）、霍（去病）岂能及哉！"

颉利可汗逃到铁山（今内蒙古境内阴山之北），忙遣使至长安向李世民求和，表示愿举国归附。其实这只是颉利的缓兵之计。他希望一来解眼下燃眉之急，二来待春暖之后草青马肥，再卷土重来，或者退守自保。不过遗憾的是，颉利的缓兵之计最后却变成了坐以待毙。在和谈这段时间，唐军的主力在李勣的带领下也随后赶到，与李靖汇合了。如果颉利不和谈而继续逃跑，李靖兵少，追而难击。颉利一和谈，倒把唐军主力给等来了。

李世民答应与颉利讲和，并派鸿胪卿唐俭为使者到铁山抚慰突厥部众。李靖此时正驻扎于白道（今内蒙古土默特左旗）。送走路过此地的唐俭，李靖即对部下说："颉利虽败，其众犹盛。若逃至大漠以北，联合回纥、薛延陀等族众，再想消灭之就难了。今皇上诏使至其处，颉利必会宽心，不再防备。若选精兵 1 万，带 20 天的口粮，迅速袭击之，颉利可不战而擒。"

当时还有将领对此有些疑虑，认为皇帝已经答应与颉利议和，而且也派出了和谈使节唐俭。如果对颉利发动突然袭击，有抗旨之嫌。再说，唐俭已到突厥营地，如果突袭颉利，则唐俭性命休矣。李靖解释说，皇帝并没有专门下诏令大军暂停进攻，作为大将，应根据战场形势决定攻守事宜。只要能彻底消灭突厥，此时也顾不得唐俭了。

当时兵分两路，李勣北进到碛口，扼守颉利北逃之路，李靖亲率 1 万精兵，派部将苏定方率 200 骑为前锋，乘雾而行，悄随唐俭之后北进，至阴山全歼突厥的一部巡逻骑兵，而后神不知鬼不觉地靠近颉利的牙帐。此时颉利因李世民答应与其讲和而洋洋自得，忽闻唐军从天而降，仓促之间，难以集合兵力迎战，只得率万余人北逃。李靖大获全胜，斩杀万余人，俘虏男女 10 余万，获杂畜数十万头。北逃的颉利被李勣拦击，不久就当了俘虏。至此，东突厥汗国灭亡。自阴山至大漠的广大地域，遂划入唐朝的版图。

李靖在明知李世民已经答应与颉利可汗讲和的情况下，审时度势，果断予敌以突然袭击，一战即从根本上解决了突厥之患，其功甚伟！李靖此举，是对兵法上说的"将在外，君命有所不受"的最佳诠释。毕竟与敌国谋和，以及接受敌国的投降，远不如彻底消灭之干净利落。这肯定也正中李世民的下怀。

李靖凯旋后，李世民果然非常高兴，说："李陵以步卒五千绝漠，然卒降匈奴，其功尚得书竹帛。靖以骑三千，喋血虏庭，遂取定襄，古未有辈，足澡吾渭水之耻矣！"太上皇李渊闻讯也很高兴，叹道："汉高帝困白登，不能报；今我子能灭突厥，吾托付得人，复何忧哉！"

灭东突厥,这是李靖为唐朝立下的一大边功,也是中原王朝与北方民族作战所从未有过的丰功伟绩。李靖以破突厥功封爵为代国公。贞观十一年(637),改封为卫国公。此后很长一段时间,唐朝北方边境晏然无事,边民安居乐业。突厥颉利可汗部落覆灭后,唐朝威震八荒,四边少数民族部落纷纷向唐朝称臣,尊唐太宗李世民为"天可汗"。

李靖前前后后曾在今朔州地区度过了十多年的军事生涯,也留下了许多著名的历史遗迹。据《应州志》载:"天王祠,在古城帅府东北隅,唐魏(卫)国公李靖所创建。"

李靖被后人神话为"托塔李天王"。朔城区神头镇马邑村西城头有一处高大的墩台,为马邑古八景之一——"橹台远眺",此台传为李靖所筑观星台。相传,李靖不但下知地理,还上通天文,于戎马倥偬之余,月黑星稠之夜,每每登台仰望星空,思索宇宙奥秘。

黑齿常之黄瓜堆大战

东突厥在唐贞观初灭亡后,唐太宗将其"羸弱三百帐"迁于云中城(今内蒙古和林格尔西北),以阿史德氏为其酋长。到唐高宗时,部落繁衍渐众,实力逐渐恢复。唐高宗后期,突厥复国主义思想抬头。调露元年(679)十月,单于大都护府下属突厥酋长阿史德温傅、奉职率所辖二部反唐。二十四州突厥酋长响应他们,部众共达数十万人。第二年,被唐定襄道行军大总管裴行俭大破。

永淳元年(682),突厥吐屯啜骨咄禄重新纠合残众,占领黑沙城(今内蒙古呼和浩特西北),再建突厥政权,自号颉跌利施可汗,即后突厥汗国。并以熟知唐边疆虚实的阿史德元珍(原为唐单于府检校降户部落官员)统帅兵马,不断侵犯唐朝边境。朔州地区再次成为战乱之地。武后垂拱二年(686)九月,骨咄禄可汗大举攻掠唐河东道(今山西)北部地区。武后派骁勇善战的大将军黑齿常之领兵抗击。

黑齿常之，百济（在今朝鲜半岛西南部）西部人。初在本国任达率（百济官名）兼郡将。高宗于显庆五年（660）遣苏定方破灭百济，龙朔三年（663），常之降唐。因累建战功，得到高宗赞赏。调露年间，常之以精骑3000击退吐蕃军，以功升为河源军经略大使。常之在军7年，河源军兵精粮足，成为牢固的西北重镇。

这次，武后因局势严峻，调派黑齿常之转战后突厥，可见对其寄望之重。黑齿常之率兵北进至“两井”（大约今朔城区深井与官井一带），与突厥3000余骑相遇。突厥骑兵没有想到黑齿常之进军这么神速，还没有进入战斗状态，身上都没有穿盔甲。黑齿常之抓住这一闪即逝的战机，立即率200余骑勇猛冲击，突厥兵被打了个措手不及，生者都弃甲逃走。傍晚大量突厥兵赶来，欲与唐军会战。黑齿常之当即潜使人伐木，令营中多处燃火，以虚张声势。突厥见遍野火起，如同烽燧，疑有援兵相应，便乘夜狼狈逃走。此战，黑齿常之智勇兼备，以突然攻击和疑兵计战胜突厥，因功进封燕国公。

武后垂拱三年（687）七月，突厥再次进犯朔州，武后以黑齿常之为燕然道行军大总管，与李多祚、王九言等合兵迎击。黑齿常之指挥的唐军和阿史德骨咄禄、阿史德元珍率领的突厥军在黄花堆遭遇。

黄花堆，战国时称黄华，北魏、北齐时又名黄瓜堆，隋唐后称黄花堆、黄花岭、神堆，现在叫黄花梁。东起应县，西至怀仁、山阴，绵延30多里。据北魏郦道元的《水经注》载：当时“层松饰岩，列柏绮望”，自然是林木丛生，遮天蔽日。至于“黄花耀金，幽香袭人”，那是后来的景象。这从地名的演变也可见一二。在冷兵器时代，黄花堆几次成为著名战场，应该和其地形地貌利于伏兵，便于出击有极大关系。

双方展开激战，黑齿常之击溃了突厥军，长驱急进，追击40余里。突厥军被迫逃往大漠以北。当时战况，史书记载很简单，寥寥数笔。但以突厥骑兵快速机动的优势和此前胜多败少的战绩，却在此战中溃不成军推断，黑齿常之此战部署周密、指挥得当、用兵神奇之处足以给人留下丰富的想象空间。唐军猛追狠打，锐不可当之势竟然绵延40余里，更见胜势非比寻常。

十月，右监门卫中郎将爨宝璧表请穷追突厥，武后令他与常之计议，遥为声援。但他欲独占军功，不待常之同意，即擅领精兵1.3万人先行，出塞2000余里，进袭突厥。既至，又派人威吓告知，结果反使敌严加防备，以致被突厥击败，全军覆没。武后遂杀宝璧。

后来，黑齿常之因为酷吏周兴的陷害而下狱，罪名是武则天最痛恨的一种说法，即企图匡复李唐皇室。据说，另一名酷吏来俊臣对黑齿常之的牙齿发生了兴趣，派人把黑齿常之的牙齿拔下来，要看一看到底是不是黑的。黑齿常之是战阵中的虎将，生性刚毅，他拒绝酷吏进一步的侮辱。面对酷吏令人发指的迫害，黑齿常之选择了死亡，毅然用绳子勒死了自己，以这种方式保留自己最后的人格尊严。一代将星凋零在大狱之中，时人无不为之叹息。

郭子仪"静边大捷"

郭子仪画像

在唐太宗"贞观之治"和唐玄宗"开元盛世"期间，唐朝社会发展到全盛，"公私仓廪俱丰实"，"万国衣冠拜冕旒"。但是到唐玄宗执政后期，在长期和平繁荣的环境下，渐渐怠于政事，政治日趋腐败，特别是荒废府兵制，削弱了中央集权，导致内地兵力空虚，节度使权力不断扩大，出现了外重内轻、边镇势力放纵的局面。

唐玄宗天宝十四载（755）十一月，时为平卢（今辽宁朝阳）、范阳（今北京）、河东（今太原）三镇节度使的安禄山及其部将史思明乘机发动叛乱，以奉密旨讨杨国忠为名，率15万大军由范阳南下，直指东都洛阳。史书记载，叛军"所过州县，望风瓦解，守令或开门出迎，或弃城窜匿，或为所擒戮，无敢拒之者”。到十二月，便攻陷了洛阳，威逼京都长安。大唐帝国岌岌可危。同时，安禄山还派兵占领了今内蒙古和山西北部的一些地区，由叛将高秀岩守大同，从北面牵制河东道方面的兵力。这场浩劫，对唐朝社会生产造成了极其严重的破坏，史称“安史之乱”。

平鲁出土的唐代金器

唐玄宗得知安、史叛乱后，任命郭子仪为朔方节度使，率兵平叛。

郭子仪（697—781），其先祖为山西汾阳人，生于陕西华县。早年以武举考试优等被补为左卫长史，以后累迁，至天宝十二载（753）做到天德军（治今内蒙古乌拉特前旗）使兼九原（治今内蒙古临河东）太守。

郭子仪受命后，一面集结朔方兵马万余，一面派部将出使回纥借兵，援军到后，组成联军。郭子仪怀着“国危君难，正是军人赴死之时”的勇气和信念千里奔袭，东向而来。安禄山没有想到，这支军队不像他先前所碰到的其他唐王朝军队一样无能——将不知兵，军不习战。郭子仪带领的这支朔方镇军来自塞外边防前线，剽悍勇猛。安禄山更没有想到，在他势如破竹南下之时，郭子仪会以他 59 岁的高龄，以他非凡的韬略智谋，首先在朔州地区右玉一带骤然掀起平地惊雷，将他本以为稳固的后方搅动得天翻地覆。

郭子仪率军避过叛军主力和主攻方向，向东循黄河北岸环绕河套，

唐静边军城(今右玉县右卫镇)北门今貌

插入敌后,从侧翼突击,攻占振武军(单于都护府,今内蒙古和林格尔),突破今右玉县西北的杀虎口,一举攻占河东战略要塞,进入塞内的桥头堡——静边军城(今右玉右卫镇)。

静边军城,是唐中叶名将、朔方节度使、灵州都督兼河东节度使王忠嗣在天宝初年修建的,主要是为了防范北方突厥和回纥的南侵。王忠嗣"自朔方至云中,边陲数千里,要害之地,悉列置城堡,斥地各数百里"。为了加强防御力量,他还将清塞军(今阳高)的兵力充实进来,使静边军城成为连通塞外和中原的战略据点,地位非常重要。

在唐静边军首领投靠叛军时,静边军的副使王卓山不甘心投降,便和郭子仪的联军会合。王卓山的儿子、驻守在今阳高一带的清塞军副使王液也绕道出塞,与郭子仪会合。

当时,静边军城守将是大同叛将高秀岩任命的周万顷。时值隆冬,叛军衣服单薄,难以御寒,在联军的强大攻势下,静边军城朝不保夕。在郭子仪即将兵临城下时,大夏(今甘肃临夏东南)县丞、陕西武功人苏日荣,暗结豪侠猛士并潜藏到城内。一天晚上,他和伙伴们潜入叛军军营,刺杀了其主将周万顷、安守一。叛军因群龙无首，乱作一团。而城外，正是郭子仪的虎狼之师，内外夹攻下，静边军城一举克复。苏日荣被破格连升好几级，封为“振武军副使”以作褒奖。可惜的是，此战王卓山壮烈殉国。叛军大同兵马使薛忠义出兵反击，也被郭子仪部将李光弼、高濬、仆固怀恩、浑释之等击败，坑杀叛军骑兵 7000 人。这次战役是唐王朝平定“安史之乱”的首次大捷，成为唐军由战略溃退转入战略反攻的转折点，对于唐平定“安史之乱”的战略全局，具有重要的战略意义和深远影响。

此后，郭子仪率唐军乘胜收复云中（今大同）、马邑（今朔州东北），进而打开东陉关，不仅解除了太原来自北面的威胁，同时打通了南下河东、东进河北的战略通道。这使叛军后路受到严重威胁，担心失去依托，再也不能肆无忌惮地长驱南下而无后顾之忧了。郭子仪率军不断扩大战果，成为平定“安史之乱”的绝对主力。后来，郭子仪被誉为“再造大唐”的“第一功臣”。

朔州首位状元苑论

唐代马邑苑氏为有名的文学世家，其中苑咸、苑论和苑讪俱由科举出身，苑论更为唐德宗贞元九年（793）癸酉科状元，他是继敬播、王维、薛稷之后，山西的第四名状元，是朔州地区有史可稽的首位状元。

苑论（763？—823？），字言扬，朔州马邑人，后迁居荆州（今湖北荆州）。由于资料缺乏，史书上关于苑论的记载很少，人们对其生平事迹知之甚少。柳宗元的《送苑论登第后归觐诗序》（以下简称《诗序》），是我们看到的最早记述苑论事迹的文章。洛阳出土的《苑咸墓志》，可以揭开其家族出身及仕宦生涯的诸多谜团，并可以使我们一睹其文学风采。

苑论祖父苑咸，为唐代著名的文学家，任中书舍人。父苑籍，授河南府伊阳（今河南汝阳）县尉，不幸早逝。苑论、苑询、苑讪等弟兄几人早孤。

洛阳出土的苑咸墓志拓片

苑论出身于书香门第，从小又受到良好教育。《诗序》一开头就说："贞元八年(792)冬，余与马邑苑言扬联贡于京师。"柳宗元与苑论相识后即建立了亲密的友谊，二人"车必挂辖"，"席必交衽"，同出同入，形影不离，并经常在一起探讨诗文，交流思想，后来成为至交。"究其文，辨其胜于太常"，苑论的人品、学识、才气深为柳宗元所佩服。柳宗元感于苑论质朴厚重，待人以诚，特拜其为兄长。

次年(793)，苑论与柳宗元一起参加省试，所考题为《平权衡赋》，以"昼夜平分，铢钧取则"为韵，诗题为《风光草际浮》。苑论参加省试表现出的才华，柳宗元给予很高的赞誉。《诗序》云："观其掉鞅于术艺之场，游刃乎文翰之林，风雨生于笔札，云霞发于简牍，左右圜视，朋侪拱手，甚可壮也。"从这段叙述可以看出，在考试中苑论从容不迫，挥洒自如；文思敏捷，笔下生风；辞章精彩，语言华美。周围的人无不对他投以钦羡的目光，朋友们情不自禁地拱手向他致意。考试结果一揭晓，柳宗元的预料变成了现实，苑论果然独占鳌头，大魁天下。同时及第的还有著名文学家、哲学家柳宗元和刘禹锡。

进士及第是士子们一生中最风光的时刻，及第时有金榜题名，有红花帖报喜，有参见主司谢恩，有宰相接见"过堂"，有座主、同年互相庆贺。古代书店在进士及第后，立即刊出《登科记》《文场盛事》等书，刊登及第进士姓名、籍贯、行第，父祖的官职、名讳，主司的姓氏及进士所试的试赋文章，故进士及第，不数十日便闻名天下。当苑论得中状元归荆州省亲时，众好友灞陵相送，并置办筵席，为他祝酒。这些朋友还挥毫泼墨，写诗作文，既表祝贺，又寄深情。柳宗元的《诗序》，就是在这个场合

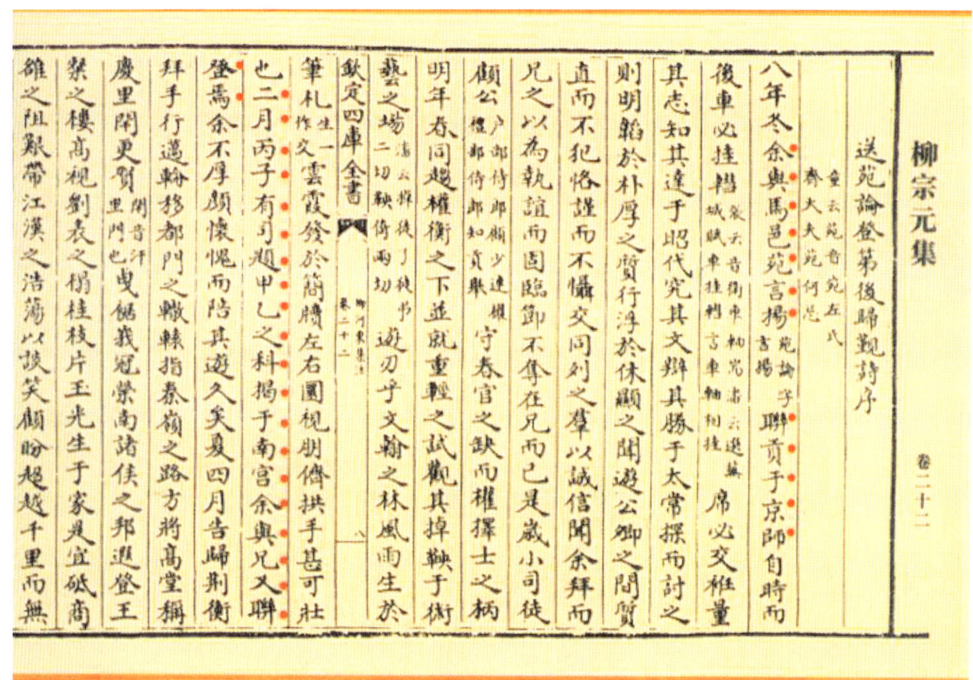

柳宗元集　卷二十二

送苑論登第後歸覲詩序

八年冬余與馬邑苑言揚（苑論字言揚）聯貢于京師自時而後車必挂轊席必交榘量其志知其達于昭代究其文辯其勝于太常探而討之則明韜於朴厚之質行浮於休顯之閒遊公卿之閒質直而不犯恪謹而不懾交同列之羣以誠信聞余拜而兄之以爲執誼而固臨節不奪在兄而已是歲小司徒顧公（户部侍郎顧少連權禮部侍郎知貢舉）守春官之缺而權擇士之柄明年春同趍權衡之下並就重輕之試觀其掉鞅于術藝之場遊刃乎文翰之林風雨生於

欽定四庫全書

筆札（生一作交）雲霞發於簡牘左右圜視朋儕拱手甚可壯也二月丙子有司題甲乙之科揭于南宮余與兄又聯登焉余不厚顔懷愧而陪其遊久矣夏四月告歸荆衡拜手行邁輪移都門之轍轅指嶽嶺之路方將高堂稱慶里閈更賀（閈音汗里門也）曳裾峩冠榮南諸侯之邦遐登王粲之樓高視劉表之榻桂枝片玉光生于家是宜砥商雒之阻艱帶江漢之浩蕩以談笑顧盼超越千里而無

柳宗元之《送苑论登第后归觐诗序》局部

写成的。《诗序》描绘了苑论及第后省亲时受乡里恭贺的盛况：“方将高堂称庆，里闬更贺，曳裾峨冠，荣南诸侯之邦，遐登王粲之楼，高视刘表之榻，桂枝片玉，光生于家。”柳宗元用了四个典故构成排比，称赞苑论归家省亲的高贵风流、光耀夺目。

苑论志向远大，为人敦厚，深谙处世之道。《诗序》写道：“量其志，知其达于昭代，探而讨之，则明韬于朴厚之质，行浮于休显之间（间，在此处通“闻”），游公卿之间，质直而不犯，恪谨而不慑，交同列之群，以诚信闻。”作为至交，柳宗元的述评可以使我们对苑论的人品德行有一个大体的了解。从开始和苑论交往，柳宗元就看出了这一点，预感到他一定会成大器，在科场上展露才华。这说明苑论有抱负，有远见，能够审时度势，积极进取，并最终走向成功。苑论有着敦厚朴实的品格，柳宗元体察到，他的聪明才智正是蕴藏在这种禀性之中。虽然他已有很好的声誉，但只要和他实际相处，就会感到他的品行远远胜于他的名声。与人交往，苑论总是以诚相待。正因为如此，他能够广交朋友，广结情谊。柳宗元就和他有“执谊之固”。

唐代士子若想得中科第，须有先贤明达的推荐和主司的赏识，否则很难登科及第。备考期间，苑论和达官贵人有了广泛接触，作为一个参试者，对那些声名显赫的重臣，他态度恭谨，出语率直，既不冒犯，也不胆怯，不卑不亢，非常得体。对一个尚未步入仕途的年轻人来说，这是难能可贵的。

苑论是中唐时诗、赋、文都擅长的文学家，惜其所作大都无从查考。现仅存其为祖父苑咸撰写的《唐故中书舍人、集贤院学士、安陆郡太守苑公墓志铭并序》。墓志行文流畅，叙事简练，颇具唐代大家风范，是研究开元、天宝时期政治思想和文化学术状况的珍贵文献。

《墓志》次行题“遗孙朝议郎前殿中侍御史内供奉赐绯鱼袋论撰”。从“前殿中侍御史内供奉赐绯鱼袋”可知，苑论曾被贬职。唐制三品以上官员公服紫色，五品以上绯色（大红），有时官品不及而皇帝推恩特赐，准许服紫服或绯服，以示尊宠，称赐紫或赐绯，并佩戴相应颜色的鱼符袋。“殿中侍御史内供奉”，是殿内掌管殿廷供奉之仪，纠察百官之失仪者，官品级为从五品上，皇帝为示恩宠赐之绯衣与鱼符袋，这可是五品官以上的待遇。其终职朝议郎，为唐时文散官第十四阶，官品级仅为正六品上，而此职有官名而无职事。且次行题中的“前”字，亦说明苑论的升迁轨迹。

苑论在当时颇为有名，据李昉《太平广记》卷 242 之“谬误”（遗忘附）曰：“唐尚书裴胄镇江陵，与苑论有旧。论及第后，更不相见，但书札通问而已。”可见苑论与裴胄有深交，常有书信往还。

《唐代状元谱》的作者周腊生教授认为，苑论位居榜首，荣膺状元，可见其才华横溢，文采超群，尽管没有看到他中状元后的著作，但就文学功力而言，当以文学家视之。明代章懋也佩服其文采，所著《枫山集·送进士还乡序》云：“吾少时读柳子厚《诗序》，见其所谓‘风雨笔札，云烟简牍’，与夫‘桂枝片玉，光生于家，曳裾峨冠，荣南诸侯之邦’者，未尝不羡其文章之富，慕其登第之荣也。”

沙陀族入塞建金城

沙陀族是一支生活于中国西北地区的古部族，属西突厥处月部。唐朝初年，处月部散居于今新疆准噶尔盆地东南、天山山脉东部巴里坤一带，因有大碛（大沙漠）而名沙陀，故号“沙陀突厥”。其部以游牧为主，逐水草而居，穹庐毡帐，善骑射，勇悍无比。唐太宗贞观年间，在北庭（天山以北）设置六府七州，沙陀首领朱耶拔野因功被封为沙陀府都督，其后子孙世袭相承。

唐德宗贞元六年（790），北庭被吐蕃攻陷，酋长朱耶尽忠率部众3万余人，在东奔途中与吐蕃追兵大战，朱耶尽忠战死，士众死者大半。长子朱耶执宜收合余众近万人，有骑3000，东归到灵州（今宁夏灵武）。灵盐节度使范希朝把他们安置在盐州（今陕西定边），为让他们从事的畜牧业不断壮大，还专门购回许多牛羊。并设置阴山都督府，任朱耶执宜为兵马使。流散各处的沙陀部众相继还部，势力逐步增强。

唐宪宗元和四年（809）六月，灵盐节度使范希朝改任河东节度使时，从沙陀部众中挑选了英勇善战的骑兵1200人，组成“沙陀军”随行，其余安置在定襄川（今大同一带）。朱耶执宜驻守神武川的黄花堆（今山阴、应县、怀仁交界处），更号“阴山（阴山当作陉山）北沙陀”。

唐文宗太和四年（830），朱耶执宜又被任命为代北行营招抚使，使其居住在云（今大同）、朔（今朔州）一带，保卫北方边疆。朱耶执宜非常感激唐朝对他的恩泽，对防守事务很尽力，他把旧有的11座废弃的营栅认真进行了整修，并派部众3000人驻守。此后，杂虏（吐谷浑、回鹘、鞑靼等）不敢入侵唐朝边塞。

开成元年（836），朱耶执宜病死。其子朱耶赤心又因追随唐将石雄破回鹘之大功，被授以朔州（今朔城区）刺史、代北军使等职。朱耶执宜父子入塞约20年间，“沙陀军”发展到上万骑兵。其间，在唐宪宗用兵强藩成德王承宗、淮西吴元济，武宗用兵泽潞刘稹，以及宣宗对抗吐蕃、党项、回鹘的历次征战中，朱耶执宜父子都应诏率军效命，他们作为唐军的劲旅，驰骋南北，大展风采。

李克用画像

唐宣宗大中十年（856）九月二十二日，朱耶赤心之妻秦氏，在“神武川之新城”为朱耶赤心生下了第三个儿子李克用（这是后来的名字）。李克用出生之后，身强体壮。童年时善于骑马射箭。13岁时，见到两只野鸭在空中飞翔，张弓射去，连中目标。因幼年时一只眼失明，外号“独眼龙”。15岁时，随父征庞勋，勇猛如虎，军中又称他为“飞虎子”。

关于李克用出生处“新城”的具体地点，众说不一。一说是今之应县城，一说是今朔州城南之梵王寺村，一说是今怀仁县之日中城。原因是此三处在唐前后都有“新城”的称谓。但由于应县城是建于李克用出生后的乾符年间，而他出生时其父朱耶赤心是在朔州任职，因此，目前多数人认可第二种说法。

“沙陀军”愈战愈强，不仅威震敌胆，也使朝廷有所忌虑。大中十二年（858），唐宣宗任命河东马步都虞候段威为朔州刺史，充天宁军使，兼兴唐军（今朔城区西影寺村东）沙陀三部落（沙陀、萨葛、安庆）防遏都知兵马使。这是唐朝对这个地区的沙陀部落加强防遏的重要措施。

唐懿宗咸通十年（869），朱耶赤心因率“沙陀军”随从河东节度使康承训征讨庞勋起义军战功卓著，被任命为大同军节度使。懿宗还亲自召见，给予重赏，并赐名李国昌。其第三子也赐名为李克用，并被授为云中（今大同）牙将，戍守蔚州（今河北蔚县）。咸通十一年（870），李国昌又徙任为振武节度使。

乾符年间（874—879），李国昌任振武节度使后，因原来的繁畤古城（今应县城东4公里）废塌，重新移筑于天王村，称之为“金城”，以区别

于古代之繁畤郡、县旧城。因金城是新筑的，所以也称“新城”。金城也就是现在的应县城。

金城之名，是由于李国昌、李克用父子认为朱耶氏“其先陇右金城人也”。为了不忘祖先，怀念先祖故地，所以才取名为金城的。

“安史之乱”后，各镇节度使的权力不断扩大，由最初的防边发展到兼管民政、屯田、度支等。既拥有土地，又有人民，既有甲兵，又有财赋，集军权、政权、财权于一身。因而，李国昌父子建金城投入的财力、物力可想而知，其城池之坚固、壮观也不难想象。并且，由于李国昌父子非常看重此城，将此城作为定居之据点，在金城周围又兴建有许多壁垒森严的防卫设施。金元时期，著名诗人元好问曾有诗赞道：“南北东西俱有名，三岗四镇护金城。古来险阻边陲地，威镇羌胡万里惊。”

“三岗”是：护驾岗，今护驾岗村所在地。赵霸岗，今吕花疃村所在地（一说为赵家湾以东之山）。黄花岗，今称黄花梁，位于怀仁、山阴、应县三县交界处，梁顶海拔 1153 米。

“四镇”是：安边镇，今镇子梁村东。司马镇，亦名大镇子，在栗家坊村东北。神武镇，在城西 20 公里处，现已无存，其地后划入怀仁县。大罗镇，在城南 20 公里处，明清时毁于水灾。

金城具体竣工于何时，在有关史料中还没见到详细记载，但据李克用于乾符五年（878）初起兵抗唐的时间推测，应在此前。

金城的建成，在相当长的一段时间中，成为李国昌父子重要的军事基地。“沙陀军”在这里加强军事训练，一直保持了“善骑射”的作战优势，他们在战场上如鹰似隼，迅疾如飞，加之个个黑马、黑甲、黑盔，所到之处，如黑云压城，鸦群铺地，被称为“鸦儿军”。李国昌父子选择在这里建城，恐怕也和金城这一带地势广阔平坦，利于骑射训练不无关系。

李国昌修建金城，还有更深的意蕴。李国昌任振武节度使后，恃功恣横，专杀长吏，朝廷不能平。咸通十三年（872），调任他为大同军防御使，他称病拒不受命。而且不久李国昌的儿子李克用还带兵到河东汉地“借粮”，实际就是抢劫，这样沙陀和朝廷的关系自然是越搞越僵。所以，他们建金城，也不能不说带有凭借沙陀族居住的这块地盘闹独立的深意。

乾符五年（878）初，李克用乘黄巢起义天下大乱之际起兵反唐。金城在此后的一段时间中，也成了李国昌父子事关进退的所在地。以此为根据地，他们反唐后率兵很快下蔚州、克朔州、破忻州、陷石州（今离石），席卷大半个山西。当其闻知后方金城遭袭后，又不得不急令退兵回救。在金城失陷，留守人员及妇孺眷属被俘，军心不稳的情况下，争夺金城又接连遭受挫折。失去后方大本营的李国昌父子只好于广明元年（880）被迫寄人篱下，亡走鞑靼（在今阴山一带）。

云州东城"双雄会"

为了对付占据长安的黄巢义军，唐王朝赦免了李国昌父子的反叛罪，并任命李克用为雁门节度使，令其迅速领兵南下征讨黄巢。从此，李克用在争城夺地的军事生涯里，又加添了争权夺利的朝政斗争。

中和三年（883），李克用任征讨黄巢的东北面行营都统，率万余骑兵从夏阳（今陕西合阳一带）渡河后，在良田坡（今陕西渭南东）发起进攻，首破黄巢部下尚让率领的15万主力军。一日三战，皆捷。当时各道勤王之师云集京畿，皆畏敌势，未敢轻动。见此，各部方乘胜出击，一胜再胜，很快收复长安。黄巢败退，东走蓝关。破黄巢，李克用功居第一，朝廷授河东节度使。其父李国昌授代北节度使，镇代州。

在河东，李克用大治甲兵，积极发展武装。通过在军中设置义儿来增强军队凝聚力。据《新五代史·义儿传》载，有李嗣源、李存孝等9人，据《中国帝王皇后亲王公主世系录》称有15人。其实，远不止此数，他们有汉人、沙陀人、吐谷浑人、回鹘人等，既是心腹，也是猛将。名字一部分用存字作排行，一部分用嗣字作排行。随着实力的增强，李克用日益成为各藩镇关注的目标，他们或与之通好，或欲灭之而后快。

中和四年（884），黄巢在河南攻击唐诸镇，宣武镇节度使朱全忠向李克用求救，李克用出兵击退黄巢后，朱全忠恩将仇报，在汴梁以宴请李克用为名，将李克用灌醉，当夜派兵加害，就是出于对李克用势力强

李克用与耶律阿保机“双雄会”

大的忌惮。李克用虽然脱险免难，但两家从此结下深仇。李克用 8 次上表请求朝廷征讨朱全忠，朱全忠活动朝臣阻挠，李克用也结交宦官，力图影响朝廷。此后，双方展开了一连串恶战，军事与朝政纠缠在了一起。凭借河东重要的战略地位和能征惯战的军队，最终李克用在强藩环伺中称雄黄河以北。

乾宁二年（895），李克用举兵南下，渡河西进，平定关中三乱后，被封为晋王。但是，李克用在管理部下、用人任人方面却屡有失误。他任用刘仁恭为幽州节度使，刘仁恭却举兵反叛。他听信谗言，冤杀李存孝，无异于自毁长城。加之频繁征战，不注重休养生息，晚年势力日益衰落。

李克用为了对付强敌朱全忠，便积极寻求势力日益强大的契丹支持。于是，便有了与契丹首领耶律阿保机双方的会盟。

契丹，是中国古代的一个游牧民族，它以原意为镔铁的“契丹”一词作为民族称号，来象征契丹人顽强的意志和坚不可摧的民族精神。历史文献最早记载契丹族始于公元 389 年，柔然部败于鲜卑拓跋氏的北魏。其中北柔然退到外兴安岭一带。而南柔然避居今内蒙古的西喇木伦河以南、老哈河以北地区，以聚族分部的组织形式过着游牧和渔猎的氏族社会生活。在战事动荡的岁月中，各部走向联合，形成契丹民族，隋时臣服于漠北的突厥汗国。唐太宗贞观二年（628），契丹部落联盟归附唐朝，分为达稽、纥便、独活、芬问、突便、芮希、坠斤、伏八部。契丹与唐朝之间，既有朝贡、入仕和贸易，也有战争和掳掠。唐末，中原地区藩镇林立，战乱不已。有的汉人被迫流亡到契丹地区谋生，契丹也乘机到中原地区掠夺人口和财物，实力渐渐增强。其中迭刺部耶律氏迅速崛起，他们不仅从事畜牧业，还从事农耕，也有了冶铁和纺织等手工业。

天复元年（901），耶律阿保机成为本部的夷离堇（军事首领）。他统一了契丹各部，兼并周围其他各族，转而挥戈南下，率大军在今山西、河北北部大肆掳掠人口和牲畜。同时，很快卷入唐朝割据势力的争斗中。

双方会盟的时间，据《旧唐书》和《资治通鉴》载，是唐天祐四年（907）。《辽史·太祖本纪第一》记载，是天祐二年（905）。会盟的场面非常热烈。李克用召请耶律阿保机在云州东城相见，两人握手言欢，寒暄客套，非常亲密，约为兄弟。当时的情景，据《资治通鉴》载："延之帐中，纵酒，握手尽欢，约以今冬共击梁。"有人劝说李克用乘机捉拿耶律阿保机，李克用说："仇敌未灭而失信夷狄，自亡之道也。"断然予以拒绝。耶律阿保机深入虎穴，从容应对，在东城住了10天才离开。李克用赠给他金缯数万，耶律阿保机也回赠马3000匹，杂畜万余。两人惺惺相惜、相见恨晚之情溢于言表。双方襟怀坦荡，各显英雄本色。较之朱全忠先前恩将仇报、小人伎俩，李克用的为人要强过朱全忠千万倍。不过，为获得更大利益，耶律阿保机后来背盟。李克用无力抵御朱全忠，烦上加烦，天祐四年（907）冬天就患了头疽。天祐五年（908）初春病逝。

后来，辽西京道大同府之所以在辖下设县取名"怀仁"，就因为李克用与耶律阿保机会盟时，易袍马约为兄弟，有"怀想仁人"之语。

两人相会结盟，被后人称之为"双雄会"，也被称为"双龙会"。这是因为后来耶律阿保机建契丹国，做了"真龙天子"；李克用后来也被追尊为"武皇"。"双雄会"也好，"双龙会"也罢，总之，此后千余年的朔州大地上留下了一段风云际会的历史佳话。

后唐庄宗李存勖

天祐五年(908)初,李克用去世前,把长子李存勖唤到病榻边,从箭囊里取出三支箭,语重心长地叮咛:你要记住,这三支箭,一支用于讨伐出尔反尔的燕王刘仁恭父子,以解除问鼎中原的后顾之忧;另一支用于教训契丹首领耶律阿保机,他与我结盟,相约联兵共剪朱温,却阳奉阴违,食言毁约;最后一支用于消灭李家宿敌朱温。如果你能将这三件大事办成,我在九泉之下也就毫无牵挂了。

李存勖画像

李存勖,李克用的长子,体貌奇特,为李克用所宠爱。11岁就随父作战,并与父亲在长安朝见唐昭宗。唐昭宗称赞他说:"此子可亚其父。"所以当时人称"亚子"。他洞晓音律,常令伶人歌舞于前,13岁习《春秋》,手自缮写,略通大义。长大后熟悉骑马射箭,胆力过人。

李克用去世,李存勖嗣王位于晋阳,时年24岁,成为河东少帅。他铭记乃父遗嘱,将遗箭供于祖庙,每逢出征便按顺序请出一支,随军为将士壮行助威,待班师凯旋,再送回祖庙供奉。二月,杀死觊觎王位的叔父李克宁以稳定内部后,又从潞州(今长治)前线调回天下闻名、智勇双全的周德威(朔州人),以麻痹梁王朱温。

潞州,自古为兵家必争之地,战略地位极为重要。据有此地,进可依凭三晋,跃马幽冀,挥戈齐鲁,问鼎中原。因此,朱温等与李克用20多年间反复争夺。主要城池、关隘先后五度易手,战事极为惨烈。天祐四年(907),朱温代唐建梁(史称后梁),派兵10万再攻潞州。守将李嗣昭闭关坚守,梁军久攻不克,便在潞州城郊筑起一道小长城,状如蚰蜒,内防攻击,外拒援兵,谓之“夹寨”。两军相持年余,战事进入胶着状态。

为解潞州之围,李存勖召集众将说:“梁人幸我大丧,谓我少而新立,无能为也,宜乘其怠击之。”他亲率大军,疾驰6日,进抵潞州三垂冈。随即将全军隐蔽集结,梁军毫无察觉。次日凌晨,李存勖借大雾的掩护,挥师前进,直捣梁军“夹寨”。此时梁军尚在梦中,仓促不及应战,被晋军斩首万余级,余众向南奔逃,投戈弃甲,填塞道路。接着,李存勖与守将李嗣昭汇合乘胜进击,梁将符道昭等将官300人被俘,只有百余骑逃归。朱温在开封闻讯,惊叹道:“生子当如是。李氏不亡矣!吾家诸子乃豚犬(猪狗)尔!”而李存勖却进一步安定了河东局势,他息兵行赏,任用贤才,惩治贪官恶吏,宽刑减赋,河东大治。

对“三垂冈大捷”,清著名诗人严遂成曾赋诗赞道:

英雄立马起沙陀,奈此朱梁跋扈何。
只手难扶唐社稷,连城犹拥晋山河。
风云帐下奇儿在,鼓角灯前老泪多。
萧瑟三垂冈下路,至今人唱百年歌。

此战是长途奔袭,以隐蔽奇袭取胜。毛泽东饱览古代典籍,对于古代的非凡人物特别是军事奇才的业绩,都了如指掌。这首为三垂冈之战而写的诗篇,自然引起了他的关注,于是挥毫作诗一首。这也说明他对这次奇战颇为欣赏。那大气磅礴、雄健潇洒的毛体书法,为三垂冈增添了无穷魅力,更为李克用的这个“奇儿”增色许多。

三垂冈之战,为称霸中原举行了奠基礼,使李存勖最终把三晋大地作为稳固后方,兵进太行,逐鹿中原。

天祐七年(910),由于河东军威大振,控制镇州的王镕和控制定州的王处直见形势骤变,也动摇了附梁的信心,和李存勖结成联盟共同对付朱温。朱温为了保护河北,派兵攻打。王镕向李存勖求援。

天祐八年(911)初,李存勖力排众议,率晋军往救,在赵州(今河北赵县)境内的柏乡一带与梁军对垒。梁军守柏乡,以逸待劳,在地形、兵力、装备几方面处于优势;而晋军是骑兵,机动性和进攻能力强,对梁军

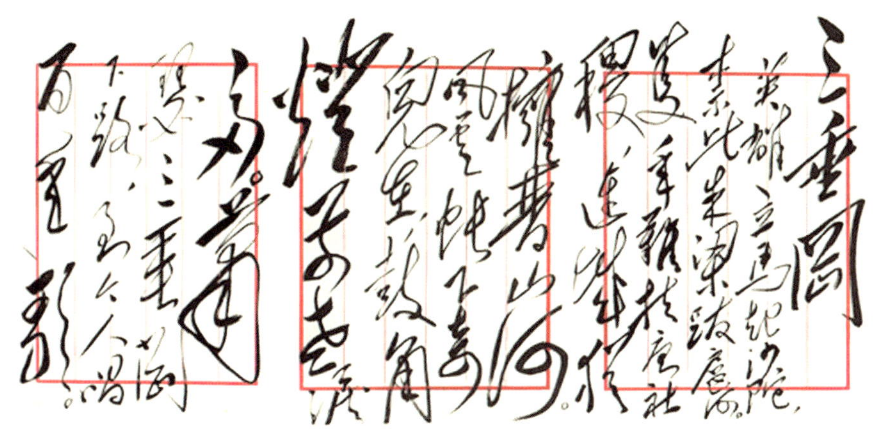

毛泽东书《三垂冈》诗

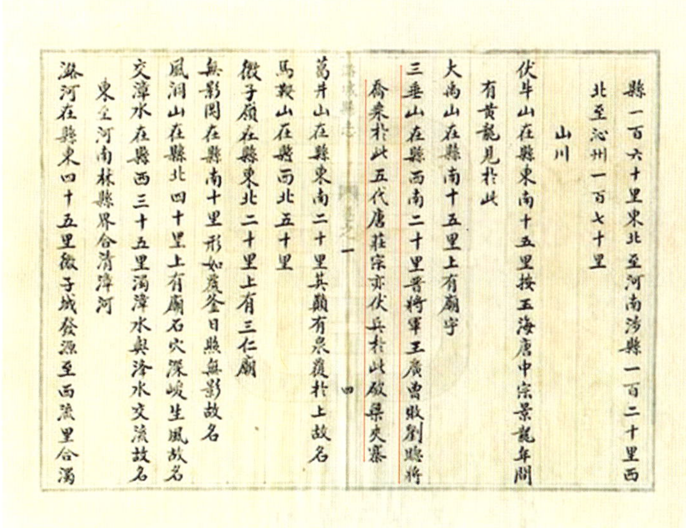

縣一百六十里東北至河南涉縣一百二十里西
北至沁州一百七十里
山川
伏牛山在縣東南十五里按五海唐中宗景龍年間
有黃龍見於此
大鬲山在縣南十五里上有廟宇
三垂山在縣西南二十里晉將軍王廣曹敗劉鄩將
喬乘於此五代唐莊宗亦伏兵於此破梁夾寨
葛井山在縣東南二十里其巔有泉覆於上故名
馬鞍山在縣西北五十里
微子嶺在縣東北二十里上有三仁廟
無影岡在縣南十里形如覆釜日照無影故名
風洞山在縣北四十里上有廟石穴深峻生風故名
交漳水在縣西三十五里濁漳水與涂水交流故名
東至河南林縣界合清漳河
潞河在縣東四十五里微子城發源至西流里合濁

史书中关于三垂冈的记载

构成威胁。战役开始，李存勖采用周德威建议，引诱梁兵出城，聚而歼之后主动后撤。梁军主将王景仁果然上当，倾巢而出。晋军抓住机会，以骑兵猛烈突击梁军，周德威攻右翼，李嗣源攻左翼，鼓噪而进。这时晋军李存璋率领的骑兵大队也已赶上，梁军大败，丢盔弃甲，死伤殆尽。晋军斩敌 2 万，缴获马匹 3000，辎重无数。次年，梁军又两次北攻，都遭惨败，朱温狼狈南撤。之后，梁军丧失了对河北的控制权，朱温一听晋军就谈虎色变。

于是，李存勖回师对付幽州的刘守光。他先用骄兵之计，促使庸愚的刘守光忘乎所以，然后派周德威统兵 3 万联合镇、定二镇之兵，围攻幽州。经两年作战，俘获刘守光及其父刘仁恭，在李克用灵前祭杀。

继而，因契丹犯塞，李存勖亲自北征，云、朔一带皆为其所有，使契丹多年再不敢窥视河东之地。在众将劝进之下，同光元年(923)四月，在魏州(今河北大名东北大街乡)之南，即皇帝位，谓之庄宗，年号“同光”，国号唐，史称后唐。即位后又亲率大军南下灭了朱梁。在南征北战的沙场上，李存勖先后战胜了三大敌手，终于完成了李克用所付之“三矢”遗愿。

不幸的是，李存勖执政后期沉溺声色犬马，玩物丧志，丢掉了战场上披荆斩棘、开拓进取的精神，对军国大事日渐冷漠，使大权旁落于伶官和宦官手中。伶官景进是蠹政害国的祸首，竟被李存勖倚为心腹，“军机国政，皆与参决”。景进专门探察和奏呈文武百官动静，闹得“大臣无罪以获诛，众口吞声以避祸”，无可奈何，只好以金银珠宝贿赂后宫。李存勖不但喜欢音乐，倍加宠爱伶人，还经常亲自傅粉墨与伶人共戏于庭，甚至还起有艺名“李天下”。由于李存勖胡作非为，仅三年时间，就把后唐推向分崩离析的境地。同伶官、宦官素有芥蒂的从马直(即亲军)指挥使郭从谦趁机发动兵变，率军攻打皇城，李存勖被流矢射中身亡，死时仅 43 岁。李嗣源被拥戴为新主。

李存勖是朔州大地上走出的沙陀三帝王之首。《旧五代史·唐书·庄宗纪》对他作了切中肯綮的评论，既肯定了他的历史功绩，将其喻为少康、光武式明君，说他“以雄图而起河、汾，以力战而平汴、洛，家仇既雪，国祚中兴，虽少康之嗣夏配天，光武之膺图受命，亦无以加也”。又抨击了他骄奢淫逸，居安忘危，“以骄于骤胜，逸于居安，忘栉沐之艰难，徇色禽之荒乐。外则伶人乱政，内则牝鸡司晨”。还特别强调，前列种种倒行逆施，“夫有一于此，未或不亡，矧咸有之，不亡何待？”

李存勖亦有文学修养，曾作词《一叶落》，曰：“一叶落，搴珠箔，此时景物正萧索。画楼月影寒，西风吹罗幕。吹罗幕，往事思量着。”他也许没有想到，他把“往事思量着”也留给了后人。

智勇忠义周德威

在叱咤风云、战将云集的五代，周德威以其超群的谋略、战绩和远逾同辈的忠义人格魅力著称于世。

古代的朔州，名将辈出，三国的张辽和唐朝的尉迟敬德皆出于此。有趣的是，周德威和尉迟敬德的形象也相仿佛，长得身高体阔，面如黑炭。周德威，字镇远，小字阳五，朔州马邑（今朔城区红壕头村）人。年轻时练出了远望烟尘料知兵势敌数的本领。跟随唐晋王李克用后，为帐中骑督。唐乾宁年间，因功提升为铁林军使，后加检校仆射。

他的行迹，史籍上最早见于唐昭宗光化元年（898）。该年九月，李克用派衙内指挥使李嗣昭、周德威将步骑共 2 万出青山，准备收复山东三州。李嗣昭自小深受李克用喜爱，多次命他做主将独当一面。周德威任他的副将，可见此时品位已是不低，李克用对他也寄予厚望。接着，史书中又浓墨重彩地记载了他智勇双全的一战：次年（899）三月，梁王朱温派氏叔琮进逼太原，一直打到榆次、洞涡驿（今清徐东）等地，梁军中传令道："能生得周阳五者为刺史。"外号"陈夜叉"的梁将陈章口出狂言打算活捉周德威以邀功。因陈章经常骑白马穿朱甲，冲锋陷阵，无比勇猛，周德威便要求部下见到白马朱甲的敌将就假装败退，他自己则化装成士兵夹杂在行伍之中。等到陈章出来挑战，部下依约退走，陈章中计急追，就在这迅雷闪电般的一刹那，周德威趁其不备，从背后跃出挥锤击敌于马下，将其活捉。梁军见主将被擒，一下子军心散乱，四处奔逃。是役，晋兵斩获梁军 3000 余人。周德威展现威猛锋芒的同时也显现出他炫目的智慧之光。

天祐三年（906），周德威率部攻克潞州（今长治），以功加检校太保、代州刺史。

天祐五年（908），李克用病逝，在李存勖新立的特殊时期，局势不

周德威画像

稳，周德威又恰恰手握重兵在外与后梁作战，“时庄宗初立，德威外握兵柄，颇有浮议，内外忧之”。朝中人很担心和疑虑他利用手中重兵与自身威望夺位自立。当然，这些担心和疑虑也不能说是多余的。在五代，骄兵悍将自恃手中握有重兵，废立君主视同儿戏。后晋大将安重荣就直白道：“天子，兵强马壮者当为之，宁有种耶！”

周德威在这种极端特殊的情况下，表现出了高度的忠诚，听从李存勖的调遣，匆匆回军奔丧。在到达晋阳时，将大军屯于城外，自己孤身一人进城，在李克用的灵柩前恸哭不止，哀不自胜，群情于是释然。当朝中关于是否继续潞州之战产生不同意见时，坚定地站在李存勖一边，用实际行动证明了自己对旧主新君的忠肝义胆。这一系列表现，不但展示了他可贵的人格魅力，也赢得了后人的称道。接着，他又跟随李存勖杀了个“回马枪”，大败梁军，解了潞州之围。周德威以功加检校太保、同平章事、振武军（治朔州，今朔城区）节度使。

天祐七年（910）秋，朱温派王景仁率众 7 万击赵王王镕，王镕向李存勖求援。周德威随李存勖在柏乡（今属河北）附近与梁军对垒。梁军人多势众，装备豪华精良。晋军兵少，望之颇有怯意。周德威一面对部众鼓舞士气说：“此汴、宋佣贩儿，徒饰其外耳，其中不足惧也！其一甲直数十千，擒之适足为吾资，无徒望而爱之，当勉以往取之。”另一面他对李存勖说：“梁兵甚锐，未可与争，宜少退以待之。”李存勖认为己方千里奔袭利在速战，等到对方知我虚实，仗就难打了。周德威指出战场地形不利于骑兵作战，不能发挥己之所长。李存勖听后很不高兴，周德威又通过宦官去作说明，终于使李存勖同意退兵至鄗邑（今河北高邑），选择有利于骑兵作战的平原浅草地带与梁军展开决战。周德威又分析后梁军轻装远袭即使带粮也不可能多，决定在后梁军人马俱饥的下午未申之时发起冲击，结果晋军大获全胜，从鄗邑一直追到柏乡，梁军闻风丧胆，横尸数十里，王景仁仅率十余骑逃生。这一仗，周德威很好地坚持了以己之长击敌之短和避其锐气击其惰归的用兵原则，相机进退，牢牢掌握战争主动权，斗勇更斗智，取得了梁晋争战以来最为重要的一次胜利，将其军事谋略发挥得淋漓尽致。

天祐九年（912）五月，周德威率兵出飞狐（今河北涞源境），与镇州王德明、定州程严等讨伐幽州刘守光，于羊头岗智擒其骁将单廷珪，斩首 3000 级，幽州兵大败。次年，周德威率军攻陷幽州，俘获刘守光，因功授卢龙军节度使。

天祐十二年（915），当李存勖与后梁将刘鄩在魏州（今河北大名东北）对峙时，刘鄩乘虚长途奔袭太原（今太原西南），周德威闻讯从幽州率千骑西救。军至土门（今河北鹿泉），得知刘鄩到乐平（今昔阳）后改变计划率军东进，他料得刘鄩必去占领临清（今河北临西）断晋军粮道。于是率军急追到南宫（今属河北），“遣骑擒其斥候者数十人，断腕而纵之使言曰：‘周侍中已据临清矣！’”刘鄩正惊疑其用兵之速，放慢了行军速度。周德威乘机于第二天抢先进入临清，保住了晋军的生命线，保证了李存勖最终击败刘鄩。

天祐十五年（918），周德威随李存勖与梁军对阵于胡柳坡（今河南濮阳东），李存勖问周德威如何打法，周德威分析战场形势，因为地近汴梁，梁军必然决一死战，力量不可低估，必须利用己方先到而敌军后至的条件以逸待劳。他主张大部队可暂按兵不动，先派骑兵骚扰使梁军难以安营扎寨，待其疲劳时再发动进攻就可战而胜之。这本是十分正确的战术安排，可是“勇而好战”的李存勖不听，率领亲军立即迎战。周德威无奈，只好跟随出战，对他的儿子说：“吾不知其死所矣！”其不惧危难，慷慨赴阵的忠烈情怀何逊“壮士一去不复返”的荆轲。结果这一仗，李存勖开头小胜，继而大败。周德威父子力战阵亡。李存勖战后悔恨痛哭道：“丧我良将，吾之咎也。”

李存勖称帝时，追赠周德威太师；李嗣源继位后加赠太尉；石敬瑭建晋称帝时，又追封为燕王。周德威是汉人，在沙陀王朝中爵封王位，应该算是最高的褒奖。可叹却是在身死之后。

周德威的家乡在今朔城区神头镇红壕头村，该村原名红袍都，据传因周德威临阵喜穿红袍而得名。其墓在今村路北，分布面积 3600 平方米，墓室暴露出石虎头和石门。1988 年，朔县县政府公布为县级文物保护单位。现为民舍覆盖，神道辟为村间大道，墓葬已毁。

第五章

多元文化汇聚

（辽宋金元时期）

概述

辽宋金元时期，朔州地区先后为北方契丹、女真、蒙古族统治者所占领。从后晋石敬瑭割让幽、云、朔等十六州到明攻占朔州的400多年间，朔州地区民族斗争与民族融合同时进行，胡汉杂居同化形成又一次民族融合高潮，并且较之先前更加广泛深入，多元文化汇聚成为朔州地区在这一时期的主要特征。北方各少数民族的生活习俗、文化艺术与朔州地区传统的文化习俗交相灌注，融为独具特色的朔州地域文化。朔州地区多元文化的汇聚融合在辽宋金元各个朝代各有不同的表现。

辽宋时期，朔州境域属辽西京道所辖。西京道所辖的州分为节度使州和县级州两个级别，其时的朔州、应州为节度使州。朔州顺义军，治鄯阳（辽改善阳为鄯阳，包括今平鲁区），统三县一州：鄯阳、马邑、宁远（今五寨东北）。应州彰国军，治金城（今应县），统金城、浑源（今大同浑源）、河阴（今山阴，治今山阴南故驿村）三县。今朔州境域的怀仁县和右玉县隶属大同府。宋宣和五年（1123），辽曾将朔州改为中庆府，旋即朔州、应州、寰州等一度归宋，宋在朔州置朔宁府，后很快为金军攻占。

辽会同三年(940),辽主“诏契丹人授汉书者从汉议,听与汉人婚姻”,这是对民族通婚和民族同化的认可。宋景德二年(1005)“澶渊之盟”后,宋辽双方罢兵,维持了约120年之久的睦邻关系,契丹和汉族之间原有的壁垒进一步破除。这也使得朔州地区多元文化的融合成为必然趋势。

朔州地区至今留有众多的古关、古城、古堡、长城、烽火台等古战场遗迹,不少村庄的村名以铺、营、堡、寨、屯等命名,带有明显的军事色彩,形成朔州独有的边塞文化特色。宋辽时期,始建于辽代的旧广武城伴随双方的激烈鏖战,与长城浑然一体,成为突出的中华边塞文化的重要组成部分。杨业出西陉口击辽大捷、殉国狼牙村等抗辽的事迹流传千古,家喻户晓。他们的人格魅力甚至被当时的敌国敬仰和崇拜。“驰驱本为中原用,尝享能令异域尊”的边境民族文化融合跨越敌我、胡汉之界限,别具一格。

创建于辽景宗、圣宗时期的应州龙首书院是山西历史上有明确记载的第一所书院,不但揭开了山西建立书院的序幕,而且也成为朔州地区文化教育活动走向民间的重要标志。书院创始人为应州人邢抱朴,书院广收四方学子,讲经授史,以文化传播、培育人才为己任。契丹虽属游牧狩猎民族,也积极学习中原文化,逐渐形成尊孔崇儒的风气。应州人高汝砺25岁进士及第,后成为辽代著名宰相。

金朝在占领朔州地区近十年后的金熙宗时期,实行了推行中原文化的重要改革,接受汉民族的生产、生活方式,民族之间的融合得到进一步强化。金代状元山阴人张檝也成为朔州多元文化融合时期涌现出的杰出人物。金元之交,应州人曹之谦讲课授徒,名噪一时。

金代的地方行政管理机构和行政区划在保存本民族部落组织形式的同时,基本承袭宋辽制度。金熙宗时,从中央到地方全面实行汉制。朔州境为西京路所辖。应州和朔州为节镇州,与府为同一级别。朔州顺义军,治鄯阳(在今朔城区,包括平鲁区),属县有鄯阳、马邑、广武(治今山阴旧广武村,贞祐三年广武归代州)三县;应州彰国军,治金城(今应县),统金城、浑源(今大同浑源)、山阴(大定七年改河阴为山阴)三县。怀仁县和右玉县隶属大同府。

金代统治基本稳定后,随着农业、畜牧业、手工业、商业的发展,民族间的交往更加频繁。据金世宗在位时出使金朝的宋人记载,黄河以北州县市井繁盛,胜过黄河以南。此时,农业生产达到了一个高峰阶段。金代民族文化融合,促使民族矛盾和阶级矛盾趋于缓和,为经济、文化的发展提供了有利环境,而且金代在今朔州地区兴修了众多寺观建筑,宗教堪称繁盛。

元朝结束了唐末以来数百年的民族纷争和封建割据，建立起一个统一的多民族国家,北方各民族间的融合得到加速推进。在完成了军事占领后,为巩固政权,于加强行政管理的同时,也推行了重建文庙、广设学校、重儒崇文、开科取士等一系列推进民族文化融合和发展的文化治理措施。

元初,朔州地区属西京留守管辖。至元二十五年(1288),改西京路为大同路,隶属于中书省河东山西道宣慰使司,管辖一领司八州。一领司是录事司,设在大同,属县五,怀仁为其一,右玉为大同县属地。朔州、应州为八州之二,应州属县有金城、山阴(元末迁治今山阴古城镇),朔州属县有鄯阳、马邑。

元统治者加强文化教育,提高儒学地位,也使元代的蒙汉民族关系由初期的敌对歧视转向缓和。在民族高压政策下,朔州地区的杨沃衍等奋起反抗,保家卫国,应县人郭志全组织民众,揭竿起义。在民族歧视相对弱化后,不少汉族知识分子得以参与国家治理,马邑人崔斌、崔彧,怀仁人赵璧等因而成为名相能臣。同时,经济上的交流、同化也是当时民族融合的一个重要内容。军民屯垦规模可观,各地农作物种植得到广泛交流和增加,畜牧业技术明显改进,水资源利用水平提高,皮毛加工业也相应发展起来，民族融合的良性循环促进朔州地区社会经济有了一定的恢复发展。

还须提及的是,400 多年间,宗教文化在朔州地区的融合也很突出。受汉族人信奉佛教的影响,辽统治者也开始提倡佛教,大搞佛事,大刻佛经,大建寺庙。金元统治者对宗教信仰也都采取了兼容并蓄、力图利用的保护政策,信奉不疲。元初,道教的发展也曾达到鼎盛,有元一代,基督教、伊斯兰教的兼容并蓄为前朝历代所无。据地方史志记载,建于辽代的应县佛宫寺占地 4 万多平方米,建于寺中的木塔举世无双。建于朔州的崇福寺、栖灵寺是由官邸和府署改建。由于统治阶级的倡导,朔州地区佛塔高耸,寺庙林立,僧尼众多,佛教活动频繁,佛教文化传播空前兴盛。在佛寺、佛塔的布局和建造形式上,也坚持传统风格和北方民族特色相融合,具有多民族的丰富内涵。今存的释迦塔有诸多辽代秘藏文物,更是各方面文化汇集的实物资料。

多种文化元素在朔州地区融合、汇集,使朔州地区由一方军事重地不断转化为经济迅速发展、社会逐步繁荣的新兴区域。

杨业威震辽邦

杨业（约 928—986），北宋名将。太原人，本名重贵，原为北汉将官，骁勇善战，屡建奇功，官至建雄军（今代县）节度使。太平兴国四年（979），宋灭北汉后，杨业降宋，宋太宗因他“老于边事，洞晓敌情”，仍任他为代州刺史，授右领军卫大将军兼三交驻泊兵马部署，屯兵代州御边。另秘密地封装了一口袋金银赐予他，予以抚慰，以示倚重。而杨业的顶头上司是潘美，行动受其节制，也有严防武人坐大的用心。

宋灭北汉以后，代州即成为防御辽军南下的西路前沿重地。杨业赴任后立即加强边防建设，到年底共建成阳武寨、崞寨、西陉寨、茹越寨、胡谷寨、大石寨（应县南），凡六寨，作为防御阵地。

北宋太平兴国五年（980）三月，辽景宗亲率 10 余万人进犯雁门，欲南下太原。当时杨业所部军队仅有代州一州厢军（地方军）和数量不是很多的禁军（屯驻的正规军）。面对 10 倍以上的敌人，杨业沉着冷静，审度形势，精心策划，充分依托有利地形，在西陉口（今代县白草口）给进犯之敌以沉重打击。

雁门山峡谷两侧为悬崖峭壁，险峻狭窄，辽军 10 万之众进入后，车马不能并行，只能在长达几十里的山谷中沿河沟纵向逶迤缓步而行，骑兵驰驱十分困难，无用武之地，数量上的优势受到了限制。

杨业命部将董思源等率兵阻断山谷南口，静待辽军出现后迎头痛击。自己亲率数百名精锐骑兵自西陉寨经铁裹门出西陉口（今代县白草口），抄小路经今山阴县油房村、旧广武城后折而向东，潜行六七里至今新广武村南东陉口（雁门关北口）一带，朝南向大部进入峡谷的辽军后军发起突袭。辽军后军以辎重车队为主，根本没有想到宋军会突然出现在这里，顿时惊慌失措，只能仓促应对。杨业精兵虽仅数百骑，短兵相接后无不左冲右突，以一当十，奋勇杀敌。辽军顿时大乱，自相践踏，很快

便溃不成军，向北仓皇而逃。辽军精锐多在前锋，然入谷已深，回师困难，首尾不能相顾，徒叹奈何。又遭潘美、董思源打击，亦大败。

杨业雕像

杨业率众乘胜追击，杀其节度使、驸马、侍中萧咄李，生擒其应州马步军都指挥使李重诲（应州人，被俘后归宋），并缴获了大批铠甲辎重和马匹，大获全胜。这次出奇制胜的战斗，粉碎了辽军南侵的企图，堪称中国军事史上以少胜多的经典战例。

杨业归宋后首战大捷，“杨无敌”的威名四扬，辽兵远远望见杨业的旗帜，便胆战心惊，不敢再作较量。十二月，宋太宗下令“以郑州防御使杨业领云州观察使仍判郑州知代州事”。与此同时，“主将戍边者多嫉之，或潜上谤书，斥言其短。上皆不问，封其书付业”。所谓“主将”只能是潘美，赵光义明知潘杨之间有矛盾而不申诫潘美，反把谤书原件转给杨业，从而显出自己对杨业的信任，同时也暗示杨“你的动静我全知道”。这也是赵宋王朝对军事将领互相牵制的手段。

太平兴国五至六年（980—981），杨业又于邻近今朔州地区的原平境内，增筑了楼板寨、土墱寨、石峡寨三座边防要塞。这些军事设施的增筑和完善，使宋军进可攻，退可守，取得了军事上的主动权，起到了巩固边防，抵御辽军的重要作用。

雍熙三年（986）正月，宋太宗下令兵分三路，北征伐辽，欲夺回沦陷了整 50 年的燕云十六州。东路使曹彬、崔彦进、米信出雄州（今河北雄县），中路军由田重进带领出飞狐（今河北涞源）。二月间，又以潘美为云、应、朔等州都部署，杨业为副，王侁为监军，刘文裕护其军，作为西路军。三月，西路军出西陉口，与契丹军接战获胜，向西北追杀 60 里，直至寰州（今朔城区西影寺村东）城下，斩首 500 余级，刺史赵彦辛（《辽史》

雁门关城楼

作“章”)献城投降。接着宋军乘胜挥师西进转战朔州(今朔城区),先锋杨延昭(杨业之子)手臂被箭贯穿,仍坚持战斗,终使辽节度副使赵希赞献城投降。大军稍事休整后,马不停蹄直下应州(今应县)。四月,大军攻克云州(今大同),斩首千余级。

西路军得到了云、朔沦陷区人民的支持和配合,他们组织起来主动袭敌,夜入辽营,斩敌首级来献。应募参加宋军的人也很多。朔、应二州父老兴奋地说:“久陷边陲,有粟不得食,有子不得存养。不意余年,重睹日月!”

五月,由于东路军在岐沟关(今河北涿州)战败,宋太宗便下令将云、应、朔、寰四州官吏民众撤至关内,由潘、杨领兵掩护退却。这时契丹将耶律斜轸领兵10万,攻陷蔚州,潘美带兵应援战败。六月,寰州得而复失。

杨业为了完成掩护四州吏民退却任务,根据形势拟订的方案是:部队从大石路(今应县大石口)直趋应州佯攻,预先密告云、朔守将,待宋军离开代州,云州人众即刻南撤;军队抵应州后,辽兵必来拒战,朔州吏民乘机出城直入城南50里的石碣谷(“谷”音“峪”),派弓弩手千人列于谷口策应掩护;派骑兵沿路活动,迷惑敌人。这是在双方力量悬殊的情况下作出的一个周密作战方案,监军王侁却认为杨业“畏懦”,硬要他出雁门往北,击鼓前行,正面赴敌。刘文裕也赞成王侁的主张。杨业说:“如此必败。”王侁居然说:“你素来号称无敌,如今遇敌拖延不战,莫非有异志!”身为统帅的潘美却对此不置可否。在这些人的压力下,杨业明知不可行,而不得不率部出击,临行慷慨陈词:“我本太原降将,蒙天子不杀,授以兵权,不是纵敌不击,本想伺机立功以报国,诸位既然责我避敌,那么我只好先赴死了。”

形势虽然险恶,杨业仍希望在逆境中求胜,临行前要求潘美等在陈家谷(“谷”音“峪”,今阳方口)口埋伏强弩步兵为左右翼援兵,等他把辽兵诱入山谷后前后夹攻,予敌以歼灭性的打击。杨业率部出击,从早晨战斗到中午,从中午又苦战至夜晚,在10万大军中转战奋击,最后果然把辽军引到谷口,一看谷里空荡荡的,并无一兵一卒。原来王侁在谷口恢河西岸小山包——托逻台上远望观战,看见辽兵扰动,以为杨业获胜,想去争抢功劳。他急忙撤出伏兵,潘美也制止不了,当得知杨业失利

后随即引兵退去。潘美见此情形，带兵朝西南相反方向沿恢河退却20里，证实杨业兵败后，立即引兵遁去。

杨业在人困马乏，前不见援兵，后有追兵的情况下，只好再率部下力战。最后，对剩下的百余人说："你们各有父母妻子，和我一同赴死无益，可急走脱身，向天子汇报。"众将士感泣不肯离去，疲兵再战，最后部下几乎全部战死，他身带几十处创伤，犹手刃敌军百八十人，直至乘马重伤不能走动，方才中箭被俘。与此同时，老将淄州刺史王贵连续射杀辽兵数十人，直至箭尽，尚用弓把子又击杀数人，力尽遇害。其余部众全部阵亡，无一生还。杨业之子延玉、岳州刺史贺怀浦亦一同战死。怀浦为宋太祖孝惠皇后之兄，与其子令图首倡北伐，旧日史家往往认为他们贪功生事。同年十二月，贺令图亦没于战阵，作为国戚精神可贵。《宋史》所载大略如此。

《辽史》载，此战主将为山西路兵马都统耶律斜轸，他害怕杨业又不敢轻视杨业（《辽史》称杨继业）。在战前进行了精心策划，号令军士务必生擒杨业不得伤害。命诸军副部署萧挞凛夜间伏兵于杨业必经之路。天

狼儿村今貌

明以后，斜轸率兵出战，杨业挥动令旗指挥部众迎战，斜轸却佯败，向伏兵之地退却。待伏兵四起之后，斜轸回军与萧挞凛前后夹击。杨业寡不敌众，且战且走，败退至朔州城南30里的狼牙村（今朔城区狼儿村）时，以为"羊"入狼口不大吉利，"恶其名不进，左右故请乃行"。杨业退入一片茂密的树林中，被箭无虚发的耶律奚底"望袍影而射"，中箭落马。于是萧挞凛"擒继业于朔州"。因有生擒军令在先，耶律奚底反而"以故不能为功"。当然首功属于斜轸。

杨业被俘地点，宋人记载都说在陈家谷口，写得很笼统。《辽史》中三次出现"至狼牙村"，应以《辽史》为是。王侁误判杨业获胜，欲争其功，离开陈家谷口沿恢河向北进入朔州川，狼牙村离陈家谷口20里，很快就能得知杨业兵败，随即南撤是情理中事。

七月初九是斜轸遣涅里底等人上奏复朔州、擒杨业，及上交所获宋军将校印绶的日子，即杨业被俘之日。杨业"不食三日死"，终年52岁（杨氏后裔一说59岁）。与辽"角胜三十余年"，至此，宋军收复了四个月的朔、应等四州尽失。此后宋朝再未北伐，宣和五年（1123），辽曾将朔州"改州为府"，称"中庆府"，旋即"守将韩正以州来降"，被宋军占领，称"朔宁府"。不久又陷于金。

八月，宋朝追赠杨业为太尉、大同军节度使，并把他的6个儿子同时封官。而潘美被降三级后于第二年去世；王侁被除名发配到金州；刘文裕被发配到登城。

后世将杨业忠勇报国之事以评书、戏曲、小说等文艺形式演义为《杨家将》《金沙滩》等故事，至今家喻户晓，传颂不绝。另据代县《杨氏族谱》载，今朔城区前寨、照十八庄及怀仁县的一些村镇中的杨姓之人均为杨业后裔。

邢抱朴与龙首书院

应州历史上文化发达、名人辈出与其深厚的文化底蕴、崇教的良好传统有着紧密联系。北宋初年，百废待兴，国家鼓励私人办学和建立书院。这是中国历史上的一种特殊的文化教育组织形式，是由官民合办的学校，以民办为主。书院的主持人多为名师宿儒，既热衷于从事培养人才的教育教学工作，又积极从事学术理论的研究与传播，承担着教学与学术研究的双重职责。

辽景宗、圣宗时期（969—1031），由任过礼部侍郎、户部尚书、参知政事、翰林学士的邢抱朴在家乡应州创办的龙首书院成为山西的第一所书院。龙首书院创建时间比举世闻名的应县释迦塔还要早，距今约千年。据《中国古代书院发展史》（白新良著）记载，北宋司马光于宋治平二年（1065）在家乡夏县建起了温公书院，理学大师程颢于宋治平三年（1066）在晋城古书院亲教士民子弟句读，这两座书院都要晚于龙首书院。据《山西省志·人物志》记载，邢抱朴死于辽圣宗统和二十二年（1004）。可以推断，建造龙首书院最晚的时间也不会超过这一年。

“抱朴与弟抱质受经于母陈氏，皆以儒术显”，兄弟二人皆官至宰相，抱朴创建龙首书院是为纪念母亲陈氏的教诲之恩。

陈氏是辽代著名的教育家，经典史籍无所不通，尤其喜好吟咏作诗，颇有名气，人称“女秀才”。陈氏嫁给刑部郎中邢简时，正值战乱之年，她希望自己的孩子将来能子承父业，不用在战场上打打杀杀，就可以为国家效力。但民间练武之风大盛，习文之人甚少，应州城里武馆密布，教头遍地，到处都是使枪弄棒者，读书识字的人找不到几个，让谁来教孩子们呢？为了孩子们的前途，陈氏决定在“一经楼”亲自教授他们。虽然在家设教，陈氏对孩子们的要求却很严格，当天交代的学业必须当天完成。有时，孩子们学累了，陈氏便陪他们玩耍，在游戏中也不忘教导

应县释迦塔内的北宋“政和通宝”金币

他们。夜晚，孩子们在昏暗的油灯下苦读，陈氏也陪伴左右。功夫不负有心人，陈氏的6个孩子都成为当时的饱学之士。其中，抱朴“性颖悟，好学博古”，官至南院枢密使（宰相）；抱质亦官至侍中。邢家兄弟连中甲第，一门两相，在中国历史上也很少见。陈氏因教子而一举成名，千古流传。邢抱朴为追念母亲的功德，在家乡创建了一所书院，以应州境内最主要的山峰龙首山命名。

据《中国书院史》记载，宋辽金时期，全国有书院515所，山西不足10所。龙首书院是少数民族政权辖域内的第一所书院，《山西书院》一书中称：“此书院虽为汉族大臣所建，但开了少数民族政权建立书院之先河。”辽朝虽为游牧、狩猎民族契丹族建立，但立国200多年间，积极学习中原文化，尊孔崇儒，努力发展文教事业，从中央到地方建立起了官学体系，书院也相继出现。尤其是宋辽和议（1004）以后，社会相对安定，经济较繁荣，教育得到进一步发展，促进了社会进步。对于地方政府和地方官员而言，邢抱朴创建书院，并以传播儒学为己任，提升了其时的文教责任观念和意识。

应州是宋辽频繁交战的前线和主战场，老百姓疲于逃难，无立学之环境，少办学之人才。龙首书院的创建说明邢抱朴的确是“以儒术显”的贤士大夫，也反映了当时辽对应州的统治是较稳定的、充满信心的。

龙首书院不但为应州培育了人才，也为山西教育作出了开创性贡献。

辽兴宗皇后萧挞里

据《契丹国志》:“兴宗皇后萧氏,应州人,法天皇后弟、枢密、楚王萧孝穆之女也,容德兼美,曲尽和敬。”《辽史·后妃传》说她小名挞里。又有人考证她本姓陈,是萧孝穆的养女。

辽圣宗太平十一年(1031),耶律宗真即位,是为辽兴宗。其母萧耨斤将弟弟的长女萧挞里纳入后宫,成为辽兴宗的妃子。萧挞里性情温顺,待人宽厚。姿容秀美的她不仅能歌善舞,还熟于骑射,曾猎杀猛兽。重熙元年(1032)八月,萧挞里生下辽兴宗的长子耶律查剌。

应县木塔供养人像之萧挞里

重熙四年(1035)三月初一,萧挞里被立为皇后。其后,又加封为贞懿宣慈崇圣皇后、贞懿慈和文惠孝敬广爱崇圣皇后。后来，她又相继生了两位皇女。当时辽朝宫廷十分重视歌舞、散乐、杂剧的演出，凡遇到佳节或喜庆大典，演出活动必不可少。辽朝的皇帝以及后妃大多有较高的音乐艺术修养，往往不满足于欣赏别人的表演，要亲自充当角色，与伶人同台演出。“澶渊之盟”后，宋朝与辽友好往来。每逢宋朝使者到来，辽廷还要为他们演出歌舞杂剧。有一次，辽兴宗举办盛大宴会款待宋朝来使，贵族大臣和庶民皆在场，酒酣耳热之际，辽兴宗与刘四端、王刚等官员还加入到乐队中充当乐手，并命萧皇后率嫔妃换上女道士的服装扮演杂剧中的角色。

萧氏当皇后不久，辽国发生了一场宫廷政变。圣宗死后，宫女耨斤生的儿子做了皇帝，尊耨斤为皇太后。耨斤嫉妒心强，指使人诬告在圣宗身边40年、没有子嗣的仁德皇后勾结亲信大臣谋反，把他们统统抓起来杀掉。并派人到上京，迫令被囚禁的仁德皇后自杀。杀害了仁德皇后，她认为兴宗已经成年，不好控制，密谋废兴宗立十几岁的小儿子重元为帝，自己专擅朝政。重元不懂事，把密谋和哥哥讲了。兴宗一怒之下，将耨斤抓了起来，关在庆州的七括宫，自己亲自执掌起了朝政。但是，辽兴宗也不是个英明之主，整天游玩狩猎，击球博弈，不理朝政。萧氏见丈夫沉湎享乐，不理国政，便经常婉言规劝。在她的规劝下，兴宗皇帝幡然悔悟，首先从庆州接回了母亲，并经常省问，以尽孝道。接着任用贤能，朝政开始有所振作。

萧皇后崇信佛教，整天口诵佛经，烧香拜佛。宫里也经常香烟缭绕，木鱼声声。上有所好，下必甚焉。皇后这一带头，辽国的上下臣民、各色人等，很多都信了佛。在他们的影响下，兴宗皇帝对佛教也很感兴趣。这时，辽国把拜佛读经当作了第一要务。各地都在大兴土木，盖庙宇、塑佛像，成了一种风气，还把那些光头和尚召进宫里，大封官职。因此，世家大族为让子弟做官，孩子长到10多岁，就送到寺院里当和尚、尼姑。史书上称这一时期的皇帝、皇后“尤重浮图法，僧有正拜三公、三师兼政事令者，凡二十人。贵戚望族化之，多舍男女为僧尼”(《契丹国志》卷八)。

重熙二十四年(1055)八月，辽兴宗崩，其长子耶律查剌即位，是为辽道宗，并更名为耶律洪基，萧挞里被尊为皇太后。生性俭朴的萧挞里，当了太后仍能自奉菲薄，每年宋朝和其他诸部向她贺寿的贺礼，她都很

萧挞里画像

少用，几乎全部赏赐给了贫困之家。

清宁九年（1063）七月，辽道宗到滦河太子山打猎，萧挞里太后也一同前往。辽兴宗的弟弟耶律重元见有机可乘，于是决定策动叛乱。萧太后得知情况后，谎称身体有病，召辽道宗来到卧帐，郑重地对他说："局势危急，此乃关乎社稷存亡的关键时刻，应早做准备。"萧太后见辽道宗并不在意，只得当机立断，亲自部署，用车辆在行宫外围成一道防线后，又命耶律仁率官属近侍30余人骑马在圈外摆成阵势。临危不惧的她刚安排好这一切，耶律重元与其子耶律涅鲁古便率叛党冲杀过来。因叛军人多势众，攻势凶猛，眼见耶律仁等人已支撑不住。萧太后亲自率领卫兵从侧面杀入，指挥南府宰相萧德左冲右杀，所向披靡。等耶律涅鲁古弄清是怎么一回事，重整军队冲锋时，却被太后的近侍详隐阿厮一箭射死。耶律重元无心恋战，率众退走。萧太后一面派人急召离行宫最近的五院部萧塔刺来援；一面派人马四下巡逻，加强警戒。大势已去的耶律重元自刎身亡。后来，心地善良的萧太后梦见重元披头散发地对她说："臣的骨骸在太子山北，不胜寒栗。"于是动了恻隐之心，下令在重元的坟上建了座小屋，替重元的亡灵避寒。

大康二年（1076）三月，萧挞里病故，谥号为"仁懿皇后"。她的墓志铭说她一生"建宝塔而创精蓝百千处，即中宫而居，永乐迨五十霜"。现代专家考证，佛宫寺释迦塔即是由她下令建造的。

释迦塔与辽代秘藏

佛宫寺释迦塔位于应县城内西北佛宫寺内，俗称应县木塔。建于辽清宁二年（1056），金明昌六年（1195）增修完毕。是我国现存最高大最古老的一座木构塔式建筑，1961年3月4日被国务院确定为首批全国重点文物保护单位。它以建筑技艺高超及建筑材料独特与意大利的比萨斜塔、法国的埃菲尔铁塔并列为世界三大名塔。近年来，为发展以木塔为中心的旅游业，为其配套的一系列景观使佛宫寺释迦塔更富魅力。

木塔位于佛宫寺南北中轴线上的山门与大殿之间，属于"前塔后殿"布局，是佛宫寺的主体建筑。

木塔建造在4米高的石砌台基上，塔基分为上下两层，下层为正方形，上层为八角形。塔高67.31米，底层直径30.27米，呈平面八角形。精

佛宫寺释迦塔

巧雄伟，高峻庄严。

塔身外观五层六檐，各层间夹设暗层。第一层扩出一圈外廊，称为“副阶周匝”，与底层塔身的屋檐构成重檐。其上各层均为单檐，实为九层。有人计算，整个木塔共用红松木料 3000 立方米，重 7400 多吨。

塔身底层南北各开一门，二至五层每层有四门，均设木隔扇，塔内光线充足。周设平座栏杆，凭栏眺望，应县山川形势尽收眼底。因此，这座宗教建筑又有“戍楼”的作用。每层装有木质楼梯，逐级攀登，可达顶端。

塔内各明层内均塑佛像，共计 26 尊。一层回廊内佛坛上塑有高约 11 米的释迦牟尼金身像，面目端庄，神态怡然，高大肃穆，保存完好。塑像顶部绘有精美华丽的穹窿藻井，内槽墙上绘有六幅如来佛像。六尊如来佛像顶部两侧的飞天，更是活泼丰满，神采奕奕，是壁画中少见的佳作。

门洞两侧的墙壁上绘有天王、金刚及佛门弟子等壁画。画面色泽鲜艳，人物形象栩栩如生。壁画中最引人注目的是一层内槽门额壁板上的三个供养人，人物体态匀称，面容丰满，神情安详，衣着华丽。据有关专家考证，她们是倡建木塔的三位辽帝皇后，从左至右依次为：仁懿皇后萧挞里、宣懿皇后萧观音、钦爱皇后萧耨斤。

二层塑主佛一尊，两位菩萨和两尊胁侍分列两旁，姿态雍容，形象生动。三层塑四方佛，坛座八角形，佛像面朝四方。四层塑如来佛和阿傩、迦叶、文殊、普贤像。五层塑释迦坐像于中央，八大菩萨分坐八方，各具形态。利用塔心无暗层的高大空间布置塑像，以增强佛像的庄严感，是建筑结构与使用功能设计合理的典范。

塔顶作八角攒尖式，上立铁刹，塔刹由基座、仰莲、相轮、圆光、仰月、宝盖、宝珠组成，制作精美，直插云霄，使木塔更显宏伟壮观。各层塔檐下都悬挂有风铃，微风吹动，叮咚作响，梵音阵阵。

应县木塔的设计匠心独具，建造

“释迦塔”匾

二层佛像

巧夺天工。结构上采用双层环形套筒空间框架。上层柱脚插在下层柱头的枋上，并向内递收，形成一层比一层小的优美轮廓。各层均用内、外两圈木柱支撑，每层外有 24 根柱子，内有 8 根，木柱之间使用了许多斜撑、梁、枋和短柱，组成不同方向的复梁式木架，增强了构件的整体性。

全塔共用斗栱 54 种，每个斗栱都有一定的组合形式，每层都形成了一个八边形中空结构层。种类之多，世所罕见，被世人称为“斗栱博物馆”。木塔在我国古代建筑艺术中达到极高水平，因此被古人誉为“远看擎天柱，近似百尺莲”。

木塔自建成后，历代名人挂匾题联，为木塔增色无限。其中：明成祖朱棣于永乐四年（1406）率军北伐，驻宿应州，登塔玩赏时亲题“峻极神功”；明武宗朱厚照正德三年（1508）督大军在阳和（今阳高）、应州一带击败入侵的鞑靼小王子，登木塔宴请有功将官时，题“天下奇观”。塔上现存明、清、民国木质匾额、对联 54 件。对联多属登临远眺时激发的情景交融之作，当吟诵着“拔地擎天四面云山拱一柱，乘风步月万家烟火接云霄”，“点峪透云霞西望雁门丹岫小，玲珑侵碧汉南瞻龙首翠峰低”等联语时，令人顿生放眼八荒、神极三界之感，这些因景而发的上乘作品每每令观者遐想不已，品味无穷。

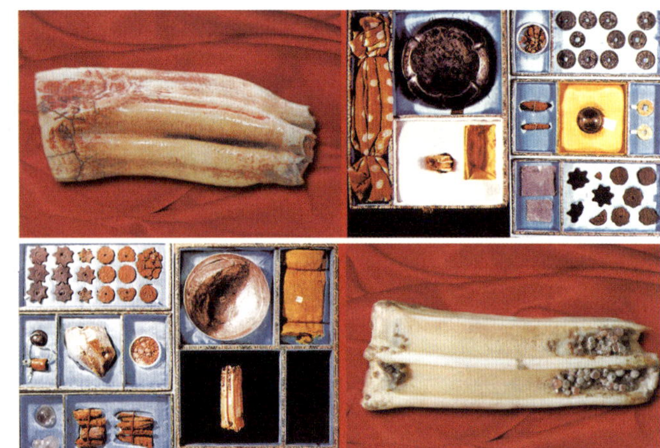
七珍八宝与佛牙舍利

应县木塔历经沧桑，遭受过无数次自然和人为破坏的考验。元代以来，应县曾发生过十余次较强的地震，其中六级以上就有三次，房毁人亡多有发生，木塔却安然无恙。1926 年军阀混战时，木塔中弹 200 余发，至今弹痕犹存。木塔之所以寿命绵延，除本身结构坚不可摧外，历代不断维修也是一个重要原因。

1974 年 7 月，以国家文物局古建专家祁英涛为首的 7 位文物专家，为了研究制定木塔的保护措施，在对木塔的各层塑像进行检查时，意外地发现四层主佛像体内有大批辽代秘藏。9 月，应县公安局又侦破追获了此前被盗的二层主佛像体内的秘藏。11 月，在二层主佛像腹内取出了佛经等物两包。1977 年 9 月，又在一层清理出佛经等物 4 包。这些前人留给我们的极其珍贵的文化遗产和无价之宝，引起了文物专家和有关部门的高度重视。

1979 年 7 月，根据国家文物局的安排，中国历史博物馆与山西省文物局组成了以中国文物鉴定泰斗史树青为组长的“应县木塔辽代文物整理组”，负责整理、研究和鉴定工作。文物的修复工作由素享“民间之故宫”美誉的北京荣宝斋承担。

1980 年 2 月，荣宝斋大师徐子谦等 6 个部门及个人用名誉和地位为应县木塔佛牙舍利开出了一张沉甸甸的证明，6 枚篆刻印章并钤于一张工整的鉴定证书上，证书中写道：“1966 年夏季，木塔四层主像胸

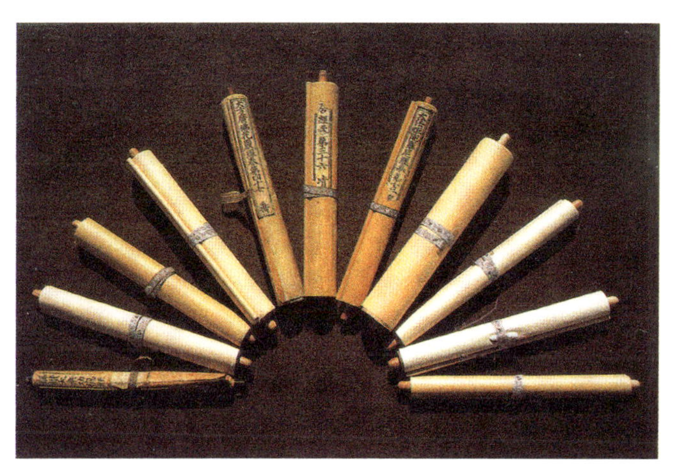
珍贵经卷

部木骨架的方形凹槽内,出六曲银盒,内盛七宝与舍利佛牙。佛牙、舍利俱指释迦牟尼遗骨。牙上长出之细小珍珠、玛瑙即舍利。”1991 年中国历史博物馆主编, 山西省文物局、文物出版社合作出版的《应县木塔辽代秘藏》一书中的第六部分中对此记录得非常详细。赵朴初先生亲为书名题字。

1982 年,文物出版社《文物》第六期发表了国家文物局文物保护科学技术研究所等四家单位的联名文章《山西应县佛宫寺木塔内发现了辽代珍贵文物》, 首次披露了经修复后的木塔秘藏文物共计 160 件,其中有七珍与佛牙舍利 70 件。其他分别是辽藏 12 单卷、刻经 35 卷、写经 8 卷、佛像 7 幅,另有杂刻、杂抄 28 件。并解释:佛教七珍亦称七宝,即金、银、琉璃、玻璃(水晶)、砗磲(贝类)、赤珠和玛瑙。故储七珍的佛塔亦为七宝塔。佛牙舍利俱指佛身后之遗骨。木塔二、四层主像各出一枚,牙根凹处镶嵌舍利子。

同年 6 月,中国历史博物馆举办了《山西应县木塔辽代文物展览》预展,得到了观展人士的交口称誉。中国社科院世界宗教所所长、中国宗教协会会长任继愈先生说:“应县木塔这批文物,件件都是国宝。”时任中国佛教协会会长赵朴初先生更赋诗赞道:“塔开多宝现神通, 木德参天未有终。辽藏千年哀灭尽,不期鳞爪示金龙。”这些权威人士的盛赞和垂青,使木塔秘藏享誉海内外。

这批辽代秘藏的面世,也同样引发了社会各界的关切和注目,许多探讨、考辨、论析有关秘藏文物的研究文章多年来连续不断。朔州的不少历史文化专家和爱好者也各有侧重,以史为据,在历史记载的蛛丝马

《神农采药图》

《药师琉璃光佛说法图》

迹中，探源剖微，发表了许多颇有见地的好文章。2013 年汇编成为一册专论文集。同时，也推断出了这批文物的入藏时间，应为辽末金初，而木塔四层主像也只能是在辽末金初塑造的。

秘藏文物多系燕京制作。这些前所未有的实物资料，从木板雕印这一侧面，显示了燕京文化的历史成就。表明辽燕京印经院和坊间当时已拥有一批从事书写、绘画、雕刻、印刷、装裱等一流的专业技术工匠，同时造纸、制墨、锻造、纺织业也相应发达。

在这些秘藏中，《契丹藏》零本的发现，填补了中国古代历朝历代编纂大藏经的历史空白。而辽代三色彩印《释迦牟尼说法图》更是海内外孤本，具有很高的版本学价值、文献价值和学术研究意义。其他杂刻杂抄，内容丰富，为研究辽代佛教提供了难得的第一手资料。要而言之，释迦塔秘藏真实而具体地从多方面反映了契丹民族汉化的重要历史进程。

广武古城锁雁门

广武位于朔州市山阴县西南，雁门关外古长城脚下。背依雄关峻岭，虎踞要冲，扼守句注东、西陉之咽喉，素有“北门锁钥”之称。广武现有新、旧两座古城，东西相距约 2 公里，也就是“两关四口十八隘”中的“两口”。两城互为犄角，与长城浑然一体，为中华边塞军事文化的重要组成部分。

广武旧城位于句注西陉北口。古城城墙的确切建筑年代，史籍无载，据有关文献佐证和现存建筑考究，始建于辽代，当时为泥土夯筑城垣，明洪武七年(1374)包砖，清代曾作过维修和补葺。现存城墙除外观具有明代特点外，其主体规制和构造基本为辽代故物。它是一个屯兵驻守的军事要塞，也是历史上汉民族与北方少数民族激战的前沿阵地。《山西通志·关梁考》对其地理位置的相关记述为：“广武城，雁门关之北口也，有营站及巡检司。关道自代西之阳明堡北入山，逾陉岭至是出山，直通大、朔。其西为白草口，界连马邑，有旧广武城，古西陉道也。又西由八叉口循宁武边以抵崞县之芦板寨，是为雁门西隘之南尽。”

宋辽之际，著名的“西陉口之战”就是从这里出奇兵而获胜的。此后，据传杨业之子杨延昭在旧广武城西南 1 里处的小山上修建帅府，筑城驻守。在当时，旧广武城战略地位之重要可见一斑。如今“六郎城”故垒犹在，可供凭吊。

旧广武城现今是全国唯一一座保存完整的辽代城池。1984 年、1991 年又分别对城墙墙体、西北角马面、南城墙马面等处进行了包砖维修，2006 年被国务院确定为全国重点文物保护单位。

古城城墙周长 1652 米，总占地 16296 平方米，平面呈长方形。城墙

从山阴明长城段俯视旧广武城

总高8.3米，下宽5米，顶宽3.4米，外表全部砖砌，石条作基。最上沿矮墙置垛口、望洞和射孔。整个城墙共施马面16座(包括城门马面)，马面紧贴墙体，雄伟稳健，其尺寸大小不一。

旧广武城东、南、西三面设有城门。原城门上均有门楼，现已无存。东门最大，近处曾有关帝庙、粮仓。东城门额周边嵌有精美的砖雕。西门次之，近处曾有马王庙、校场。南门最小。原来的城门外后人曾经加设过瓮城。现在只有南门处留有一点瓮城的痕迹。瓮城是古代城池主要防御设施之一，明代前的瓮城都修筑于主城门之外。瓮城墙上开设有侧门，当敌人攻入瓮城，防守一方居高临下，仍可形成围击之势。瓮城靠近主城的那道门，不与主城门置于同一直线上，从瓮城进城内还须再拐弯，可见瓮城的设计非常适合防御。东西城门各有约半尺厚的两扇木门，现今仍能自如开关。城门洞呈拱形，全部砖砌，南门只剩残垣。

旧广武城内街道建筑布局基本保留原来规制。街巷格局呈典型的古代军事城市的棋盘式，东西南北四街呈“十”字形。民宅全部坐北朝南，一排一排形成小巷。城北端还筑有一个烽火台。西城门外的护城河

广武古城西门

仍在，只不过当年的吊桥被石桥代替，当年五六米宽的护城河也不知道究竟有多深。

旧广武城中原有佛庙一座，如今院内耸立着两株古香柏为其遗物，依然欣欣向荣，相传为当年宋辽议和后所栽。两香柏相距4米，高约20米，树干粗壮，双臂不能合抱。阵风过处，飒飒作响，似乎仍在为当年的激烈征战感慨不已。

新广武城位于雁门关北3公里，据史载为明洪武七年（1374）吉安侯陆亨所建，万历三年（1575）增修。

新广武城建在战国时期的关隘遗址之上，故有"新广武不新，旧广武不旧"的说法。因为它依山建造，一半坐落在半山坡，一半修在山下川谷，比旧广武城地势更为险要，更有利于防守作战。两旁山山对峙，中置营城，实属雁门关前沿重地。

新广武城又称广武营，墙高10米，底宽4米，通体包砖，由山瓮城、中城、南瓮城三道防线组成。中城恰似簸箕，南瓮城形如斗状，俗有"金斗银簸箕"之称。营城设东关、南关、大北关、小北关四座关城。关城周长各500米，大北关是营城第一道防御体系。关城与营城连为一体。

有明一代在这里一直设有重兵把守。平时屯种，战时出征。和平时期还兼有易市、榷场的经贸功能。但它的军事职能始终是主要的。明朝末年，明大将曹变蛟率军在此曾与清兵血战7天，清兵最终败退。如今，城内只剩下南北两个十多米长的城门洞和几截城墙。北城门南一块倾倒的石碑上因磨损日久已无字迹，倒是城楼石匾上"三晋雄关"四字在隐约中仍显现着遒劲。南城门较低，砖券拱门，两侧还保留了一些较为完整的石基砖砌城墙。

历史上的新广武城里城外曾有24座庙宇，被称为"二十四全庙"。这么多的庙，似乎显示着曾经住在这里的人们，无论是将士，还是边民，他们对幸福和平的生活是多么的渴望和向往，而这一切又都只能寄望于各方的神灵。时过境迁，这些庙宇已荡然无存。

现在，两座广武古城已经成为研究宋辽以来古代城池的重要实物资料。尽管它们早已失去了往日的辉煌，但壮观犹在，每当登临此地，又有谁能不由衷地为当年的血雨腥风、金戈铁马而低回，为顽强进取的民族斗志而自豪呢！

千年巨刹崇福寺

崇福寺坐落于朔州城东大街北侧，俗称大寺庙。寺院坐北面南，规模宏大，占地面积 23400 多平方米。创建于唐高宗麟德二年（665），当时建有金刚殿、藏经楼、大雄宝殿及东西配殿，规模初具。辽代曾改做林牙太师府署。但相传院内灵光屡现，居者惶恐不安，便又改衙署为僧舍，取名林衙寺。金熙宗崇信佛法，皇统三年（1143），大将军翟昭度奉敕在大雄宝殿后建起弥陀殿，不久又建观音殿，寺院终成现今规模。天德二年（1150），金主完颜亮赐额“崇福禅寺”。此后，元、明、清各代都曾有重建、扩建和修葺。明成化年间重修后，改大雄宝殿为三宝殿、藏经楼为千佛阁。现存弥陀殿、观音殿为金代遗构，三宝殿、千佛阁、东西配殿、金刚殿、钟鼓楼均为明代所建，山门则是清代的仿明代建筑。山门对面马路

南侧原有乐楼，现已无存。

全寺五进院落，10 座殿宇。主要殿宇依南北中轴线排列，其余在两侧对称配置。布局主次分明，井然有序，充分体现了北方古代建筑敦厚雄宏的风格，具有浓郁的民族色彩。那凌空展翼的殿顶，玲珑精致的槛窗，新颖古朴的梁枋，精美悬挑的斗栱等映现于蓝天白云之下，蔚为壮观。虽处闹市通衢，诚为佛门圣境。

一进院正对山门的天王殿，也叫金刚殿，原来供奉的四大天王及两金刚泥塑毁于“文革”，后置青铜雕像。

二进院落为千佛阁。明代重修后阁内设千尊佛像，遂由藏经楼更名千佛阁。千佛虽已不存，但名称至今沿用。阁内放置有明代木雕三层楼阁建筑模型，堪称精品。阁前两侧为钟楼、鼓楼。

三进院正中为三宝殿，内供明代彩雕三世佛。左右相对的两座面宽各 5 间的配殿，东边是文殊堂，内供文殊菩萨和十八罗汉，西边是地藏堂，内供地藏王菩萨和十殿阎君。按佛寺惯例，如果东侧为文殊殿，西侧该是普贤殿；如果西侧为地藏殿，东侧应为观音殿。此寺却是文殊殿与

朔城区崇福寺今貌

地藏殿相对，为其特色。

四进院落正面是崇福寺的主殿弥陀殿，为寺院精华所在。面阔 7 间，进深 5 间，单檐九脊歇山顶，斗栱七铺作，双抄双下昂，规模宏大，装饰华丽。建筑面积约 937 平方米，通高 21 米多，其中月台高约 2 米。弥陀殿是我国现存辽金时代三大佛殿之一（另外两座分别在大同和辽宁义县）。弥陀殿的匾额、塑像、壁画、雕花门窗、琉璃脊饰诸多艺术精品荟萃一处，被誉为"金代五绝"，诚为不可多得的古建筑艺术殿堂，距今已有 870 余年。

正面檐下"弥陀殿"竖匾是金大定二十四年(1184)原物，笔法纯熟，点画遒劲，原物原貌，保存至今，被称为"中华名匾"，此为一绝。

大殿内佛坛横跨 5 间，塑像 9 尊。"西方三圣"端坐主位，中为阿弥陀佛，东为观世音菩萨，西为大势至菩萨，3 尊主像金光灿然，宝华四射，仪态端庄，气度超凡。主像两侧 4 尊立像为胁侍菩萨，坛前两隅为护法金刚，俗称"哼哈二将"。9 尊塑像共居佛坛，主次分明，高低大小错落有致，组成一个和谐协调的整体，是难得的金代塑像精品。此为二绝。

第三绝是壁画。殿内四壁满绘彩画，面积达 345.75 平方米，现存 327 平方米，题材以佛和菩萨"说法"为主。东西两壁和后墙围绕 10 躯

崇福寺弥陀殿

崇福寺弥陀殿佛像

高大的佛像构图，南墙东尽间为三佛三菩萨。南墙西尽间的千手千眼十八面观音演法图，生动地再现了观音菩萨演法时的壮观场面，是一幅典型的金代水陆画卷。整个壁画采用了沥粉贴金技法，使画面颇具立体感，堪称金代壁画佳作。这幅壁画还被后人临摹仿绘于大同华严寺内。

第四绝为雕花门窗。大殿正面 5 楹门窗窗棂一律雕花，图案纹样以中央明间为轴，东西次间、稍间两两对称相向，雕有三角纹、古钱纹、雪花纹、椒眼纹、菱花纹等 15 种花样，构图严谨奇巧，制作规整精美，是我国古建装修史上难得的珍品。

第五绝为殿顶的琉璃脊饰。正脊两端的蟠龙鸱吻，高达 3 米多，前扑后伸，宏伟壮丽，雄踞左右，驱邪镇火。脊刹左右的两尊琉璃武士，作弓步蹲压式拳击姿势，躯体矫健，面容英俊，虽赤手空拳，但颇具威严。力士高度约 1.5 米，为我国现存最大的镇殿琉璃俑。

五绝之外尚有一宝。弥陀殿内佛像后面的“背光”，高达 14 米，背光主体均为镂空彩塑，玲珑剔透，美轮美奂，周边贴塑火焰纹，其上彩云流

崇福寺弥陀殿殿顶琉璃武士

荡，13 个乐伎飞天手持各种乐器，在云涛间上下翻舞，欢然弹唱，表情生动可爱，营造出天国无限欢乐的场景，是全国现存寺庙中最大最美的背光。制作工艺系用冷拔铁丝缠绕荆条编成骨架，再敷以纸筋细泥，经雕镂后彩绘而成。由此可证，800 余年前的金代已用金属拔丝工艺加工铁丝。

第五进院落正殿为观音殿，这座 5 楹大殿梁架构造极富创造性，由于殿内金柱减少，梁架结构采用两重人字形叉手承载，将殿顶压力通过前檐柱、后金柱而传向地面，这种手法简洁而稳固，并有效地扩大了殿堂空间，堪称建筑史上的一个创举。殿内佛坛长跨 3 间，上塑 3 尊菩萨，中为观音，东为文殊，西为普贤，合称“三大士”，为明代彩塑。

崇福寺于 1988 年被确定为国家重点文物保护单位。

崇福寺博物馆内现藏 5000 余件可移动文物，其中有不少一、二级文物，为朔州市六区县文物收藏之冠，也是此寺一大特色。

余睹谷生俘天祚帝

天祚帝，辽国的末代皇帝，即耶律延禧，字延宁，辽道宗大康三年（1077），因耶律乙辛构谗曾被废为庶人。大安七年（1091），耶律延禧以皇孙受封天下兵马大元帅，总北院、南院枢密使事。乾统元年（1101）正月，辽道宗崩，耶律延禧嗣帝位。

天祚帝在位后期，既昏庸又残暴，朝野关系分外紧张，宫廷中自相残杀，州县内盗贼纷起，辽王朝覆亡在即。但是，百足之虫死而不僵，国内的小规模农民起义并没有给辽王朝毁灭性打击，辽天祚帝天庆四年(1114)秋，女真的完颜阿骨打在混同江畔举起反辽的大旗，才为腐朽透顶的辽王朝敲响了丧钟。

金太祖完颜阿骨打起兵反辽后，数次大败辽军，天庆五年(1115)九月，攻陷辽黄龙府(今吉林农安)。完颜阿骨打首先把主攻方向选择在辽东北部与女真接触的地区，凭借负山抱水的有利地形，诱使辽军远离军事重镇上京和东京，在宁江、出河店、护步答冈等地会战，达到了歼灭辽军有生力量的目的。后占领辽东京，获 54 州兵粮，使辽东半岛与女真故地连成一片，金军实力大增。不久又西进上京，拔辽太祖创业之地，使辽军丧胆。

当时，金朝在刚刚崛起后担心光凭自己的实力不能灭辽，希望得到宋的协助。宋朝也想借助金乘机收回被辽割去的幽云十六州。宋、金双

朔州辽金聚落遗址

方从各自利益着眼订立了“海上之盟”,约定联合灭辽。双方商定:宋金各按商定的进军路线攻辽,金军攻取辽的中京大定府(今内蒙古宁城境),宋军攻取辽的南京析津府(今北京)和西京大同府(今大同)。宋答应灭辽后,将原来输给辽的岁币转输给金。金则答应将幽云十六州还于宋。双方均不得单独与辽讲和。

完颜阿骨打抓住战机,一路势如破竹,保大二年(1122)正月,金军攻陷中京大定府。天祚帝在鸳鸯泺捺钵闻讯后急忙向西京大同府(今大同)方向狼狈逃窜,匆忙之间,慌不择路,经过桑干河时竟然把传国玉玺丢失。史传玉玺丢失地点在今山阴县河头、上小河一带。但情势紧急,性命重于国宝,逃窜的脚步却没有因此稍停。至于此后天祚帝是否又派人找寻过,史书未见记载。

传国玉玺是秦始皇统一天下后刻制的,后成为历代王朝的正统标志。《元史》中《崔彧传》载:“(至元)三十一年,成宗即位。先是,(崔)彧得玉玺于故臣扎剌氏之家,其文曰:‘受命于天,既寿永昌。’即以上之徽仁裕圣皇后,至是,皇后手以授于成宗。”这已经是172年以后的事了,扎剌氏如何得到的,不得而知。

辽的分崩败亡已指日可待,宋朝君臣考虑若不出兵,燕京势必为金兵占领,幽云十六州就不能归宋所有,才仓促命令枢密使童贯出兵。昏庸的宋徽宗认为,辽已面临灭亡,只要宋兵一到,进行招降,燕京辽军就会投降。宋军将帅们也狂妄自大,自以为是“王者之师,有征无战,吊民伐罪,出于不得已而为之”,下令“如敢杀一人一骑,并从军法”。又造白心旗,欲给归顺宋朝之人。但是,在金军摧枯拉朽进攻下不堪一击的辽军,面对宋的“王者之师”,竟成了虎狼之师。宋辽两军对垒,宋遣将劝降,没想到被辽军偷袭,结果全军大败。后童贯邀请金与宋双方夹击辽军,金军南下,势如破竹,几乎兵不血刃地占领了幽云十六州一带。

辽天祚帝相继失去中京、上京、西京后,慌忙逃入云内州(今内蒙古土默特左旗东南)西北的夹山(今内蒙古萨拉齐西北大青山中)。夹山有泥潦60里,金国欲取之,力不能达。保大四年(1124)七月,天祚帝得到前来投奔的耶律达实军队,自以为苍天相助,谋划收复幽、云失地。他不听耶律达实苦劝,耶律达实只好分道扬镳,率众北上,后自立为王,建立西辽。

辽天祚帝乘金国换统帅之机，率兵从夹山出击，欲攻取天德、东胜军、宁边、云内等州。辽大军南下到武州一带，即被金将完颜洛索击败。天祚帝逃入地处雁门关北要道河阴（今山阴），伺机向南投宋。同月，西夏（党项族政权）扰朔州、武州，被宋军击败。次年正月，西夏派人请辽主入境，准备联合辽军与金人决战。二月，金在雁门关北朔州、武州一带陈兵 300 里，彻底断绝天祚帝南逃归宋道路。天祚帝别无选择，只有投奔党项一条路，路上水粮断绝，只能吞冰咽雪以解饥止渴。好不容易潜伏绕道行至应州新城南 60 里处的余睹谷（今应县茹越口榆东沟村），却被金洛索部俘获，辽亡。

在今朔州地区，天祚帝先是丢失国宝玉玺，最后又自身被俘。对于这片土地，应是一段难忘的记忆。

安德裕安守亮父子状元

科举制度发展到宋代，更加完善，更加规范。北宋和南宋统治的 319 年中，共考进士 118 榜，产生状元 118 人。宋太祖开宝二年（969）己巳科状元安德裕、开宝五年（972）壬申科状元安守亮，系父子二人，是五代后晋重臣、朔州人安重荣的子孙。

安德裕的父亲安重荣是五代后晋的重臣。他力大无比，擅长骑马射箭，原为后唐的一员武将，曾任振武巡边指挥史，因耻于石敬瑭称臣契丹而举兵反叛。后被抓获、问斩。

安重荣任镇州（今河北正定）成德军节度使时生安德裕。安德裕字益之，一字师皋，天福四年（939）生于真定，幼年遭遇坎坷。安重荣兵败被杀时，乳母抱着仅有 3 岁的他投水逃命。岂料出水之际，被守兵抓获，送交管事军校秦习，秦习是安重荣故交，他将孩子藏匿起来，躲过了灾难。秦习早年收石守琼为养子，及至中年仍然没有子嗣，便将安德裕交给守琼帮助抚养，并为其改姓秦。

安德裕从小喜欢读书，乐用笔砚。不仅读诸子百家，凡见到的书都要认真诵读。秦习看出这孩子不同常人，岁及童蒙，便送他上学。随着年龄的增长，德裕博览群书，贯通古今，精于《礼记》《左传》，尤嗜《汉书》。

秦习死后，安德裕遵礼服孝三年，然后改回安姓。秦习家人愿将家产送给德裕，其中有白金万余两，德裕坚辞不受。他说："这些财物是秦家多年的积蓄，我怎么能占有呢？大丈夫应当自求功名，自争富贵，岂能看上别人的财富！"此言传出，世人都赞扬德裕这种高尚的品格。

宋太祖开宝二年（969），安德裕参加己巳科考试，获进士第一名。年仅30岁。先被授予归州军事推官，后又任大理事丞、著作佐郎。太宗太平兴国年间，又升迁为秘书丞、知广济军。在新建广济军城时，他写出《军记》及《图经》三卷，受到皇帝嘉奖，不久就改任太常博士。太平兴国八年（983），德裕任秦州通判，就地任知州。雍熙元年（984），升为主客员外郎，通判广州，还没有赴任，宰相李昉就推荐说他有史才，即以本官直史馆。端拱初年，改任金部员外郎。

淳化初，安德裕为开封知县，正值充实三馆职官，改为直昭文馆。淳化四年（993），廷试贡士，德裕与史馆修撰梁周翰并为"壬辰科"主考官，太宗对其特加赏赐。《续资治通鉴长编》卷38载：至道元年（995），德裕作《九弦琴五弦阮颂》，进献皇帝，其古雅的文词大受太宗赞赏。两年后转任金部郎中，出知睦州。回京后，安德裕在官场驰骋数十年，虽任过不少官职，有时也略有升迁，但因酣饮太过，一直未受大的奖擢。真宗咸平五年（1002），病逝于家，年63岁。

安德裕性格耿直自负，乐于奖掖后辈。文学家王禹偁、状元孙何初入文坛时，都得到了他的帮助、推荐。他著述颇丰，曾有文集40卷，现仅存诗作一首：《送僧归天宁万年禅院》。

安德裕中状元后的第三年，即开宝五年（972），他的儿子安守亮亦金榜题名，成为壬申科进士第一名。

历代父子状元中，安德裕、安守亮父子是及第时间相距最短的，真是喜庆之极。时隔三年，间隔两年，成就一对父子状元，世所罕见，成为千古佳话。

理财宰相高汝砺

高汝砺(1154—1225),字岩夫,应州金城(今应县)人。金朝著名宰相。

金大定十九年(1179),高汝砺进士及第后任地方官。明昌五年(1194)九月,因为在同知绛阳军节度事任上治绩突出,被章宗亲笔提点,擢升为石州刺史。承安元年(1196),又被擢升为左谏议大夫。

在谏官任上,他针对谏官制度中长期存在的弊端大胆提出改革建议。当时,台省以下官员遇上朝奏事一概回避,与诸侍卫的官员一起进退,殿上所讨论的事情,谏官都不清楚。高汝砺提出,这不利于谏官发挥职责,以后凡有官员奏讲事情,谏官应当知晓,并让负责记录的官员也一起入朝。章宗很赏识高汝砺的胆识,欣然采纳并予实行。

金朝在征收赋税和军需物品时,有些胥吏走卒们故意把事情催得急迫些,以便收取贿赂,民众因而深受其害。高汝砺发现这个问题后,建议对因军需调发物资而受贿者从严惩治。承安二年(1197),这一建议形成定制。自此以后,很少有人敢收受财物了。

针对推行通检排推法中发现的通检不符实际,豪强富户瞒报财产,贫穷者备受盘剥,以致赋税严重不均的弊端,高汝砺也大胆奏议,必须采取强有力措施,据实通检。他建议严格确立罪赏,并限定日期,实施时去烦碎而就简易。通检排推法是金朝自金世宗起实行的分路通检天下物力而差定赋役的制度。高汝砺的奏议无疑是以大局为重,要改变既定的利益格局,不畏得罪富豪,确为有胆有识。金章宗命户部尚书贾执刚与高汝砺率先在都城的两个警巡院推排,作为诸路推行之表率。到承安三年(1198)九月,全国十三路都成功地推排完毕。高汝砺因推排有功,被任命为大兴府知事。

承安四年(1199),高汝砺改任陕西东路转运使。此后,又历北京临潢府按察使、河北西路转运使、中都路都转运使等职。在金朝，按察使负责主管本路的司法刑狱和官吏考核。转运使负责掌管本路的征解钱谷、仓库出纳、权衡度量等事务。可见，高汝砺的廉洁尽职得到了朝廷的信任，每每被委以重任，尤其在社会经济等重要事务中担当了重要角色。

泰和六年(1206)六月，高汝砺拜为户部尚书。章宗首先寄望他解决的是令人头痛的货币问题。当时，金廷不断地变更货币，引起钞制混乱。老百姓对纸钞不信任，怨声载道。金章宗找不到解决办法，被弄得焦头烂额。高汝砺上任后，经过一年多深入调查研究，终于拿出一个方案，建议章宗下诏强制推行交钞，并革除旧弊，具体制定了一系列详细的规章制度、推行措施。交钞终于在市场上得到较好流通。金章宗嘉奖他，诏敕尚书省说："内外百官所司各有不同，应诏言事的人也不下千数，长篇大论，旧词陈说，都切不中要害。近来高汝砺论本部数事，都切中事情要害，并且都行之有效。希望内外百官都能各究利害，把各自职责内的事处理好。"

贞祐元年(1213)，金宣宗完颜景即位后，蒙古军兵分三路，大举进攻金朝。金宣宗考虑到内政甫定，欲派人与元兵议和，高汝砺提出反对意见："和议始发于我，恐怕是我方向敌人示弱，这不适宜吧！"结果对抗遭到重挫。高汝砺自知责重，便上疏求退，金宣宗挽留了他。

贞祐二年(1214)六月，金宣宗南迁汴京。到邯郸，高汝砺被拜为参知政事。金政府打算在黄河以南大量掠夺土地，重新分配给屯田军户。高汝砺认为当时河南境内的土地已经是"民地官田计数相半"，夺掉老百姓的土地，他们便无以为生。他提出："应该增加官田租赋，以满足军粮的一半，然后将官田中的荒田，牧马草地量数分给他们，让他们自己耕种。"金宣宗接受了高汝砺的意见，这对稳定京都人民的生产生活起到了重要作用。

兴定二年(1218)，河南获得了丰收，老百姓积蓄了较多粮食。高汝砺于是建议宣宗及时加强军粮征收工作。这种因时制宜的做法收到了很好的效果。

兴定四年(1220)，高汝砺被拜为平章政事，不久又进为尚书右丞相，监修国史，并被封为寿国公。宣宗见他年纪大了，上朝的时候站立甚为辛苦，叫他上朝时坐在廊下。高汝砺说君臣的名分区别十分严格，自已不能听从命令。

由于跟宣宗关系亲近，君臣经常在一起聊天。有一次，聊到有关用人问题，宣宗以为："凡人处心善良而行事忠实，斯为难得；若言巧心伪，亦复何用，然善良者，人又多目为平常。"高汝砺认为："人材少全，亦随其所长取之耳。"可见，高汝砺在用人方面颇有见地。

正大元年（1224）三月，71 岁高龄的高汝砺死在相位。他历官 46 年，任相 10 余年。为政期间，在立钞法、重农耕、阻扰民、惩贪官、用贤才等有关国计民生的重大问题上，提出了一系列合理化建议和主张，颇有建树。但在蒙古大军不断南侵、严重威胁金朝统治的情况下，阻止与南宋和议的主张是一大错失。据《金史·高汝砺传》云："高汝砺为人慎密廉洁，能结人主知。然规守格法，循嘿避事，故为相十余年未尝有谴诃。"后著名学者刘祁评赞他说："金国以来，书生当国者唯公一人耳。"

高汝砺死后，归葬应县，应县有高汝砺墓。应州城里旧有丞相府、碧柳园，都是高汝砺的宅邸。

宋金朔应诸州之争

依"海上之盟"的约定，北宋宣和四年（1122）初，金军攻克辽中京大定府、西京大同府。然而，宋军却败于辽军，只好求助于金，燕京被金军占领，"海上之盟"被金军拒绝按约定兑现。四月，宋派人赴金反复交涉，金才同意宋廷每年在付给金"岁币"的同时，再付 100 万贯钱作为"代税钱"，方能取得燕京及所属六州。西京（今大同）则暂不归还，另议。由于宋徽宗急于庆祝所谓的"胜利"，并没有计较，就急着答应了。

宋与金关于辽西京路所属大同府、应州、朔州等地的交涉，更为棘手。宋朝"请加币以求"，金朝的"百寮军人等都不肯许"。金太祖完颜阿骨打答应，只要宋付给金犒军费，同意将西京及应、朔等 8 州划归宋朝。但是，这个协议还未来得及执行，金太祖就于宋宣和五年（1123）病死，其弟吴乞买即位，是为金太宗。本年，朔州、应州契丹守将韩正、苏京分别献州归宋，武州、蔚州亦归宋。朔州升为“中庆府”仅有两三个月后，金人又重新占领朔州、应州、武州等地。后宋朝依据协议索取大同府及应、朔等8州土地，当时金军驻两京的将领，正是金朝奴隶主集团中最富有掠夺性的粘罕，他答应只划给宋武、朔两州。朔州收回后，宋于朔州置朔宁府，治鄯阳县。宋宣和六年(1124)，金太宗指责粘罕，“是违先帝(阿骨打)之命，其速与之”。粘罕却提出宋朝破坏盟约，“招纳判亡”，西方还未宁静(指辽天祚帝还在活动)，若依约将西京路所属大同府、应州等划给宋朝，则金军“失屯居之所”，因而不能依约把这些地方交给宋朝。是年，金使至宋，索取宋使赵良嗣所许的20万石粮食。宋宣抚使谭稹拒绝道：“二十万石，岂易致耶！良嗣口许，不足为凭。”金人大怒，西京路所属大同府、应州等地的交涉虽经一波三折，就此搁置。

如果说，在结盟之前，宋朝在金人眼中是个天朝大国，甚至存在崇拜的心理。金人在谈判初期，并没有进入关内在长城以南占领地盘的意图，但是通过几年来谈判中的频繁接触，金朝看到了宋朝见识短浅、被动拖拉、昏聩无能的本质，了解了其军队战斗力不堪一击的状况。同时，金国在多次穿越长城的过程中，早就掌握了宋朝的山川险易和军事防守，且又得到宋朝进贡的大量岁币、粮饷和军费的补充而实力大增，这就在某种程度上膨胀了金军的野心。

宋宣和七年(1125)，辽国灭亡之后，北宋失去了北部屏障，金国通过“海上之盟”才真正强大起来。从某种意义上可以说，没有“海上之盟”就没有以后的“靖康之变”。而对北宋来说，联金灭辽的战略选择犯了方向上的错误，“远交近攻”换来了“唇亡齿寒”。用台湾学者柏杨的话说，这是个“惨不忍睹的胜利”。

是年十月，金国背盟，金太宗吴乞买下令伐宋，分兵两路南下。其中西路军以粘罕(宗翰)为主将，由河阴(今山阴南故驿古城)进兵太原，朔州是必经之地。在金部署大兵南下时，宋举朝不知，还不断派使臣往金交涉边境州县归属事宜。直到东路金兵南下之后，宋臣还到云中(今大同)要求金交割蔚州、应州等地。粘罕调侃道：“汝尚欲此两州、两县邪？山前、山后，皆我家地，复何论！汝家州县消数城来，可赎罪也。汝辈可即辞，吾自遣人至宣抚司矣。”(《续资治通鉴》卷95)其实已向宋明示南下

宋金钱币

宋代朔州监制八出葵花铜镜

的意图。

宋宣抚司招燕、云勇武强悍之民，即边塞汉儿，编成义胜军等来巩固边防，没有从内地调集兵力真正加强防御力量。义胜军仅河东即有10余万人，其给养由官府发放。义胜军等实是雇佣军，和宋王朝无任何感情可言。时间一长，供给不足，因饥而怒，或受辱骂，心怀二志，是自然的事。一旦有风吹草动，他们的积怨就会爆发出来。

十二月，西路金兵南下至朔州，宋守军少，军粮缺，城内流民饥寒交迫。但北宋朔州守将孙翊勇武而忠于朝廷，是宋朝抗金名将，镇守朔州很有名气，金人对他有所忌惮。孙翊出城与金兵作战，还未决胜负，义胜汉儿已开城门降金，朔州遂被金军占领。不久雁门关也陷落了，孙翊不能回朔州，于是率本部人马两千，绕道宁化、岢岚、宪州增援太原，希望能与太原城中的宋军会合。他领兵与包围太原的金兵在城外展开了数日的激烈战斗，虽然他的军队兵寡将少，但士气很强。粘罕见孙翊勇猛难挡，便心思计取。孙翊带领的兵士大多是朔州人，粘罕便驱赶朔州的百姓到阵前，宋军兵士突然见到自己的亲人，顿时发生哗变，孙翊不能控制，被乱兵杀死。金兵至武州、代州，义胜汉儿皆为内应献城。金兵直下忻州、太原。

宋靖康元年(1126)十二月，金军兵临开封城下，宋钦宗投降。次年二月，金废去徽宗、钦宗二帝，宣告了北宋的灭亡。五月，徽、钦二帝作为俘虏随金军过代州，度太和岭，经朔州境域北往云中。

军民屯田黄花梁

应县城西约20公里处横亘着一座东西走向，坡度平缓的冈阜叫黄花梁，一直延伸至山阴、怀仁境内。元代，这一带曾是军民重要的屯田之处，称“黄花梁”或“黄华岭”。大同路总管兼府尹浑源人孙拱为首创者，也是屯田黄花梁的第一功臣。

辽代中期这里的生态环境要优于当今的东北林区。辽重熙五年（1036）九月，兴宗耶律宗真率众大猎于黄花梁，一日之内竟猎获黑熊36只，此后不到20年，砍伐了其上的树木，兴建了应县释迦塔等众多建筑，黄花梁成了童山秃岭。元朝初期，黄花梁及周边地区已沦为牧马的草场了。此后数十年，此间更加荒芜不堪。

元贞二年（1296）至大德五年（1301），浑源人孙拱任大同路总管兼府尹。其间，孙拱除暴安良，兴学重教，引武周山水环城并建水磨利民。他在境内踏查时发现，黄华岭周围有荒地5000余顷，被作为牧场得不到耕种。于是报请朝廷将军马移到别处放牧，开垦耕种。按习惯做法，屯田一般选择平原地区，黄华岭周围因设驻军，屯田无疑是因地制宜之举。

大德四年（1300），成宗采纳了孙拱的意见，成立了军储所，发军民9000余人立屯开耕，沿黄华岭南50里开荒建庄。山阴、应县桑干河两岸村镇的形成，便是从元代开始的，如今的山阴洪济屯即为当时屯田驻地之一。明代应州隐士陈子儒在《应州》诗中有“昔年帅府为州室，近世新屯改县衙”之句。可见明代应州衙署利用了元朝金城屯田治所。当年正月，在界于今山阴、代县之间的太和岭一带亦先期置屯田所，此山原名马场梁，先前也是作为马军放牧之地荒废的。

大德六年（1302），将大同路黄华岭屯田军储所改称屯储军民总管万户府，设官六员，其中达鲁赤花赤一员，万户一员，兼管军民，仍然让

原军储所宣慰使法忽鲁丁掌管。当时已经发展为山阴、雁门（山阴、代县之间或即太和岭）、马邑（今朔城区东部、山阴西部）、鄯阳（今朔城区大部及平鲁、神池之一部分）、洪济（今山阴东部、应县西部）、金城（应县）、宁武七个屯田所，即七个分场。各设千户所，每所有千户一员（五品），达鲁花赤一员，百户六员，弹压一员，兼管军民屯储人员。地涉今朔州市除右玉之外的大部分区县和忻州市与朔州市接壤的部分地区。大规模的屯田初见成效，大德七年（1303）十一月，成宗铁穆耳下诏让大同、静州、隆兴等路运粮 5 万石入和林。其中必有屯田所产之粮。

大德十年（1306），太和岭屯田总管府的情况是每人耕种 50 亩，每年上交粮食 30 石。有时还要承担另外的徭役，影响了耕作，但所征粮食数量不减，耕垦人员负担很重。这一年改由宣慰使玉龙失不花总领其事实行军管，视军民所收多寡以为赏罚。黄华岭屯所情况大致与此相当，总管其事的达鲁花赤都是蒙古人。十一年（1307），因屯垦有功，特授大同屯储军民总管府达鲁花赤怯里木丁中书右丞。又将黄华岭汉军屯垦人员全部调往红城（位于大同西北方向六七百里今内蒙古境内。至元二十九年，即 1292 年，调大同、太原等处军人 4000 名置立屯田，开荒 2000 顷，属大同等处屯储万户府管辖）屯所，只存民夫在屯。

武宗至大四年（1311），黄华岭屯田又有军人参与，改由忠翊侍卫管理。“以黄华岭新附屯田军一千人并归本卫，另立屯署。是年，改大同侍卫为中都威卫，属之徽政院，分屯军二千置弩军翼，止以二千人分置左右手屯田千户所，黄华岭新附军屯如故”。新附军人带家属者称为“新附军户”，均为南方人，后来即定居当地。

延祐五年（1318）十一月，黄华岭屯储军民总管万户府改称屯储总管府，设官四员，当时有户军 4020 人，民夫 5945 人，农田 5000 顷。比 18 年前初垦之时增加了近千人，高级管理人员减少了 2 人，管理水平有所提高，屯储效果显著。

元朝设有管理农业的机构——劝农司，命各路宣抚司选出通晓农事的人员充当随处劝农官，指导、督促各地的农业生产。早在中统二年（1261），马邑（今朔城区司马泊村）人崔斌即是最早的八位劝农使之一。

元初招集逃亡，鼓励垦荒，实行军民屯田，养兵息民，以资军饷。据《元史·兵志》不完全统计，全国屯田面积达 17.78 万顷之多，黄华岭屯田占三十五分之一。

元代的农业生产技术也有所提高，选种、施肥、灌溉、收获、农具改进等方面，都已达到新的水平。黄华岭播种粮食品种以谷子、高粱、黑豆、小麦、荞麦、黍、糜等旱作粮食品种为主，前两种无需中耕锄草，与黍、糜均为小日期作物，管理相对粗放，适宜广种薄收。当时蚕豆和西瓜已有广泛种植，葡萄在这一带也很可观，还能深加工制成葡萄酒。世祖（忽必烈）在屯垦之前来到怀仁县，就喝过县吏姚天福进献的葡萄酒。胡麻、黄芥、黑芥等油料作物也是同、朔两地的传统农作物品种。高粱可酿酒，和黑豆一起作为马料，有大面积的种植，这一传统历经元、明、清、民国直至上世纪80年代初，仍是当地的主打作物。此外，在洪济镇还设有提领官三员，负责每年春秋二季捕捉大雁，提供给大都典膳署供皇家享用。

兴修水利是元代前期农业生产得以恢复和发展的重要原因之一，黄华岭南河流纵横，屯田七所均在桑干河流域，孙拱择地是很有眼光的。元代水利机械和灌溉器具大有改进，水轮、水砻、水转连磨等更趋完备。牛转翻车、高转筒车已有使用。孙拱先于屯田在大同城下已设水磨。元人阎复在《加封桑干河神庙碑》中记载，拓跋三大王庙（位于今朔城区神头镇）“置田四百亩，有堰导水，以衡碾、硙，岁入赢羡，以食其徒”。明洪武年间，马邑县水磨油坊年上缴税银463锭；成化年间，应州有水磨、水碾23盘，岁征课钞43锭。这些磨、碾当有很大一部分是元代传下来的。朔城区的两个南磨村、新磨、李磨疃、水磨头、安子村，应县的水磨，怀仁的磨道河等村名或许始于元代。元代在各屯田所内设立水磨加工粮食、油料。朔城区神头、新磨、司马泊的水磨一直使用到20世纪70年代方才废弃。

黄华岭各屯田所都设立了粮仓，以供储备种子、提供军粮、赈济灾民之用。大德九年（1305）某日，大同路地震有声如雷，坏官民庐舍5000余间，压死2000余人。怀仁县地裂二处，涌水尽黑，漂出松柏朽木，朝廷遣使以米25000余石赈济，也许就近取之于屯所。

文宗天历二年（1329）年初，大同路等处饥荒。朝廷命降时价百分之三十赈粜了26000石粮食，除一小部分由东胜提供外，绝大部分或许就是屯田所的储粮。顺帝至正二年（1342）正月，浑源州饥荒，赈灾之粮20000石应该也有黄华岭屯田所产。

这些成就的取得，既是屯田军民劳作的成果，也与朝廷重视农桑的奖掖有关。至治二年(1322)六月，英宗“车驾至五台山，禁扈从宿卫，毋践民禾”。之后，“车驾次应州，曲赦金城县囚徒”。

元初北方农业因战争破坏最甚。屯田复垦之后，因生产力仍属低下，旱作农业靠天吃饭，抗灾能力弱，屯田受灾亦有记载。如至治三年(1323)，“大同路雁门屯田旱，损麦”。至顺元年(1330)七月，“开元、大同、真定、冀宁、广平诸路及忠翊侍卫左右屯田，自夏至是月不雨”。估计当年这一广大地区歉收严重。

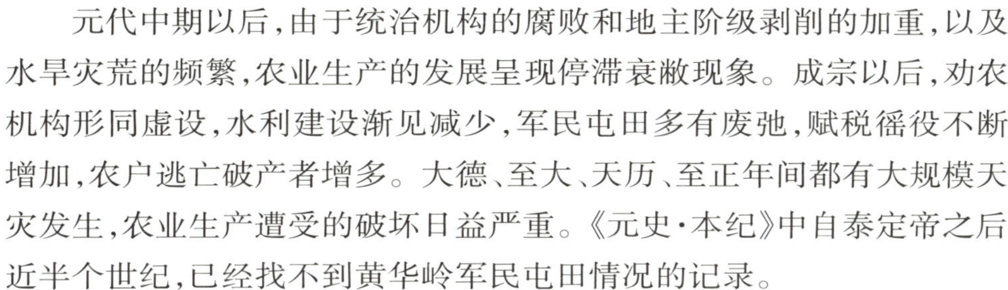

元代中期以后，由于统治机构的腐败和地主阶级剥削的加重，以及水旱灾荒的频繁，农业生产的发展呈现停滞衰敝现象。成宗以后，劝农机构形同虚设，水利建设渐见减少，军民屯田多有废弛，赋税徭役不断增加，农户逃亡破产者增多。大德、至大、天历、至正年间都有大规模天灾发生，农业生产遭受的破坏日益严重。《元史·本纪》中自泰定帝之后近半个世纪，已经找不到黄华岭军民屯田情况的记录。

忽必烈辅相赵璧

赵璧，字宝臣，金大同府怀仁(今怀仁)人。生于金宣宗兴定三年(1219)。赵璧的青少年时代，蒙古帝国在山西境内的统治逐渐稳定，随着蒙古占领者由残酷杀掠转向收揽人心，境内有了一个比较安定的社会环境。这时，赵璧从名师九山李微、金城兰光庭研习儒术，“朝诵暮课”，学业长进很快。23岁时，赵璧被蒙古藩王忽必烈召至驻牧之处。赵璧以接对精敏受到忽必烈厚遇，命王妃亲制衣服以赐，见面时但呼“秀才”而不名之。他曾奉忽必烈敕令奔走中原，征聘流落在各地的旧金名士至藩邸辅政，姚枢、王鹗等人就是由他罗致的。他还在漠北为蒙古生10人讲授儒书。这个时期，他的蒙古语逐渐精熟，曾奉命为忽必烈译讲《大学衍义》。忽必烈对他身为汉人而“能为国语深细若此”赞叹不已。

赵璧画像

忽必烈兄长蒙哥即大汗位后，周围有一些人成天摇唇鼓舌，搬弄是非，人们敢怒不敢言。蒙哥召赵璧征询治理国家的建议时，赵璧当即提出："先诛近侍之尤不善者。"蒙哥听后很不高兴。事后忽必烈对他说："秀才，汝浑身是胆邪！吾亦为汝握两手汗也。"(《元史·赵璧传》)赵璧嫉恶刚正的胆识同时得到众人的赞佩。

一天，断事官牙老瓦赤拿着官印，向蒙哥请示说："这是先朝皇帝赐给我的官印，现在您即位了，我是继续用此旧印呢，还是换一颗新的呢？"当时一旁侍立的赵璧质问牙老瓦赤说："用不用你，由皇上决定，你难道敢以先朝的官印来求官吗？"并夺下他的官印，放到蒙哥面前。蒙哥沉默了许久后说："朕亦不能为此也。"牙老瓦赤是自成吉思汗以来，历仕三朝的重臣，赵璧不满他苛于聚敛财赋，因而挺身而出回击了他。此后牙老瓦赤没再被任用。

不久，赵璧出任河南经略使。河南有个地头蛇叫刘万户，当地人谁家办婚丧大事，首先得贿赂他。尤其是刘的爪牙董主簿，狗仗人势，助纣为虐，强抢民女 30 多人。老百姓怨声载道，可谁也不敢惹他。赵璧查明情况后，立刻把董主簿抓来斩首示众，把强抢的民女全部放回，人们极为高兴。刘万户闻讯大惊，假惺惺地去看望赵璧。当时正好下了一场大雪，刘万户讨好地说："你刚到这里，就为地方除去一霸，真是天大的好事，连老天爷都感动得降下雪来，真是瑞兆啊！"赵璧冷冷地说："像董主簿这样的坏蛋还大有人在，等我把他们统统除掉，瑞雪会更大。"刘万户听着，连大气都不敢出，回家后，当晚暴亡。人们奔走相告："赵璧一席话，吓死刘万户。"此后，他在屏盗贼、造楮币、均赋税、立屯田等方面都颇有建树。二三年后，河南"以最治称"。

中统元年(1260)，忽必烈即大汗位。即位当天，就任命赵璧为燕京路宣慰使。到任后，他"经画馈运，相继不绝"；"手校簿书，得豪贵侵盗逋负钱数万计，乘舆北征，民不扰而军用足"，为供给北边用兵发挥了十分重要的作用。当年七月，赵璧任平章政事。次年，受诏参与了元廷在燕京行省基础上正式确定中书省的编制工作。至元四年(1267)正月，担任枢密副使，由文职改任为军职。

至元六年(1269)，宋荆湖统帅吕文德遣人到元廷约降。忽必烈命赵璧去襄樊前线，与都元帅阿术商议可行与否。当时元军正在围困襄樊。宋将夏贵率兵 50000、馈粮 3000 艘，自汉水溯流来援。时值汉水暴涨，阿术又卧病新野。赵璧恐夏贵乘夜潜袭围城的元军，专意在元军结集区的南线据险设伏。他往返督察，衣不解带七昼夜，并深入元军前沿踏勘敌情。夏贵果然择夜奔袭而来。赵璧得报，领单骑连夜山行，赶回设伏区进行临战动员。不久宋军抵达，元军伏击，夺得五艘粮船。夏贵慑于元军的声势，不敢继续前进。至明，阿术扶病率大军至，宋军溃退。赵璧率水军追击夏贵舟师，大败之。

至元七年(1270)，高丽(今朝鲜)发生政变，国王被驱逐，请求元朝援助，忽必烈派赵璧率兵前去。兵临平壤时，政变头子已死去，内乱遂平。国王为报答他们远道而来，赠给各将领一些美女，粉白黛绿者，纷呈于前。赵璧把分给他的三名全部退还。

赵璧从高丽回来，同忽必烈一起去祭祀太庙。有人把黄幔弄脏了，忽必烈认为是对祖先的不敬，一怒之下，要斩那个人。赵璧说："按照律条，这种情况只能判杖断和流放，不能斩首。"此人才得以活命。他在为官后期，仍然保持了这种刚直不阿的品德。

至元十年(1273)，赵璧复拜平章政事。至元十三年(1276)，赵璧病死，被追赠为大司徒，谥号"忠亮"。

元代宰相崔斌

崔斌，字仲文，金宣宗元光元年(1222)生于马邑。生性机敏，富有智谋，身材魁梧，善于骑马射箭，尤其善于文学，并通晓政事。元世祖忽必烈在登基前召见他，他的对答很合世祖心思，遂命令他帮助大将卜怜吉带率游击骑兵戍守淮南。崔斌有谋略，卜怜吉带很尊敬他。军队驻扎扬州西城，派崔斌率领骑兵侦察敌人情况，崔斌看到敌人军队混乱，便出奇兵袭击，杀死并俘虏许多人。后授金符，为总管。中统元年(1260)，改任西京宣慰司参议。

当时世祖锐意图治，崔斌不避忌讳，直言议论，当面申说，是非立分。世祖到上都曾召见崔斌，崔斌步行跟着。世祖令他骑马，询问他治政大事，以何为先，崔斌以任命宰相来作答。世祖说："你给我推荐可以做宰相的人。"崔斌推荐安童、史天泽，世祖沉默许久。崔斌说："皇上难道认为臣见识低下，所推荐的人不符合众议，有所疑惑吗？现在亲近大臣都在，请听取大家的意见，再请皇上圣裁。"世祖答应了他的请求，崔斌勒住马高声说："皇上有旨，问安童任宰相，可不可以？"大家高呼万岁。于是世祖任用两个人一起做宰相，拜崔斌为左右司郎中。每在帝前议事，有众议不决的事，崔斌用几句话就可定下来。因而很得世祖亲近信任，很多人却忌恨他。适逢阿合马设制国用使司，专门管理钱财赋税，全以搜刮民财为事，崔斌说："与其有聚敛的臣子，不如有偷盗的臣子！"在皇上面前多次指斥阿合马的奸恶。

至元四年(1267)，出任东平守备。五年，大军南征，经过寿张。有士兵拿百姓的席子时，把孩子扔到地上摔死了，百姓向崔斌投诉。崔斌专门去说服主帅把那个士兵投入监狱，从此没有人敢冒犯百姓。这年是大荒年，征收赋税如同平常年份，崔斌急速奏请免征，又向朝廷请求，获得纸币 10 万缗，用以赈济饥荒。六年(1269)，任同枢密院佥事。

襄樊之战，崔斌任河南行省佥事。在商量攻打鹿门山时，崔斌说："从岘山向西到万山，向北到汉江，修墙挖沟，来断绝敌人的军需和援兵，不费力就可以控制襄阳了。"当时朝廷打算调曹州、濮州民丁到南阳屯田。崔斌建议罢曹州、濮州屯民，用附近地区军队多余的兵来补充，得到百姓称赞。又建议户部印制滨州、棣州、清州、沧州盐券，交给行省，招募百姓用米换盐券，并提高价钱买入粮食。远近输送贩卖粮食、食盐者汇聚而来，军粮不费力就征到了。世祖有令：河南四路，征兵两万，以增加襄樊的兵力。崔斌立即上奏说："河南户数少，而调用繁多，实在承受不了，削减一半兵力为好。"朝廷听从了他的建议。攻克襄阳后，改任嘉

议大夫，仍任行省佥事。

至元十年(1273)，朝廷下诏命宰相伯颜统军南征，改河南行省为河南宣慰司，加任崔斌为中奉大夫，赐金虎符，充任宣慰使。这时，襄阳、正阳各军，全部经过河南，供应虽然繁多，但在崔斌的主持下，事情没有缺失。伯颜分派阿里海牙平定湖南，朝廷诏令崔斌做阿里海牙的副将，任行中书省参知政事。

崔斌画像

十月，元军包围南宋占领的潭州，崔斌负责攻打潭州西北的铁坝。当时阿里海牙中了冷箭，不能领兵，崔斌率军夜间在栅栏下集合，黎明全部登坝，但进攻不利。崔斌说：“敌军小胜而骄傲松懈，我们现在焚烧其角楼，断绝其援军的道路，围城挖三圈壕沟，这样城就可攻下了。”各位将领都赞成。于是告诫将士，衔枚悄悄登上铁坝，每人抱着柴草，到城楼上焚烧，并在城上竖起木栅。第二天早晨，元兵架云梯击鼓呼喊着登城，崔斌拿盾牌先登。阿里海牙拿酒慰劳他说：“夺取这座城，是您的功劳。”崔斌对阿里海牙说：“潭州人吓破胆了。如果敛兵不攻，允许他们前来投降，那么土地、百姓都为我们所有，从重湖往南，接连几十座城池，可以靠传檄而定。如果纵兵急攻，杀得他们没有活人，得到一座空城有什么好处！”阿里海牙听从了他的意见。第二天，就派人入城向百姓陈说厉害祸福，城中人争着出城投降。各位将领恨潭州军民持久地抵抗，都想屠城。崔斌告诉他们元朝出兵的本意，众将领说：“百姓就照您说的放了，敌兵一定要杀。”崔斌说：“他们也是各为其主罢了，应表彰他们，来勉励没有投降的人，况且杀投降的人不吉利。”众将才不再坚持。捷报呈上来，世祖嘉奖他为资善大夫、行中书省左丞，潭州人感激他，为他建立了生祠。

至元十一年(1274)，崔斌奉命抚慰广西，不久又命令他回来治理湖南。潭州属县安化、湘乡、衡山以南，周龙、张唐、张虎等率领的起义军到处涌起，崔斌率军驻南岳。凡是前来投降的，同僚提议全杀了，用来惩戒反叛，崔斌只杀死那些罪魁，胁从者全部释放。

至元十五年(1278)，崔斌被召入朝觐见。当时阿合马专权，朝中大臣没有人敢言。崔斌随世祖到察罕脑儿，皇上问江南各省怎么样治理，崔斌回答说，治理的方法在于得到贤臣，现在任用的多非其人，因之极言阿合马奸蠹误国害民。世祖于是命令御史大夫相威、枢密副使孛罗审查此事，裁减多余官员，罢免阿合马的同党，检查核实不法之事，撤销天下转运司，海内无不叫好。当时，尚书留梦炎、谢昌元说：“江淮行省事务最重要，但行省之臣没有一个懂文书写作的。”于是世祖命崔斌改任江淮行省左丞。到任后，凡是从前蠹害国家、剥削百姓的不法之政，全部改正，并逐条写好报告朝廷。阿合马怕他危害自己，截留他的奏章不使皇帝见到，接着又诬陷他。当年，崔斌竟被阿合马害死，时年56岁。元武宗至大初年(1308)，追赠推忠保节功臣、太傅、开府仪同三司，追封郑国公，谥号忠毅。

《元史·张康传》载，在朝为官的崔彧为崔斌之弟。崔彧本传载其居家弘州(今河北蔚县)，官御史中丞，至平章政事，卒谥忠肃，亦追封郑国公。《马邑县志》载，崔斌、崔彧昆仲为邑人。今朔城区神头镇司马泊村中崔氏故宅西墙夯土犹存，大门外的一对石狮现存崇福寺内。兄弟二人同朝为官，卒后同封郑国公，堪称佳话。

第六章

辉煌与衰落

（明清时期）

概述

明朝是中国封建社会最后一个汉族统治的封建王朝，清朝是中国封建社会最后一个少数民族统治的封建王朝，也是中国封建社会的最后终结者。从朱元璋于元至正二十八年(1368)在应天(今江苏南京)称帝建立明朝始,到清宣统帝于1912年2月正式宣布退位止的544年间，朔州地区作为汉族政权和少数民族政权争夺和较量的重要疆场,经历了两朝的种种鼎革兴亡,见证了其如落日般的辉煌和衰落。

明朝建立后,承袭了元朝的行省制度,每省设布政使司、按察使司、都指挥使司。三司分权独立而分别隶属中央。山西布政使司辖府、州、县,其中大同府辖大同、怀仁两县和浑源、应州(省金城县,只领山阴)、朔州(省鄯阳县,只领马邑)、蔚州。山西都指挥使司置行都指挥使司,设在大同,大同为九边之一,亦称大同镇,初领26卫,后调整为14卫3所。朔州境内有:朔州卫(洪武三年设)、平虏卫(成化十七年置,治大同,嘉靖中迁到平鲁城)、威远卫(今右玉威远堡)、右玉林卫(洪武二十五年置定边卫于今右卫镇,永乐元年废,七年徙大同右卫来治,正统十四年又徙边外玉林卫同治,称右玉林卫)和井坪、马邑、山阴3千户所;另有安东中屯卫(洪熙元年置),辖左、右、中、前、后5所,2所分守浑源,后所守怀仁县,左右2所俱附卫。

明初,明军以强大的攻势占领元统治中心大都后,退居长城以北草原上的残元武装仍然利用各种机会袭扰朔州、大同等北方边地。洪武二年(1369)八月,明军在大将李文忠率领下于朔州马邑大败元平章刘帖木儿,并于马邑西北之白杨门出奇兵再败元顺帝所派元帅脱列伯,解大同之围后,初步稳定了这一带局势。此后,明又广置卫所、固城筑堡并实施战略性大移民,全力加强防守。朔州境内卫所遍布,“马邑圪针沟”成为全国著名的移民集散地,右玉成为至今盛名远扬的“古堡之乡”。从正统十四年(1449)的“土木之役”,到隆庆五年(1571)“俺答封贡”的120多年间,瓦剌也先、元裔达延汗、小王子、俺答等在北边相继为患。正德十二年(1517),明武宗曾率兵与小王子在应州一带激战5天;嘉靖三十六年(1557)的右卫保卫战,军民固守孤城长达8个月之久。朔州利民堡、广武营和应州北楼口等相继成为重要险隘,杀胡(虎)堡于嘉靖二十三年(1544)设立,此后成为重要的军事桥头堡。隆庆和议后,蒙汉关系缓和,双方互市,民族融合加强,朔州地区出现了历史上罕见的和平发展景象。但明末的人祸天灾,却使全国农民起义形成燎原之势。李自成起义军占领朔州地区后不到一个月时间,便以摧枯拉朽之势直破京城。

明代的朔州地区,涌现出不少杰出人物。保家卫国的信念激励应州人师翱创制了杀敌新武器。右玉的麻贵东征西战,在万历年间多次立下赫赫战功,和另一位辽东名将李成梁并称“东李西麻”。山阴县人王家屏曾任内阁首辅,凡事以大局为重,不计个人得失,赢得了朝野的依赖和尊崇。

清朝取代明朝后,朔州地区隶属山西省雁平道大同府。雍正三年(1725),增设朔平府,废除卫所。朔平府治所设于右玉,辖4县1州1厅:右玉县、左云县、平鲁县、马邑县、朔州、宁远厅(乾隆十五年设立,光绪十年改隶归绥道)。嘉庆元年(1796),撤马邑县为乡并入朔州。怀仁县、山阴县、应州仍属大同府。

清初,朝廷推行民族高压政策,因而激起了震动朝野的山西大同、朔州一带的反清起义。起义被血腥镇压后,造成人口大量逃亡,朔州地区社会经济遭到重创。直到康熙二十四年(1685),清廷废除“圈地令”,朔州地区社会经济才得到逐渐恢复。康熙皇帝平定噶尔丹,朔州地区成为清军重要的后方供给站,特别是杀虎口更属重要交通枢纽。朔平府设立,成为协调不同民族之间矛盾的重要机构。长城不再是蒙汉争夺的前沿,杀虎口设立户部常关,有力地推动了朔州地区经济发展。

另一方面，清朝统治者一直推行文化专制政策，文字狱之祸在知识阶层时有发生，思想文化遭受多方面的禁锢。相对而言，科举制度受到一定程度的重视。朔州地区在清代的进士达45名，朔城区有21名，其中有第一甲第二名光绪丙子科榜眼王赓荣。其间，民间文化艺术也有较快发展，涌现出许多地方戏曲如耍孩儿、道情、朔县大秧歌、赛戏、二人台等，演出相当活跃。这对正统思想无疑是一种有力的冲击，也是市民阶层的政治思想要求在文化领域的具体反映。

鸦片战争以后，中国开始沦为半殖民地半封建社会，阶级矛盾、民族矛盾激化，朔州地区先后爆发了反帝反封建的熊振德起义和以“扶清灭洋”为口号的义和团运动。1900年，八国联军侵入北京，慈禧、光绪亡命西逃路过朔州地区，尽管朔州吏民倾情接待，此后仍难免赋税越来越重和大肆搜刮。武昌起义后，朔州地区积极响应，革命党人发动了多次反清斗争，清王朝在朔州的统治终于被推翻。

明初朔州大移民

“南有洪洞大槐树，北有马邑圪针沟”，这是600多年来民间广为流传的一句话。马邑圪针沟和洪洞大槐树作为明代大移民时官府设立的移民集散地，成为先后两次移民大行动的形象概括，在中国移民史上占有极为重要的地位。

明代大移民最早开始于北方边境地区。明初，新生的明政权在长城一线与北部残元势力尚处于拉锯状态，前元政权残部在王保保等名将主持下仍然具有强大的战斗力，其南犯袭扰仍然是新生政权的巨大威胁。据《明史·太祖本纪》《明史·食货志一》记载，洪武四年（1371）初，坐镇北平的明开国元勋徐达上书太祖朱元璋，请求将“山后六州”（大同、朔州、应州、蔚州、归化州、保安州）之民迁入北平，一来解决北平人口稀疏、市井凋敝的问题，二来在这六州之处实行坚壁清野，防止敌对势力王保保等在这一带得到兵员及给养补充。徐达的奏请很快得到明太祖的批准，在都指挥使潘敬等人的具体操办下，于很短时间之内，强制实行了三批大移民。

三次战略性的大迁徙，合计动迁人口近50万，包括以汉族为主的蒙古、色目等各族百姓，还有北方边境上俘获的元将士和元遗民。第二批移民主要来自今朔州市、大同市各县，于洪武四年（1371）六月完成。朔州地区的马邑烟墩圪针沟为重要的集中点和出发地，移民计“三万五千八百户，一十九万七千二十七人，散处卫所”，这一批移民规模最大，迁徙人口数量最多，占三批总移民数的三分之一多。此前的第一批和此后的第三批也都是在当年完成的，分别为漠北及张家口一带的移民。这次大移民后，朔州还有几次移民的记载。据《洪武实录》载：“（洪武）六年八月，大将军徐达等师至朔州，徙其边民入居内地。”可惜没有说清这次移民迁入的具体地点和移民的数量，只是谈到由“边”向“内地”。“（洪

武)七年七月,广西护卫指挥佥事脱剌伯于朔州等处招集旧部。故元士卒 1360 余人,家属 3460 余口,俾之编伍",迁到凤阳的泗州、虹县屯田,建设朱元璋的家乡去了。据《明实录》载,洪武七年(1374)一月,迁朔州故元官民 200 人于京师卫所;四月,迁塞外故元官属 1323 人于京师卫所;另有 3230 名故元官、军、民从塞外迁入。朱元璋甚至下令:"其塞外夷民,皆令入内地";"官属送京师,军民居之塞内"。近年来为《三晋石刻大全·朔城区卷》搜集资料而拓制的民间墓碑中,发现不少碑主人原籍"东胜云内",应是这次移民的结果。朔州在这个时期的移民大行动具有极其重要的作用。北方残元势力遭此扼制,给养与兵员补充受到极大影响,对明朝北方的威胁明显削弱,王保保也于洪武八年(1375)忧郁而死。此后,燕王朱棣以北平为根据地,发动"靖难之役",由此得到了重要的兵力补充。

另外,有的学者通过姓氏文化的研究,认为忻州诸多姓氏根在朔州,忻州诸多居民是从朔州马邑迁去的,如马邑烟墩村圪针沟居民郝完同其本家郝从裕及其表弟张澄、张敬等同迁忻州,定居合索村、和岔村等地;圪针沟居民赵德祥,迁入忻州一个新村,取名"播明"。忻州的邢氏多为明初由朔州邢家河迁入。还有忻州的米氏、郜氏、段氏、马氏、赵氏等,都是洪武二年(1369)由马邑海子边迁去的。据忻州五台县《徐氏宗谱》记载,徐向前元帅的祖先也是由朔州迁往五台县大建安的。山东嘉祥《白姓族谱》记载,洪武二年(1369),白氏先祖由应州马合麻出发聚集雁门圪针沟又迁忻州合索定居,后几经迁徙至山东嘉祥。据古碑记载,马合麻是元代应州的一个村名。如上移民情况,不在少数,极有可能也是统一组织的集中移民。据《忻县志》载,由于连年混战,加之元至正末年瘟疫传染,使境内十室九空,几无人烟。于是"县主奉令到朔州马邑县,领诸移民

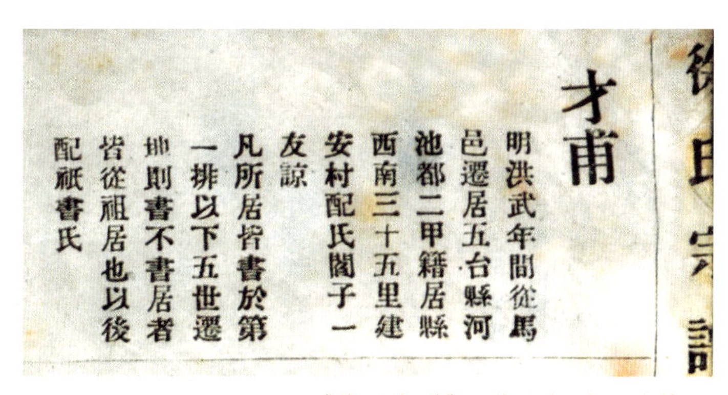
才甫
明洪武年間從馬邑遷居五台縣河池都二甲籍居縣西南三十五里建安村配氏閻子一友諒
凡所居皆書於第一排以下五世遷徙則書不書居者皆從祖居也以後配祇書氏

《徐氏宗谱》记载明初移民的情况

来忻落户”。经朔州马邑迁出的移民还有的分布在今忻州市五台县、定襄县、原平市及太原市、晋中市等地区。马邑至烟墩圪针沟一带也有不少人加入。

还有一种迁往山西境外的情况,相比之下,更为特殊。河南信阳《马氏家谱》记载,其祖由应州金城县回回庄避乱迁到信阳。回回庄,即应县刘霍庄。据推断,这些情况属于百姓们认为越往南去越安全,为躲避兵荒马乱自发性的零散的无奈选择。尽管做这种选择的人也不在少数,但时间基本在战略性大迁徙之前。

战略性的“移民空边”是一把双刃剑。明朝在切断残元势力补给的同时,边境大片土地也因此无人耕种,闲置荒芜。于是,在战事稍稍趋向

缓和的同时，明军不断广置卫所、增设军屯，在边防要塞实施以军屯为目的的军事移民，这就使军队的驻防和调动，在实质上成为一种特殊的向北方边境移民的运动。从先前边民移出变为军士移入，数量可观的军士成为当地人口的重要组成部分。明代实行军户世袭制，屯戍必须携妻子、父母、余丁等家属，一同耕种份地，以资军用。而且一旦编入卫所，便世世代代不能脱离军籍。另外还有相当一部分的民众迁入，这些人大多数是无土地者或战乱中的难民，被迁入后属军管民屯，“无事则耕种，有事则出战”。洪武八年（1375）正月，“中书省奏山西大同都卫屯田二千六百四十九顷，岁收粟豆九万九千二百四十余石”，明前期的军屯收到了良好效果，引起明廷极大重视。

明长城山阴广武段

洪武二十五年(1392)八月,明朝掀起了一个北部边防建设高潮,兵力、范围进一步扩大。朱元璋命冯胜、傅友德等人在山西各地大举征兵,前往大同一带和相邻的内蒙古南部等地屯田,充实大同、朔州、东胜等地的卫所。此次征兵,“阅民户四丁以上者,籍其一为军,蠲其徭役”,并规定在“东胜立五卫,大同城立五卫,大同以东立六卫”。如此算来,16个卫要征集89600人。据《明史·地理志》载,这次征兵涉及山西平陆、夏县、芮城、临汾、襄陵、洪洞等70个州县,可谓遍及全省。这是山西行都司历史上规模最大的一次移民。

洪武二十六年(1393),朱元璋又下令设大同后卫等10卫。这次又有5万余人迁入,连同家属最少也在15万人左右。洪武二十八年(1395),又迁来山西马步官军26600人往塞北筑城屯田。这些屯田卫所不少分布在朔州。洪武三十一年(1398),安东中屯卫(治所应州)调来护卫官军,军人与家属约有1万人在军事屯垦区。军屯的人数,与当地民众人口不相上下,甚至更多。

稍后于军队屯田的移民,从洪武二十一年(1388)开始,明廷也推行了“移民就宽乡”措施。山西关内人口又大量移向全国各地,也有相当数量的人口移入朔州地区。元末明初的战乱,使两淮、河南、河北、山东等不少地区出现了无人区,田地荒芜。而山西除北部地区外,遭受战争创伤较轻,加之周边人口大量逃入避难,造成山西人口后来居上,人口总数超过河南、河北两省人口总和,成为人口相对稠密之地区。此措施既解决山西“地狭民众生计难”的问题,垦荒种田又实现“地无遗利,人无失业”的目的。为立即奏效,朝廷实行强制办法。首先将移民集中于集散地。移民被集中后,官府发放川资凭照,编队后再由兵士押解到迁入地。如有不愿远离家乡者,押解军士可用“械系”、“杖击”等武力逼迫他们上路。移民被送至迁入地,当地官吏按里甲编签将其安置并授田,“验其丁口,计亩给之”。法令明文规定:“迁民不得逃离,逃者发边充军。”最初三年,移民享受垦种优惠条件,不服役,不纳税。

山西洪洞地处交通要道,人口稠密,是明初的行辕兵站,朝廷把洪洞定为主要的移民集散地。移民从洪洞大槐树下出发走向全国各地的“宽乡”,一直延续到了永乐年间,所以,才有了“南有洪洞大槐树”的说法,后来留下的“南有洪洞大槐树,北有马邑圪针沟”的说法也更具影响

明长城平鲁段

力。此前朔州地区曾实行清乡移民，除了军队，民众稀少。就宽移民，朔州地区自然成为移民接纳地。今朔城区吉庄村李氏就是明初由洪洞大槐树迁徙而来。从应州世家大族的家谱来看，不少家族系永乐初年由洪洞迁来。如县城三大姓之一的刘姓，家谱记载是从洪洞县剪子巷移来；大姓之一马姓是由河南经洪洞移往保德，后又由保德迁来。影响所及，现在的朔州地区，还有不少人似是而非地也把自己的根定在洪洞。

明代朔州之移民，有移出移入之分，亦有自发及强制之别，其性质不同，具体时间有异。前后对比，圪针沟移民比大槐树移民在时间上稍早，而且史书记载也确切准确得多。不管何种移民，何时移民，都服从了国家的政治、军事、经济的需要，对保卫、开发、建设朔州作出了贡献。朔州市三晋文化研究会 2009 年编纂的《朔州通史》，在评价朔州移民的历史意义时说："各地移民迁徙到一处杂居相处，日久安居，互相交流融合，促进了社会的发展进步。"

“中国古堡之乡”右玉

据《朔平府志》记载，明代时右玉有军堡22座，民堡77座。《大同府志》所记也与此基本接近。一般认为，右玉的古堡绝大部分建于明代。

右玉原为明朝大同右卫和玉林卫，地处外长城内边。自古以来，一直是边防前线，具有十分重要的军事地位。因而，伴随驻防，筑堡具有相当长的历史。特别在明代，由于卫所制度的实行，右玉几乎是较有规模的村庄就筑堡。

2006年8月，右玉县被中国民间艺术协会授予“中国古堡之乡”称号。这是因为，右玉的古堡不但当年交错林立，遥相呼应，而且至今保存完好的也很多。右玉的古堡，在现在已成为塞上军事文化的一个重要组成部分，而且作为突出的古代军事景观，成为一处别具特色的旅游胜地。

现在右玉全境犹存大小堡寨90余座，整个右玉大地古堡星罗棋布，遥相呼应，密度之大，数量之多，实属罕见。古堡南北分布稠密，并呈纵横交错之势，恰似严密的军事防护网，充分揭示出它们是当年面对北方少数民族构成的一道重要防线和据点。右玉古堡可以说是右玉历史上频繁征战和顽强抗争的见证和缩影。

明万历三年(1575)修长城碑记

当年筑堡，结构有别。一般来讲，墙体有砖包、石包、土筑之分。砖包、石包是指在土筑的基础上，外面再以砖块或石块加固。由于土质等各方面的原因，存在的时间也长短不同。如曾经砖包的铁山堡因筑堡土质坚硬，形体至今基本保存完整，即便再过几百年也不会有很大的

右玉古堡遗址

改变。但石包的红土堡，由于石头被拆掉了，加上此地是黄沙土，所以西南北三面的堡墙已经快与地平。

右玉的古堡有军堡、民堡之分。作为边防前线，右玉的人口基本上是随着战争迁移来的。将士守在边关驻扎军堡，民堡安置家属，当然，也同时兼有作战和保卫的任务。因为生产、生活以及生命安全保障的需要，这些将士的后代们便大量筑堡，这样，右玉的堡便一代一代地延续下来了。我们现在所看到的堡只不过是那些还没有被岁月的风雨、风沙所剥蚀的堡，离我们的年代也仅仅有几百年。

右玉军堡、民堡的分布明显为南北防线。北有残虎堡、破虎堡、杀虎口堡，是前沿阵地，稍后处，如林家堡、魏家堡、柴家堡、李家堡等。挤在一块的这些村落堡寨，这个堡废弃了，那个堡又建立起来，一直没有停止过，反映了北部一直是防御的重点。

中间的堡如周二堡、铁山堡、曹家堡、黑流堡、红土堡、善家堡、黄土堡、王忠官屯堡、苍头河堡、大堡、小蒲州营堡、破庙儿堡、破房儿堡，以至于威远城一带的范家堡、辛堡、大柳树堡、王家堡、郭家堡、双河堡、乔家堡，这些堡的先后设置是对内地的保卫。

南边有白头里堡、马莲滩堡、胡指挥堡、高家堡、窑子头堡、三岔堡、蔡家堡、南花园堡、梁信堡、沟儿李堡、喇鸡屯堡、麻黄头堡，以及增子坊堡、西碾头堡，充分反映了这个区域古堡分布的严密。

右玉现在保存较完整的古堡基本是军堡，这也表明，当时筑堡对军堡的重视程度胜于民堡，因而相对坚固持久。主要有：

铁山堡　位于右卫城西南6.2公里处，南北两面临河，西控长城，东扼河谷。远远望去，一座孤兀、古朴、壮美的古堡呈现在眼前。堡墙巍然屹立，墙体呈褐红色，堡墙四周被一圈圈的细黄沙紧紧包围，置身其中，仿佛走进戈壁沙滩。

虽历经风雨剥蚀，堡墙保存仍比较完整。铁山堡建于明嘉靖三十八年（1559），明万历二年（1574）砖包，周长500多米，墙高12米。管辖边墩22座，管北路墩10座，分管边墙5公里，北自右卫城边界起，南至云石堡边界止，统由右卫统辖，属大同中路。清初裁撤。清雍正十年（1732）

又派兵驻防，管辖边墩8座。

马营河堡　位于右卫城北5公里处，东临北岭梁，西傍苍头河，北距杀虎口5公里，是苍头河谷重要的军事防守要地。现今堡城四墙清晰，砖面拆除，局部墙体倒塌。

此堡筑于明万历元年（1573），周长1400米，高12米。五龙沟泉水沿堡北而过，汇入苍头河。周边树木茂密，郁郁葱葱。在堡外的西南角，紧邻堡墙处，建有武圣庙大殿和乐楼。武圣庙殿内原关公塑像不存，但藻井仍存，且有不少精美图案。乐楼构架独特精巧，木雕、砖雕、石雕玲珑剔透，素雅大方，具有浓郁的生活气息。无论是建筑艺术还是雕刻艺术，都达到了较高水平，是研究晋北古代建筑艺术和雕刻艺术不可多得的实物资料，也是朔州地区至今保存最为完好的一座明代乐楼。

破虎堡　位于右卫城东北30公里处，北部500米处是横亘东西的万里长城。东与左云县宁鲁堡相顾，西与残虎堡相衔，南北两廊山峰高耸陡峭，中间河谷狭窄，河水湍急，是扼守右玉东部山口的咽喉重地。该

右玉马营河乐楼

堡城保存基本完整。四城墙尚存，四角台和中间墙台规整，只是包砖已被拆除。门额有石匾一方，上刻“破虎堡”三字。石匾左右两侧有精美的垂花砖雕。

威坪堡　位于威远城西南10公里处，坐落在苍头河上游峡谷中，西临平鲁三层洞，东接净水坪威远城，是右玉西南防守重地。该堡由新、旧两堡相连构成，保存基本完整。石面大部拆除，南门遗迹明显。旧堡墙

右玉云石堡

四墙完整。此堡建于明嘉靖四十五年(1566),明万历二年(1574)石包,周长700米,高12米。万历二十三年(1595),在旧堡东又创建土堡一座,与旧堡连接,管辖火路墩一座,由威远卫管辖。

云石堡　在铁山堡南,明代筑新、旧两堡。旧堡距县城15公里,位于丁家窑乡张二窑村西,雄踞高山之上,数十里之外就能望见。堡呈长方形,周长800余米,保存较好,墙高12米,开一西门。堡内中央建有一圆形墩台,粗壮高大,擎天而立,是周边城堡古寨的制高点。登台眺望,周边数十里的城邑村庄尽收眼底。明万历十年(1582),又在此堡北部5公里处另筑新堡,旧堡遗弃。新堡位于王石匠河南的高坡上,西距长城1公里,是控制王石匠河水口的重要城堡。

祁河堡　位于右玉县城东北角,是扼守东西要道的重要堡城。现堡城轮廓清晰,石面无存,部分墙体倒塌,南门遗迹明显。南墙较完整,最高处7米,西段底部有石墙残存,墙体均为黄花土夯筑。该堡建于明嘉靖四十一年(1562),明万历元年(1573)石包,周长700米,高12米。因离长城较远,无分管边墙,只管辖火路墩1座,属威远卫管辖。清初裁撤,改为民堡。

牛心堡　位于右玉县城东北10公里处,坐落在云阳谷中心地带。北依卧羊山、老龙山,南对牛心山、曹家梁。河谷狭窄,沟壑纵横,是右玉东西要冲上的重要堡城。现堡城轮廓清晰,南门遗迹明显,墙体石砖全无,土墙残存。土墙最高处10米以上,墙体为黄花土夯筑。该堡建于明

右玉杀虎口远眺

嘉靖三十七年(1558),明隆庆六年(1572)石包,周长1250米,高11米,设南门一座。因离长城较远,无分管边墙,只管辖火路墩18座。清初裁撤,改为民堡。

云阳堡　位于今右玉县城东北15公里处,西邻牛心堡,东近左云城,是扼守云阳谷出口处的重要堡城。云阳堡自古为官马御道,现堡墙基本完整。

现在,即使这些保存较为完好的古堡,也早已失去了当年的雄壮和威武。但是,当人们面对它们饱经沧桑的一砖一瓦时,谁的思绪能不被引入当年那旌旗纵横、铁马争驰的征战场景中去,谁又能耳边不再回响起伴随着金戈铿锵、火炮轰鸣的呐喊厮杀声。今天的右玉古堡,正是一座座呼唤文明与和平的历史警钟。

千年古堡杀虎口

杀虎口位于山西与内蒙古两省区三县(右玉、和林格尔、清水河)交界处,坐落在明长城脚下。西南距右玉县城35公里,北距内蒙古凉城县30公里,经和林格尔到呼和浩特80公里。自古为著名的军事隘口,又是名播四方的西口古道。

杀虎口历史悠久。春秋战国时叫参合陉、参合口,以后历朝沿用此名,唐更名白狼关,宋改叫牙狼关,明改称杀胡口,清更名为杀虎口。

杀虎口由杀虎关、杀虎堡和栅子外三部分组成,占地6000多亩。北依雷公山,南对咽喉梁,东挽塘子山,西携大堡山。外长城沿山岭由东北向西南蜿蜒而来,弯成一个半月形将其环抱。在杀虎口内外,东西两山对峙,苍头河由南向北纵贯其中,形成一条长3200米、宽250米、高220米的狭长走廊,构成天然关隘,地势十分险要。清雍正《朔平府志》载:“杀虎口乃县直北之要冲也。其地在云中之西,扼三关而控五原,自古称为险要。为宣大以西,宁朔以北,归绥以南之首冲。”

因其特殊的地理条件,历史上战略地位十分重要。据《史记·匈奴

右玉杀虎口关楼

传》载，赵襄子“逾句注，登夏屋……遂兴兵灭代，以临北貉”，当时杀虎口一带是“以临北貉”的战略要地。秦统一中原后，为有效防御匈奴，开通了途经杀虎口的“驰道”。西汉，杀虎口是雁门郡治所所在地（今右卫镇）北部驻兵设防的重要关隘。当时天下的形势是“雁门宁，天下安”。汉遣大将卫青、霍去病等多次出杀虎口北击匈奴，又派李广、冯敬、郅都等重臣在这一线镇守。匈奴虽十分强悍，不敢轻易进犯。

北魏定都盛乐（今内蒙古和林格尔土城子）后，杀虎口系盛乐的南大门。迁都平城后，成为“兴龙之地”、“畿内之地”。唐时在今右玉城置静边军，把守白狼关（杀虎口），以防突厥南侵。

明王朝立国之始，元人北归，屡谋复兴，边事日棘。为加强北部的防御，明初在北魏、隋长城的基础上进行修缮，增筑烽堠、戍堡、堑壕，局部地段改土垣为石墙，重点是京城西北至山西大同的外边长城、山海关至居庸关的沿边关隘。成化、弘治、正德年间，瓦剌、鞑靼等经常兴兵犯境，大肆掳掠，边防日紧。于是加修长城、增设边墩、添置墩口等成了当务之急。多次修筑，杀虎口都属重点。

右玉杀虎口今貌

“杀虎口德生堂具”印章

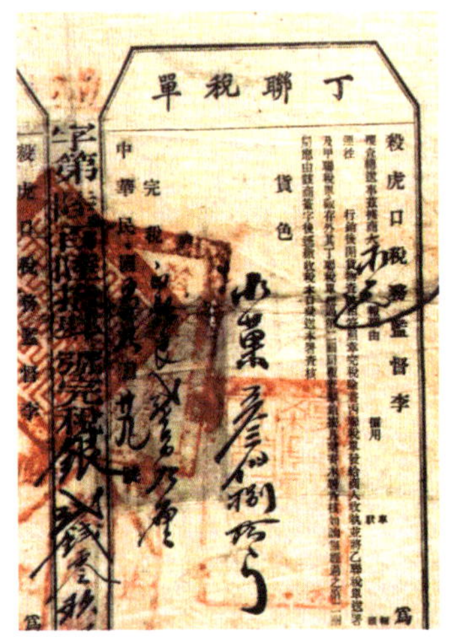
丁聯稅單
殺虎口稅務監督李
貨色

民国年间的杀虎口税关税单

民国年间加盖有“杀虎口”字样的邮票

明朝时，杀虎口新旧两堡共设步兵1047名，骑兵152名。

清代，杀虎口以重要的交通位置和兴隆的商旅通道著称于世。康熙三十四年(1695)，康熙帝西征噶尔丹，驻跸杀胡口，亲笔题词，将杀胡口改名为“杀虎口”，以体现民族团结之意。

清初，结束了内地同北方少数民族割据对峙局面。大同镇沿长城各城堡所驻官兵多数裁减，杀虎口仍有驻军1000余名。康熙三十年(1691)，山西巡抚上疏称“大同为邻边重地，重地之冲惟杀虎口最为重要”，调宁武关副将1员移驻杀虎口，设中军守备1员、千总2员，同时抽调偏关营千总1员、宁武营把总2员，驻防杀虎口。当时有骑兵2营，步兵8营，兵力增到5000人。

清朝中后期，边境线北移，此地战事稀少，杀虎口的军事功能减弱，成为内外贸易的重要集散地。作为晋商出西口到蒙古、俄国贸易往来的关口，朝廷在此设卡收税。其时，每天途经杀虎口运载货物的驼队络绎不绝，牛马车队长可里计。据《绥远通志稿》载：“绥远为山西辖境，故经商于此者多晋籍，其时贩运货物，经过杀虎口或运往新疆、兰州，或运往库伦、恰克图，甚至深入俄国。返程时又将哈喇、呢子、毛毯、钟表、金砂、皮毛、五金、鹿茸、葡萄干、杏瓜等运回内地。每年仅卖给京羊庄的绵羊即达20余万只。每年鹿茸开市时，交易量日约20万两白银，

清乾隆皇帝御批奏折

清雍正年间奏折

甘草约 50 万银圆。”由此足见杀虎口贸易量之大。

清顺治七年(1650),清廷在杀虎口专门设立税收机构——户部抽分署,后改称钦差督理杀虎口税务监督署,因衙署门额上有“户部钦差”的大匾,当地老百姓习称“户部衙门”。所辖机构,前期为 6 局 3 卡,光绪年间增设为 8 局 10 卡。各分局支卡分别负责东起天镇兴平堡,西到陕西神木,北到包头、绥远(今内蒙古呼和浩特),南至朔州、马邑的南来北往的进出口商贸税收。杀虎口税关在清代不但是全国 38 个税关之一,也是山西唯一的常关。

杀虎口自顺治年间设关,关税不断增长。到乾隆中期,每年征收的正额关税由 13000 两增加为 32300 余两,增长 1.48 倍,盈余 12100 两。因而,民间有“日进斗金”之称。同期,朔平府实征地丁银 14684 两,右玉县实征地丁银 1724 两,两项相加不及杀虎口关税的一半。

杀虎口还曾是山西北部地区人民因灾年等原因前往内蒙古谋生的重要通道。各种“走西口”的传说流传至今。光绪二十八年(1902),曾经形成走西口的高潮。这既是人民遭受灾难的写照,同时也加快了边地的开发和边镇的繁荣。

历史上杀虎口从金戈铁马的军事门户,变成商贾云集的贸易口岸,书写了它在中国近代金融贸易史上辉煌的一页, 拥有金融半壁江山的晋商多半是由杀虎口踏上茫茫草原,漫漫戈壁,走出了中国北部的又一条“丝绸之路”。沿着这条西口古道,跨过一座座古桥,还能使人联想到昔日商旅驼队和他们所创下的一代商业辉煌的影子。

右卫保卫战

明朝后期,中国北方的蒙古族鞑靼部再次强盛起来。其首领俺答是一个足智多谋、善于用兵的人。16 世纪中叶后,俺答汗结束了蒙古内部的割据状态,基本上控制了漠南蒙古诸部,又降服了西北蒙古各部,最终实现了其“长北方诸部”的战略目标，占据了河套一带的肥沃土地，并多次率兵攻掠明朝北部边境。仅嘉靖年间俺答就侵犯大同、朔州30余次，每次都“荼毒极惨”（明万历《应州志》），对边境居民生产生活造成了极大的危害。这个局面的改观，得力于右卫保卫战。被誉为有“睢阳之风”的右卫保卫战，在遭受俺答8个多月围困，内无粮草、外无接应的情况下，军民上下一心浴血奋战，以少胜多，以弱敌强，最终得到朝廷救援，获胜告捷。右卫保卫战的胜利，轰动了全国，沉重打击了鞑靼的嚣张气焰，鼓舞了明军士气。

嘉靖三十六年（1557）春，鞑靼2万骑兵分路侵扰大同，大同守备唐天禄、把总汪洲战死。夏天，鞑靼又犯宣化，参将祁勉阵亡。秋天，攻大同右卫，毁明堡寨70余座，斩杀掳掠了很多人。冬天，俺答之子辛爱的小妾桃松寨，与部下头目收令哥关系暧昧，被辛爱发觉后怕被杀头，就逃

明代铜炮

明嘉靖年间的铜火铳

明代铜炮

右卫古城远眺

到大同投降了明朝。大同总督杨顺准备把她送到京城邀功请赏。辛爱得知后,向明廷索要桃松寨等,遭到拒绝。于是,辛爱以此为借口,纵骑侵扰大同左、右卫,边堡卫所多被其攻陷,又重重包围右卫城,扬言:“如归我妇,愿以银马骆驼相易,不然则纠众内犯。”杨顺见事态扩大,想放回桃松寨,但又不好在皇帝面前开口,就撒了个谎,说鞑靼愿意以赵全、邱富交换桃松寨。赵、邱二人本是明朝的边民,投靠鞑靼后,经常作为向导领鞑靼犯边,明朝对其恨之入骨。所以,明大臣许纶认为这是件两全其美的事,极力劝说嘉靖帝采纳,嘉靖帝也以为放走桃松寨就会息事宁人,便把她驱赶出境。桃松寨走后,杨顺立即给辛爱去信,希望尽快退兵。岂料辛爱看出了明守将的腐败无能,不但没有退兵,反而在杀死桃松寨后,更加紧了对右卫的围攻,同时还分兵进攻大同、宣府,战事进一步扩大。

当时,右卫城孤悬边塞,兵少粮缺,在鞑靼军多次围攻下,军民伤亡惨重,特别是守将王德战死后,形势岌岌可危。但是,城内军民团结一致,“悉力捍御”,“士卒无变志”,誓死不投降。在群龙无首的情况下,运送军饷入城的参将尚表,自愿担任了临时指挥,组织军民修缮城堡,坚守阵地,艰苦作战。城内缺粮,杀战马为食;没有柴烧,拆房屋为薪;战马吃尽后,煮皮革充饥。在极其危难的情况下,尚表指挥若定,殊死战斗,打退了鞑靼的多次进攻。同时,他还抓住有利时机,出其不意,主动出击,在战斗中俘获了俺答一个孙子、一个女婿和部将若干。

右卫城被围困的消息传到北京,嘉靖帝专门召集大臣讨论对策。以大学士严嵩为首的妥协派,置人民死活于不顾,欲弃右卫,反对出兵。嘉靖帝犹豫不决,在多数官员的坚持下,他才下了决心。任命兵部侍郎江东为大同总督,与大同巡抚杨选、总兵张承勋率先头部队向右卫进军;命左侍郎关煦专督粮饷;命丁忧在家的原兵部尚书杨博总督宣大、山西军务,统一指挥各路人马,率大军在后增援。嘉靖三十七年(1558)四月十一日,江东的先头部队从大同出发。十四日,江东在左云作战前动员,进入临战状态。十五日,部队经云阳、牛心、黄土坡等地向右卫城进军。与此同时,杨博身穿孝服,连夜从蒲州(今永济)急驰出雁门关,赶赴大同,后援大军也从北京出发向右卫杀来。鞑靼围城,久攻不下,损兵折将,士气低落,又见明朝诸路大军增援右卫,恐怕不敌,随即解围,慌忙

从杀虎口退走。震动朝野的右卫保卫战以胜利而告终。

《朔平府志·平云西碑记》记载:这次围攻,从嘉靖三十六年(1557)九月到次年四月,“长达八个月之久”,“东抵浑源,南并朔、应,堡寨多空,继屯右卫,自丁巳九月,至戊午季春不退……夫以数万之命,更生一旦,经年之围,悉遁一时,非圣明留意边方,不若是速。出师数万,不战而胜,馈饷千里,不劳而食,诚近日所无也”。

右玉宝宁寺水陆画

右玉县在明代是边防重镇,称大同右卫和玉林卫,是屯兵戍守的地方。宝宁寺在右玉城内,建于明天顺四年(1460),规模宏大,东西宽 150 米,南北长 200 米,主要建筑有牌楼、山门、天王殿、过殿、大雄宝殿。当寺院建成后,明英宗为了“镇边”,将宫内收藏的大型画作水陆画赐给宝宁寺,为镇寺之宝。

宝宁寺水陆画共有 136 幅,均以细绢为底,淡红或淡黄色花绫装

右玉宝宁寺

宝宁寺水陆画

裱。9 幅大佛像长 145 厘米，宽 76 厘米。其余画幅长 120 厘米上下，宽 60 厘米左右。

全部画幅可分为三个大类。描绘释门神佛的 112 幅，描绘世俗人物的 12 幅，反映平民落难的 12 幅。其中，9 幅为九佛，10 幅为十菩萨，10 幅为十大明王。全堂绘画中还有 24 幅分上下两层。有的上层是远景，下层是近景，上下两层属于同一内容；有的下层是人间，上层是地狱，或下层是土地，上层是城隍，上下呼应；还有的上下两层反映的完全是互不相干的两个内容。136 幅画共画有大小各类人物 890 多个，佛门中幻想和倡导的神佛鬼怪应有尽有，现实社会中各行各业的人物均罗列其中，确是一幅古往今来天堂、地府、人间各种角色具备的人物谱，是一套颇具规模的美术巨作。

宝宁寺水陆画的作者以丰富的想象和精湛的绘画技法，给人们留下了许许多多真实而完美的艺术形象。这组绘画除去一部分佛像、菩萨等因受古代壁画程式化的影响与束缚，缺乏人物各自的个性特征，似有千佛一面的感觉之外，其他大部分人物都是根据不同身份，进行了淋漓

尽致的刻画。不论是男女老幼，还是正邪美丑，都表现得恰如其分，惟妙惟肖。10 幅明王画虽然都是表现镇压邪恶势力的，但作者发挥了丰富的想象力，描画得体态不同，神情各异。或青面獠牙，三头六臂，手持武器法器，足踏狂妖怪兽；或白面竖发，赤胸袒臂，坐下跨骑猛兽，降伏恶魔厉鬼；或头上长头，面上长面，身挂秃顶骷髅，擒拿奸邪恶棍。让人感到威武雄壮、法力无边，但气势不同，表现各异。

所绘罗汉形象更是生动不凡，每幅都画有三至四人，有的凝神静气打坐参禅；有的聚精会神写经读书；有的颐指气使降伏猛兽；还有的用气发功呼风唤雨。年老的古貌清癯，年少的洒脱倜傥，旁边的小侍者和颜悦色，顺从温厚。为了表现人物的个性，作者还十分注重环境的描绘与烘托。罗汉身后多以青山绿水相映衬，清泉流于奇山怪石之间，枯藤挂在嶙峋山崖之上，古松亭亭如盖，瀑布湍湍泻流，越看越让人产生一种幽深之感。一幅题为《经古九流百家诸士艺术众》分上下两个层次，上层是工农士商医卜星相，下层是戏剧杂耍诸般艺人。21 个人物身份不同，职业不同，外部形象、精神表现也不尽相同。而且排列有序，繁而不乱。这种细致入微地刻画表现人物形象的绘画技艺，在古代绘画中并不多见。

水陆画除描写佛教故事外，还用一定的篇幅刻画了明代基层民众的苦难生活，有的画作反映了遭受饥荒后平民们离乡背井、挣扎在死亡线上的生活现实；有的描绘了典卖奴仆、休妻卖子的悲惨情景；有的刻画了散兵游勇横行无忌、杀人掠物的惨状。还有几幅画反映了庸医误害人命，接产婆为人堕胎，刽子手残杀无辜，水火灾害灭绝人民等方面的社会现实。这一幅幅画面，生动形象地暴露了封建社会的落后和黑暗。

有一幅题为《枉滥无辜衔冤报屈一切孤魂众》的画，描绘了含冤而死的鬼魂向酷吏贪官报仇雪恨的情景。这幅画看起来阴森恐怖，但使人不由自主地对贪官酷吏切齿痛恨，对被害冤魂深切同情。在当时的历史条件下能画出这样的画来，确是难能可贵的。

宝宁寺水陆画是一堂难得的大型人物画作，绘画功力深厚，艺术造诣高超，正如康熙乙酉年(1705)郑祖侨重新装裱序中所指出的，“非寻常笔迹所成”。清嘉庆二十年(1815)，唐凯重裱水陆画序中也写道：“其笔墨穷形尽相，各极其妙，诚名贤之留遗，非俗师之所能也。”可惜作画者没有给我们留下姓名，真是一大遗憾。

宝宁寺水陆画是珍贵的古代宗教绘画，从内容上看，有的是刻画神佛鬼魅的，有的是描写天堂地狱的，还有的是反映因果报应的。可见，作者企图通过一系列的艺术形象去教育人、感化人，让人们懂得应当崇信什么，反对什么，忌讳什么，从而去接受佛教教义，信奉佛教。

过去，每逢农历四月初八至初十，宝宁寺僧众庆祝浴佛节，举行水陆道场，做水陆法会，将水陆画悬挂至寺内东西廊房，下置供桌，摆设香花灯烛、时果佳肴。在此期间，只准男性入寺观赏，一般不准女性入内。三天道场结束之后，便将画幅打捆成卷，装入专用板箱，收藏起来。当时右玉人民就把这堂画视为珍宝。后来寺院败落，寺僧迁徙，当地士绅便把组画收藏起来，当作“镇城”之物，从不轻易示众。日寇侵入中国后，士绅们为了免遭不测，派出专人秘密将画转移至内蒙古绥远（今呼和浩特）城，新中国成立后才运回右玉，随即交送大同云冈文物管理所。1955年转交山西省文物管理部门。现在收藏于山西省博物院。

忠直辅臣王家屏

历史上的封建王朝大多设有宰相一职。明朝自洪武年间宰相胡惟庸谋反案之后，朱元璋即撤销了宰相一职，由皇帝直接管理六部九卿。后来，皇帝管不过来了，就选择朝中大臣三五人组成内阁，由皇帝在阁臣中指定一人负责，称之为首辅。实际上相当于宰相。朔州在明朝后期也出过这样一位人物，他就是山阴县的王家屏，后人称之为王阁老、王阁爷。

王家屏（1535—1603），字忠伯，号对南，明应州山阴县人。幼读诗书，聪慧过人。13岁即进学为生员（秀才），隆庆二年（1568）中进士。初任翰林院庶吉士，进编修，预修《世宗实录》。在写《实录》时，内阁首辅高拱的哥哥高捷为求升官，用官银向赵文华行贿。王家屏不畏权势，竟将这件事写进了《实录》里。当时首辅高拱看到了，嘱咐王家屏将这一段删去。王家屏坚决不同意，由此，在朝中有峭直之声。

王家屏画像

万历初年，晋升日讲官，专为皇帝讲书。每日讲课时，正襟危坐，不苟言笑，对皇帝的学习要求很严。当时首辅张居正掌握朝政，权势熏天，一天病了，大臣们纷纷前去探望，并为之祈祷，唯独王家屏不去凑热闹。在张居正死后，朝臣们纷纷发泄对张居正的不满，上书皇帝，要求皇帝惩处张居正。而王家屏却请皇帝正确评价张居正，并为张居正后代开脱。

万历十二年(1584)，王家屏以礼部左侍郎兼东阁大学士进入阁臣的行列。当文官仅二年即辅政，在以前是没有先例的。当时的首辅是申时行，许国、王锡爵次之，王家屏居末位。但他在阁臣们议论朝政时，不亢不随，坚持己见，受到朝臣的尊重。不久，便升任礼部尚书。万历十九年(1591)，代王锡爵为首辅。

王家屏在阁数年，不植私交，正色立朝，得到朝野的赞誉。万历年间，皇帝疏于朝政，嗜酒、恋色、贪财，崇尚道教。家屏作为首辅常常“进谏”，特别是在争“国本”(立太子)问题上，尤为突出。万历二十年(1592)，皇长子朱常洛年已11岁，尚未入学，朝臣们疑虑，如此下去，常洛将是个愚昧无知的君主，怎样主持国家大事呢？同时对神宗的用心也产生了怀疑。于是以李献可为代表，联合向神宗皇帝上疏，恳请让太子接受教育。神宗以“违旨诲君”的罪名，将李献可降职外调，其余人夺俸半年。此御批下到内阁，家屏拒不执行，将“御批”封还。神宗严厉斥责王家屏“迳驳御批，故激朕怒，甚失礼体”。王家屏却说：“所以敢激聒，敢封还者，正恃皇上之圣明，无一言不纳；皇上之宽大，无一物不容也。”绝妙地嘲讽了心地狭窄的万历帝。万历十八年(1590),王家屏因神宗政事不亲,储位不立,摈斥忠谋为理由,连上两疏请求辞职,万历帝不允。后又上两疏恳请,才得去职返乡。王家屏卒,赠太保,谥文端。有《复宿山房集》和《王文端公诗集》传世。

王家屏天资聪颖,才思敏捷,智力过人。据说:“凡为文,不属草,含毫沿吟,一挥而就,闭门散帙,不闻诵读声,过目辄不忘。”无论大小著作均出人意表,即“谈吐巧捷,四座尽倾”。万历皇帝钦佩他的宏深经术和端庄的气质,常常在左右面前称他为“端人”,御题“责难陈善”四字以赐。

抗倭卫边名将麻贵

麻贵,明大同右卫(今右玉)人。出身将门,父亲麻禄曾任大同参将、宣府副总兵。哥哥麻锦曾任山西总兵官。父子三人均在明朝保卫北方边境中立有赫赫战功。

麻贵自幼随父从军,先任带刀散骑舍人。由战功累迁至都指挥佥事。隆庆年间,俺答入侵雁北,大肆掳掠山阴、怀仁、应州,很多武官望敌而逃,唯独麻贵与其兄麻锦力战退敌,因功升为大同副总兵。之后,他转战陕西、宁夏,在平息叛乱,抵抗外敌入侵中,战功赫赫,成为明王朝的重要将领。麻贵一生打了很多漂亮仗,最著名的是出兵朝鲜,援朝抗日。

万历二十五年(1597),明朝、日本和谈失败,丰臣秀吉纠集了15万军队侵朝。明朝廷派麻贵、邢玠、解生等出兵援朝。任麻贵为备倭总兵官,不久,加封为提督,统领南北各军。当麻贵赶到王京时,日军已经攻陷庆州,进据闲山岛,包围了南原。南原守将杨元、全州守将陈愚见日军来势汹汹,吓得弃城而逃。日军趁势紧逼王京,明朝军队和日军在王京、庆州一带进行了长达两年之久的争夺战,麻贵和邓子龙的水师相互配合,屡败日军。

麻贵画像

万历二十六年(1598)正月，日军将领小西行长前来增援，明朝九将之兵都被击溃。麻贵与刘綎、陈璘、董一元分兵四路。麻贵居东，抵挡加藤清正，多次战斗，都有战功。时丰臣秀吉病重，明军更加奋力进攻。十一月，加藤清正逃跑，麻贵于是进入岛山、西浦各路，迫使日本精锐的小西行长部队败退釜山一带。不久，丰臣秀吉在国内病死，日军军心大乱。中朝联军抓住战机，猛烈反击，终于把侵略者赶出了朝鲜。三月，麻贵因功勋卓著，升为右都督，并封为世袭武官。

万历三十八年(1610)，麻贵奉命镇守辽东。明朝末年，占据辽东建州的女真兴起，女真各部不断派军骚扰。麻贵率军予以痛击，先败敌于白云山，斩首340级，再败敌于穆家堡，使女真各部闻麻贵之名而丧胆。在他镇守辽东期间，包括努尔哈赤在内的女真各部不敢进兵骚扰。

万历末年，麻贵因病辞官，老死家乡。

麻贵是明末骁将。《明史》称："(麻)贵果毅骁捷，善用兵，东西并著功伐。先后承特赐者七，锡世荫者六，及殁予祭葬。称一时良将焉。"时人将铁岭李氏及右卫麻氏并称为："东李西麻"(李即李成梁)。麻家父子两代诸将被誉为"麻家将"。

雍正设立朔平府

雍正三年(1725)二月,山西巡抚诺珉奏请雍正皇帝将右玉改卫所为府治,大体理由是:军民增多,右玉人口骤增,且是山西通往外蒙主要交通要道。同时右玉远离大同200多里,公共事务不便。

三月二十三日,皇帝即批兵部议处,兵部决议“将卫所改为府县等”,将卫守备10员,所千总13员,悉行裁汰。大同府右玉卫、左云卫、平鲁卫,另设知府一员,并割大同府属之朔州、马邑,归其管辖。府名由内阁拟定为朔平府,分管朔州(朔县)、左云、马邑、平鲁、右玉,代管宁远厅(即现在的凉城县)。

其实朔平府的设置还有深刻的内在原因,进入清朝后,蒙古内附,成为中华大家庭中的一员,边境线北移。原来的九边一带变成了腹地,再在这些地方设立军事机关就没有必要了。而且屯垦的兵丁经过几代传承,也丧失了作战能力,纯粹变成了农民。因此,山西巡抚诺珉奏请将这些军事机关改为行政建制,是切合当时实际的。

七月二十八日,批准右玉县为附郭首县。朔平府设立经历司经历一员,将大同府驻扎右玉管理八旗粮饷的西路同知改为朔平府管理粮饷同知,将大同西路同知所属的常盈库、常丰库改为朔平府常盈库、常丰库。

朔平府第一任知府为徐荣畴,是江南华亭人。右玉县第一任知县为陈有年,是河北文安人。

雍正四年(1726)春季,朔平府开始大兴土木,先后修建朔平府衙署(即后来的右玉城人委会),修建右玉县衙门(城东南火神庙附近)以及典史衙门、监狱。同时在城内西街设立将军府,在城西北设立中军守备署,西街设立粮饷理事同知署(人称“二府衙门”),仓街设立仓大使署,在朔平府署衙内设立经历司署。满兵八旗还设立了副都统署两所,协领

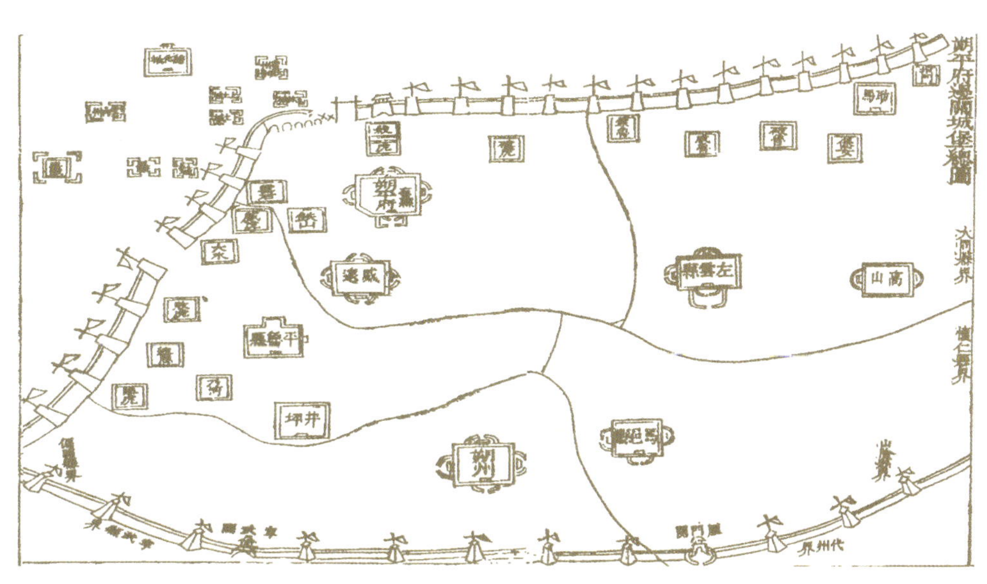

朔平府边关城堡总图

署 12 所，佐领署 72 所，防御署 72 所，骁骑校署 72 所，共建房屋 2090 间。因设府、设县，在右玉城及附近共建房屋万余间，各式衙署 30 多处，庙宇 50 多处。同期，又先后修建了社稷坛、普济堂、税厅、都统府、城守署、演武厅、粮饷府等，重修了大南山的显明寺，雷公山的慈云寺，混元峰（杀虎口樊家窑）的元天上帝庙、斗母宫，右玉城南北岳庙等。

朔平府设立之后，还建立了朔平府学，设置教授一员（由威远卫教授担任）；又设右玉县教谕一员，训导一员。并按照清朝政府规定，朔平府定为文武生童 20 名，右玉县生童 15 名。

雍正七年（1729）四月，重修右玉城，重建了西、北两个城楼，东、南两个城楼和东南角楼。此次修城，花费白银 28000 多两。朔平府知府刘士铭，右玉知县陈有年，经历司周成，平鲁教授王霨，常盈库大使王基，杀虎口巡检王之杰，右玉县典史傅大化等人功绩卓著。

为了加强杀虎口治安防范工作，特设巡检一员。又因威远堡地广民稀，匪奸易藏，也设巡检一员。

朔平府存在了 187 年。到清乾隆年间，因绥远（今内蒙古）逐渐繁荣昌盛，出于军事上的需要，右玉驻扎的将军迁到绥远城（今呼和浩特市），大量驻军随之北迁。朔平府城随着军事地位的变迁，人口逐渐减少，从繁华走向萧条。朔平府最后一任知府文麟，于宣统二年（1910）三月到任。中华民国成立后，即撤销，归雁门道管辖。

秦钺与“大盛魁”

秦钺画像

秦钺，右玉县杀虎口人，乾隆年间“大盛魁”商号的经理。他在任期间，发行“龙票”，并对大盛魁的组织、制度、经营、管理等各方面作出了巨大贡献，对大盛魁的发展起到过很大的作用。其威信不在三个创始人之下。

大盛魁是中国历史上第一家股份制商业企业。大盛魁的贸易历史，大致与清王朝的盛衰兴亡相始终。它一直是一家“人力合伙”经营性质的商号。总号设于归化城（初设于乌里雅苏台），以乌里雅苏台、科布多为中心，活动于外蒙古和内蒙古西部地区。到嘉庆初年，大盛魁已发展成为称雄于塞外蒙古市场的垄断性大商号。从其创立至民国18年（1929）总号倒闭，在长达300多年的经营活动中，产生过巨大的影响。

大盛魁的创始人，即清初山西太谷的王相卿和祁县的张杰、史大学三人。他们初为肩挑货郎，贩运杂货于边地，经营小本生意。康熙中叶，清军驻防杀虎口，王相卿等三人充当了该部的伙夫、杂役，经常往来于归化城，为部队采购食用的牛羊等货物。康熙三十五年（1698），准噶尔部首领噶尔丹叛乱，康熙皇帝亲征时，王、张、史结伙跟随西路抚远大将军费扬古出征部队一起随营贸易，他们由承运粮饷等军需物品发迹，遂留驻于乌里雅苏台屯军城。稍后，以王、张、史三人为主体，结合杀虎口几个人合伙组成“吉盛堂”，粗具商号的雏形。约于康熙末年，创立了大

盛魁。大盛魁的三个创始人中，王相卿所起的作用最大，是首任经理，人称“王二疤子”。他生得身材高大，膂力过人，最初他同张、史二人合伙当商贩，由于营业不佳，生活艰苦，张、史二人心灰意冷返回原籍谋生，只有他独自留下。不久营业好转，他又把张、史二人邀来，通力合作，创立了大盛魁。据说，大盛魁把桃园结义刘、关、张三人的画像作为财神来供奉，就是表示崇拜三兄弟的“义气”，以标榜大盛魁三个创始人的“义气”。

大盛魁成立的确切年代，众说不一。现呼和浩特市席力图召（延寿寺）佛殿前有一横匾，正中写着“阴山古刹”四个大字，右端第一行写着“大清雍正甲辰上春吉日”，第二行靠近下边写着“大盛魁敬献”。根据这一记载，大盛魁在雍正二年（1724）应该说已是一家有一定规模和影响的商号了。

秦钺脑筋好，人勤奋，是由一个肩挑手推的小商贩，成为有经验、资产雄厚的商人的。他担任大盛魁经理后，更是不负众望，使大盛魁从一个辉煌走向另一个辉煌。他以其跟随西征大军时建立的人际关系和杰出的贡献，赢得了清廷官员的好感。在西征途中，秦钺曾遇到一些蒙古族或其他少数民族的王公贵族不准他们进入其领地做生意的情况，甚至出现过杀害商贩员工、掠夺货物的事件。

秦钺吸取西征时的教训，报请清廷为大盛魁颁发通商通行证，乾隆皇帝为其颁发了特许通商通行许可证——“龙票”。

龙票为一尺长的红色纸制成，两旁印有龙印，用满、蒙、汉三种文字书写而成。持“龙票”的商号人员出入蒙疆，地方应负责保护，如因斗殴或其他原因被杀害，一命两抵。“龙票”是皇权的象征，持有“龙票”的大盛魁不仅在蒙疆一带畅通无阻，后来还把生意做到沙俄等欧洲的一些国家。

大盛魁经营范围的扩大，带来了滚滚红利。取得丰厚利润后，秦钺拿出一部分红利按照清廷的捐例，为他本人以及在乌里雅苏台、科布多、北京等商号的几个掌柜，捐了顶戴。他们堂而皇之地成了四品官员，甚至连其他官员也眼红他们雄厚的资产，官商结合，为大盛魁开创了聚集财富的广阔天地。

在秦钺的卓越经营管理下，大盛魁由一般商号走上了垄断商业的道路。其他股东看见秦钺尽心竭力的经营，为商号带来了源源不断的红利，一致主张给秦钺顶一个永远身股，但被秦钺推卸掉了。于是，众股东把秦钺的功绩写在了万金账上。

光绪榜眼王赓荣

王赓荣（1840—1895），字向甫，号春舫，亦号午樵，朔州城内人。家居孝友，做官清廉，正直敢言，为世人称颂。

王赓荣祖父王来瑞在清道光年间任太原府教谕，王赓荣幼时随祖父在太原县教谕任所学习，12岁就通晓经史典籍，诗文、词赋皆能成篇，书法也遒美，后随姑夫韩秉钧在石楼县教谕官署中学习。19岁回朔州，应考童试名列第一，为州廪生。咸丰十一年（1861），选为拔贡。同治元年（1862），朝考一等，在刑部供职。与擅长文学的稷山县王念堂、平定县王镜逸，被誉为“山右三王”。后在祁县、安邑等县署任教谕。同治四年（1865），又赴京都供职小京官。当时侍御吴鸿恩，以才华名盖京都，主持“愿学堂”和“观善堂”的讲学，王赓荣受业于门下。

王赓荣画像

光绪二年（1876），王赓荣朝考廷试中第一甲第二名进士，称为榜眼，时年37岁，

聖諭十六條
敦孝弟以重人倫
篤宗族以昭雍睦
和鄉黨以息爭訟
重農桑以足衣食
尚節儉以惜財用
隆學校以端士習
黜異端以崇正學
講法律以儆愚頑
明禮讓以厚風俗
務本業以定民志
訓子弟以禁非為
息誣告以全善良
誡匿逃以免株連
完錢糧以省催科
聯保甲以弭盜賊
解讎忿以重身命

王赓荣书《圣谕十六条》

王赓荣书七言联

程子四箴

心兮本虛應物無迹操之有要視為之則蔽交於前其中則遷制之於外以安其內克己復禮久而誠矣人有秉彝本乎天性知誘物化遂亡其正卓彼先覺知止有定閑邪存誠非禮勿聽人心之動因言以宣發禁躁妄內斯靜專矧是樞機興戎出好吉凶榮辱惟其所召傷易則誕傷煩則支己肆物忤出悖來違非法不道欽哉訓辭哲人知幾誠之於思志士勵行守之於為順理則裕從欲惟危造次克念戰兢自持習與性成聖賢同歸

王賡榮

王赓荣书其父《程子四箴》

授翰林院编修。

光绪十年(1884),升任御史。适逢中法战争,广西巡抚徐延旭、云南巡抚唐炯都因抗法不力被治罪,而云贵总督岑毓英未被查办。王赓荣不畏权势,愤然说:“同罪异刑,怎么能说刑罚是公平的呢?”遂劾之。当时朝中大臣李鸿章对王的言行大肆攻击,皇帝知晓后,要将李鸿章革职。王赓荣深明大义,在对朝廷的上疏中说:“李鸿章对于战争、交涉方面很有经验，与其革职，不如委以重任，如办事不力，再予治罪。”王的建议得到了朝野上下的一致赞誉。而后他又奏请朝廷清查各县岁员，疏通教官的拥挤；奏设山西归化等七厅学校，定生员名额，以普及文化教育。

光绪十一年(1885)，王赓荣任江西乡试副主考，归任后又多次被选派为各项考试监试差及稽查仓库郡守。后到广西浔州任知府之职。时浔州境内僮族、瑶族杂处，一些百姓习惯于打官司、赌博、持械相斗。他到任后，兴学重教，亲自到书院讲课、考试，对诸生中成绩优良而家庭贫困的人，常召集到州衙亲自督促学习，并给以公费奖励。浔州有两个关卡征税，历任只报六成，赓荣以七成呈报，月终解数毫无短欠。他在浔州府任职三年，政绩斐然，屡次获得朝中大臣褒誉，以“才堪大用”向朝廷加以推荐。

光绪十五年(1889)，王赓荣因继母年高，且南北水土不同，屡患腹痛，遂称病，乞归。临行时，士民争相送别。

光绪十九年(1893)，太谷官绅请其主持“凤山书院”讲席。他每讲授一课先拟好教案，终日讲解无倦容。这年，恩科考试有弟子八人均获得优异成绩。王赓荣自奉节俭，然遇书法笔墨之佳名，多喜购之。光绪二十一年(1895)，因病卒于太谷凤山书院，遗著有《得无切斋诗文集》《得无切斋试贴诗评注》《徐广轩润第之盖怨文解》《蔚先生某之学易管窥》及由他编辑的《韩学博秉钧帖体诗》等。王赓荣墓在照什八庄村东，现已无存。

王赓荣颇擅能书之名，为时所重。书法得益于赵孟頫、大小欧阳及裴公美院体诸书。字法紧密而劲整，用笔流转圆洁，温文尔雅，笔力内蓄而不露，无金刚怒目之态，具清风朗月之姿，令人赏心悦目。他把欧赵两家相距较远的书写风格熔铸于一炉，表现出独特的风格与创新能力。寓刚于柔，大雅不俗，具有丰富深刻的艺术内涵。观其书法如面对其人，既端谨质正又亲切可接。其隶书古雅秀挺，用笔精劲飘逸，纵恣圆畅，得温雅之情，有娟美之致；结字方整严谨，疏密有致，不侧不欹，不蹇不迫，给人以朗逸、灵动的美感。王赓荣的隶书并不轻作，得之者视同拱璧。据传，慈禧非常喜欢王赓荣的小楷书法，曾让其书写了 50 个扇面，然后分赐给朝臣，既作取凉之物，又是学书楷模。

王赓荣的书法作品遗存在朔州、太原、晋中一带尚偶有面世，在马邑博物馆内亦有展出。“文革”初期，其书法作品和历代名人书画被烧毁很多，诚为憾事。

“二圣”“西狩”经朔州

1900年岁次庚子，八国联军侵入北京，慈禧与光绪惶惶如丧家之犬，慈禧扮作农妇，光绪扮作平民，出八达岭西逃。

他们七月二十一日出发，八月初三到了天镇，天镇县没有什么好东西招待他们，只好和老百姓一样，吃糠菜团子。

初六到了大同，情况才有所好转。大同虽然解决了他们的生活问题，但离北京很近，他们怕联军追上来，在大同休息了三天之后，便由大同南行。这次南行，慈禧与光绪不再扮农妇与平民，依然抖起了皇家的威风，黄罗伞盖、旌旗车马，队伍庞大，出逃变成了“西狩”。

初十进入今朔州市境内。中午时分，这伙人在怀仁秀女村“打尖”，临时吃顿中午饭，在这里是怎样折腾老百姓的，史书里没有记载，就不好贸断了。夜行时灯笼火把迤逦一路，朔州的老百姓弄不清是怎么回事，称之为“过红灯”。

庞家大院女主人王氏

傍晚，车驾抵达怀仁县城。怀仁县令忙前忙后，把这伙人安排在县城最宏伟、宽敞的庞家大院居住。庞家大

清代铜马镫

院，怀仁人称“庞半街”，房主是怀仁首富，经营的商铺占怀仁县城半条街。庞家大院虽比不上皇宫豪华，但在雁门关外小县城，也很难得了。当晚，怀仁县令向慈禧进供当地特产“糖干炉”，据说慈禧吃后很是满意。吃罢晚饭，慈禧还和女主人王氏闲聊了一气，最后赏赐官衣一件，王氏觉得很是荣耀，穿上照相一幅，此相至今仍存。

第二天继续南行，中午时分在薛店（今新家园村）打尖。周边各县地方官发动地方士绅供应，慈禧非常满意。其中应州胡家岭村胡姓是大户人家，也前去进贡，得到慈禧褒奖。胡家引以为荣，在祖坟上广立碑碣，在碑额上大书“皇清”二字，如今石碑尚存。

十一日晚，慈禧一行住岱岳镇。由于山阴县令早就准备下的食物因天热变质，慈禧没有吃好，便给岱岳镇取名“饿镇”。但第二天离开岱岳，路过桑干河上的安荣桥时，慈禧给桥旁的河神庙题了“威震桑干”匾，光绪为安荣桥题了“普济安宁”四字。慈禧走后，山阴地方官用柏木制成蛟龙大匾，悬于大桥碑亭檐下。日本侵华时被日军烧毁。

十二日晚，慈禧一行抵山阴广武镇。代州知州率领文武官员、士庶民众，领着鼓乐班子，在离镇五里地路旁跪迎。鼓乐喧天，人群拥挤，热热闹闹地把慈禧一行接入镇中最气派、宽大的来盛店内住宿。

来盛店的店主姓杨名应魁，自幼聪敏好学，广交朋友，同治初年考取代州秀才后，因家资欠缺，不能继续赴科场考试，便回乡开了个小店留客。当时到绥远等地的晋商很多，杨应魁善经营、会服务，不到一年时间便赚下一大笔钱。新开了几处商行，家业很快兴旺起来，成为有名的大富商。

杨应魁通过关系事先得到了慈禧太后和光绪帝驻大同府的消息，

他觉得这是一个挤入官场的绝好机会。于是，他通过大同府的官员向李莲英送了厚礼，请求慈禧太后到他店中住宿。

清代料豆票

慈禧一行人来到广武，杨应魁急忙出城跪接，迎太后、皇上至来盛店。进入店内，慈禧提问说：“附近有一武进士郭明元，为何不来接驾？”杨应魁答不上来，随行太监连忙说：“咱们这次行动是秘密进行，他未必知道。”郭明元，今朔城区安子村人，殿试时抱着一块沉重的“志石”绕场快跑三圈后意犹未尽，欲将两块石头摞在一起搬走，光绪帝见状说：“合格，不必再搬了。”因而，对他印象深刻。郭明元最后遭到驻朔日军暗杀而亡，原因是他拒绝出任维持会长。

杨应魁因早做好了准备，店内甚是清洁，房间里用黄缎障壁。席间，上供有鸡鸭肉菜、两样粥、两样糕、两样面食及糕点等物。餐毕，慈禧太后喝了用神头泉水沏的龙井茶，抽了几袋水烟，精神了许多，看到了专门赶制的全新红绸被褥，甚是高兴。入夜，慈禧太后宿西房，光绪及后妃宿东房和下房。几名御前侍卫就在太后、皇上的寝室外守夜，并在四周巡逻放哨。王公大臣亦由杨应魁安排分宿平民房中，其他人则多露宿。

第二天出发前，杨应魁又用糕点等招待太后、皇上。他还将特备的新被褥分放于轿中，又在每顶轿内放进 10 只银锭，实为孝敬，美其名曰“压轿”。据说为避免过雁门关时轿子摇晃，同时也给众随员关饷银圆，数量不等。

杨应魁不惜重金贿赂官员，慈禧太后很是高兴，觉得一个边塞小城的客店，竟能设宴摆席，供应自如，实非易事。起驾前与光绪帝召见了杨应魁，温语嘉慰后，赐封他为广东廉州知府，并赐给黄马褂一件。杨应魁跪拜不止，千恩万谢。

一年后，慈禧太后一行由西安回京后，仍没有忘记杨应魁，恩赐两匾，一匾上书“大夫第”，下有“慈禧”二字；另一匾是“德门增耀”四字。从此，这个开店的杨掌柜便成了五品老爷。不久，山西巡抚丁宝铨把杨应魁的"来盛店"改名为"来圣店",从此小店更是名声大震。

慈禧太后在如此狼狈不堪之时,还如此讲求排场、享受,难怪被称为丧权辱国之主。

悲凉哀怨"走西口"

哥哥你走西口,
妹妹我泪长流,
紧紧拉住哥哥的手,
送哥送到大门口。
……

悠扬、悲凉、哀怨的二人台"走西口"在塞内塞外传唱了几百年。它唱出了走西口者生离死别的亲情,唱出了贫苦人民辛酸的心声。

西口古道——敞坡路

走西口是怎么回事？原来明朝时期，由于边防军事的需要，在塞上大量放火烧荒，使山上茂密的原始森林变成了童山秃岭，广袤的绿地平原变成了荒凉的沙石碱滩。自然生态遭到了极大的破坏。雁北，成了“岁丰，亩不满斗”（《天镇县志》）的苦寒之地。又由于清朝初年内地连年战争，社会经济受到严重破坏，大量的朔州破产农民前往内蒙古沿边一带开荒种地。清政府先后设立了一些厅，加强对蒙古地区汉民的管理。流落到这些地方的人主要是山西北部，特别是雁北的右玉、平鲁、朔州、山阴、应州、怀仁等地的移民。到乾隆八年（1743），河南、山东、山西发生旱灾，大批流民涌出口外谋生，而长城各口的官吏故意刁难，不肯放行。乾隆帝闻奏，让军机处秘密通知长城各关卡：“如有贫民出口者，门上不必拦阻，即时放行。”

西口路上的马车

西口路上的驼队

口外，清廷将蒙古族部众编为若干旗，一旗之长称为札萨克，由蒙古贵族诸王、贝勒、贝子、公、台吉等充任，管理一旗的军事、行政和司法，受理藩院和将军、都统监督。各旗之下有官地，官地为本旗箭丁（牧民）支配使用，永为世袭的札萨克管理。蒙旗土地的所有权既是清朝皇帝的，又是札萨克的，这为蒙旗私招私垦的出现创造了条件。

杨家后裔(先祖因走西口而发迹)保存的地契、茔域图与官服

近代,随着帝国主义不断侵略,清政府赔款数额越来越大,特别是义和团运动之后,清廷财政十分困难,于是慈禧太后以新政为名,大肆搜刮民财。光绪二十八年(1902),清廷接受了山西巡抚岑春煊的奏议,在蒙古地区实行全面放垦的“移民实边”政策。长城附近贫民大规模地“走西口”,如春潮般涌向蒙古大草原,形成了走西口的高潮。当时的督办垦务大臣贻谷在给朝廷的奏折中,曾这样描述:“自开办垦务以来,浚渠辟地谋生之路日广,该客民等或携亲属或约友朋负镪而来。”之前,五原厅“徒然约计每岁入境之数不过三四千人”,到光绪三十四年(1908),经过包头镇到五原厅的已“日或二三百人或四五百人”。

据《中国社会通史》载:清代晋、冀、陕三省到达蒙古草原的人数至少在百万以上。大量的移民,不仅减轻了内地严峻的人口压力,对人口构成产生了深远的影响,更重要的是对迁入地——内蒙古的开发产生了深远的影响。

朔州地区到底有多少人走西口,确切数字无法统计,今日内蒙古有许多朔州移民的后代,反映出朔州地区县县、村村都有移入内蒙古之民,200多年的移民潮波及朔州地区的每个角落。包头市东河区在上世

纪就形成了几个“朔州大院”，进入院内男女老少都说朔州话。

前赴后继地“走西口”，使草原面貌发生了巨大变化。1999 年，山西古籍出版社出版的《山西移民史》载：“（山西移民）与草原人民共同生活，共同开发，在‘天苍苍，野茫茫，风吹草低见牛羊’的广袤的草原上，不仅出现了良田万顷，变成了生产五谷的塞上江南，更出现了商贾辐辏，百货杂陈的繁荣城镇。”走西口不仅加快了内蒙古西部人口的积聚，带动了当地商业和农业的发展，加快了边地的开发和边疆重镇的崛起，而且改变了内蒙古的经济结构和社会结构。

在朔州地区，应县人民走西口呈现出与其他县区不同的特点。据乾隆《应州续志》上说：“其糊口四方者，则画工最夥。凡归化城（今内蒙古呼和浩特）、张家口、杀虎口、和林格尔、托克托诸处，及陕西之榆林、宁夏沿边一带，蒙古居人喜崇释教，绘佛像、饰寺宇，皆应州工人为之。视他工受值独赢。故习之者众。每有出门数年即拥厚资而归者。”

由于建寺宇、塑神像、绘佛像谋生比种地当长工强，所以应州人走口外，多数以此谋生。从清初的康乾盛世一直到全民族抗日战争爆发的1937 年，应州不少人以此谋生达 200 余年。他们走得很远。开始在山西、内蒙古一带，后来又走到新疆、西藏，多数落脚在海拉尔、大圐圙（今蒙古人民共和国乌兰巴托）。至今海拉尔还有一条应州街。应县城的马安国、马相国兄弟走到了苏联的明斯克（今白俄罗斯首都）。最后，这些走口外的画匠还成立了自己的行会组织——吴真社。每年正月初八在走口外出发前还要唱三天戏，乞求一路平安。

乾隆《应州续志》上说的“出门数年即拥厚资而归者”只是少数，也是美化。多数人在走口外的路上受尽了辛苦。当然，有的人走口外又走上了另一条道路。如应县留义村人李志恒，他民国年间走口外当画匠，于 1927 年在陕西三边加入中国共产党。1935 年，中央红军长征到达陕北后，无吃无穿，陷入困境。李志恒受党的委托，利用他当画匠接触陕北上层人物的关系，冲破国民党的封锁，为中央红军解决了供给方面的不少困难，为中国革命做出了突出贡献，受到中央领导的表扬。这算是朔州人走西口的一段佳话。

民间奇葩“踢鼓子秧歌”

“踢鼓子秧歌”是一种广场舞蹈表演艺术，男角舞蹈动作以踢腿为主，音乐伴奏以击鼓为主，女角动作谓之“拉花”，所以也叫“踢鼓子拉花”，清人纪晓岚在《阅微草堂笔记》中就有“拉花”的记载。这种文艺形式广泛流传于雁门关以北地区。雁北 13 个县中，就有 10 个县有这种文艺活动。朔州市现属的六区县是主要活动地区，尤以朔城区、平鲁区为盛。此外，与雁北相邻的地方，在其影响下也有活动，如内蒙古的呼和浩特、包头、萨拉旗、达茂旗、武川、清水河、托克托、凉城、丰镇和忻州市的神池、繁峙、宁武等地。每到春节期间，无论县城乡村，天天都可听到震耳欲聋的锣鼓声，每日都能看到规模不同的“踢鼓子秧歌”队伍。尤其在元宵节达到高潮，观者人山人海、盈街堵巷，热闹非凡。“踢鼓子秧歌”的表演内容基本上都是取材于北宋时期梁山泊农民起义的故事；从秧歌队伍的装扮、服饰看，也都是《水浒》中的人物，如“踢鼓子”的男角扮相常见的有武松、石秀、林冲等，“拉花”者为孙二娘、扈三娘，“风公”为宋江，“大脚婆”为顾大嫂，“算卦先生”为吴用等。表演时“鼓子”、“拉花”等各类角色利用娴熟的技巧和特有的武术化的舞蹈动作，表现了梁山好汉的英雄气质，生动地塑造了农民起义的英雄形象，充分反映了英雄们不畏强暴的反抗精神。与处于塞上高原的朔州劳动人民粗犷豪放、勇敢勤劳的性格特征相吻合，这也正是“踢鼓子秧歌”之所以能够扎根于朔州经久不衰的重要原因。

“踢鼓子秧歌”的表演形式基本上有大场子、小场子、过街场三种。“大场子”表演队伍少则 16 人至 18 人，多则 108 人，属群体大型舞蹈，表演场图队形变化多端、纵横交错、调度严谨，各类角色必须相互关顾、密切配合，才能顺利进行。稍不注意就会影响全体。队形变化主要有“凤凰双展翅”、“大十字”、“满天星”、“偷营”等。“小场子”是以“鼓子”、“拉

“踢鼓子秧歌”表演

花”为主的小型集体舞蹈，表演人数 2 至 5 人，一鼓（男角）一花（女角）谓“单凤朝阳”、一鼓二花谓“双凤朝阳”、二鼓二花谓“双挂印”、一鼓多花谓“落帽场”（一说为“捞毛场”）。“过街场”则是表演队伍分两行纵队边舞蹈边行进，乐队在前，表演者在后，锣鼓喧天，声势浩大，队形变化有“龙摆尾”、“双出水”、“蛇蜕皮”、“天地牌”等。

“踢鼓子秧歌”由于历史悠久、流传很广，虽然同在一市，由于各县的经济、文化发展及地理位置、交通条件等情况不平衡，在表演形式、场图变化、音乐道具、装扮服饰等方面，便出现了千姿百态的缤纷局面。流派众多，风格迥异。从音乐伴奏上看，“踢鼓子秧歌”基本上都是以打击乐为主，加上大号、唢呐。但是朔城区、平鲁区、怀仁(部分地区)都加入了戏曲音乐的板鼓，表演中伴奏火爆热烈，节奏灵活明快。演员表演主要注重功夫和武术技巧，多戏曲中的程式动作，明显地看到戏曲与武术的影响。所使用的道具，各类角色大都相同，“拉花”左右手是一扇一帕，晚上是两盏手灯。

朔州市“踢鼓子秧歌”特色是：

第一，它具有热烈、自由、奔放的艺术特色。“踢鼓子秧歌”表演时基本上不受空间的限制、条件的约束。活动时除了有“大场子”、“小场子”、“过街场”等几种形式外，在元宵节夜晚，秧歌队伍还自由地围绕着“旺火堆”起舞，称“旋旺火”，意在驱邪避灾，希求五谷丰登。此时围观的群众一经有人推选便就地化装，手舞足蹈地进入队伍参加表演，被称为“闯台”。通过这种舞蹈形式，还能依稀看到远古先民们围篝火起舞，乞求神灵降吉祛邪的影子。各乡村的人们还拥着秧歌队到各家各户进入院落祝拜，主人在院中摆设香烟、茶水、糖果等礼品恭敬相迎、热情招待。秧歌队便在院中翩翩起舞，飘然展拜，主人躬身答礼，谓“入户拜年”。元宵节期间各村镇还都聚集在县城进行“对赛”、“对耍”，场面更为壮观，有些村镇的秧歌队伍还要进城表演，各村镇群众扶老携幼，聚集于城内，将秧歌队层层围裹，锣鼓喧天，狂欢直到深夜。

第二，舞武结合，武术性强是“踢鼓子秧歌”的又一特色。多少年来，“踢鼓子秧歌”之所以能够盛行不衰，可以说与这一特点有着重要关系，它的场图变化，几乎大部分都是武术套路和排兵布阵之法，如“梅花阵”、“杀四门”、“战汴梁”、“八卦阵”、“十字乱分营”、“备马出征”等。“踢鼓子秧歌”的基本动作是以少林派的大小洪拳为基础，可以说是武术化了的舞蹈动作，如“前扫堂”、“后扫堂”、“飞脚”、“二踢脚”。

“踢鼓子秧歌”的道具也是武术常用的刀、枪、棍、棒等。扮相多数为武生、武旦、武丑。音乐伴奏主要有“大小得胜令”、“将军令”等，能起到配合演员的武术动作，激励情绪的作用。鼓击声、棒击声配合默契，如战鼓催征，尽显阳刚，一派战斗气氛。

“踢鼓子秧歌”多少年来不断发展、完善，被山西省确定为第一批非物质文化遗产。它是朔州人民文化生活中不可缺少的精神食粮，今后也将以其独特的风姿，为丰富我国的民间艺术做出贡献。

“踢鼓子秧歌”随着朔州人走西口还传入内蒙古广大地区，至今在固阳等县还有踢鼓秧歌出现在每年元宵节的街头文艺队伍中。前几年有些旗和县还欲派人回朔取经，有打造发扬当地踢鼓秧歌表演的意图。

清代，不少人由于生活所迫走西口到内蒙古谋生，踢鼓秧歌被朔县峪沟村人薛宏传到和林格尔、归化城（今内蒙古呼和浩特），由大夫庄人常海传到萨拉旗。右玉人武二佛来朔学艺后，把踢鼓子技艺传授到本县和左云。

民国年间，朔县南西河底人王先、杜文选、王五将踢鼓子秧歌分别传到达茂旗、四子王旗、武川、固阳等地。平鲁白殿沟唐金、孙厚、孙金、金向华到清水河、呼和浩特传艺，交界村人韩三赴达茂旗、包头等地教授踢鼓秧歌。

新中国成立后，白殿沟人李成到神池县传艺。朔县南西河底人赵月走西口到包头石拐，刘世元到包头张盖营曾以教授踢鼓子拉花谋生。

朔县大秧歌

朔县大秧歌，又名西路秧歌，是一种历史久远的地方小戏，据民间传说，大约产生于明末清初，至今已有约400年的历史了。

朔县大秧歌是由民间歌舞——踢鼓秧歌演变而搬上戏剧舞台的。踢鼓秧歌是流传于晋北、内蒙古的大型广场艺术表演形式。在舞蹈的间歇，用民歌的形式唱几段戏文，因而又称土摊秧歌。明末清初，土摊秧歌以戏剧的形式搬上了舞台，而且极受群众欢迎，到雍正年间，发展到极盛，到了官府不得不明令禁止的地步。据《朔州志》载：雍正三年（1725），朔州知州汪嗣圣特别发布了《禁夜戏示》：

朔宁风俗，夜以继日，唯戏是躭，淫词艳曲，丑态万状。正人君子所厌见恶闻，而愚夫愚妇，方且杂沓于稠人广众之中，倾耳注目，喜谈乐道。僧俗不分，男女混淆。风俗不正，端由于此。似此非为，本应立拿为首人枷示，但未严饬至再，遽行惩治，恐近于不教而诛。合行严禁，为此，通行示谕：此后，敢有藐玩仍蹈故辙，暮夜之间风清人静，箫版之声无远不闻，定即锁拿管箱人，究出主使首犯，枷号戏场，满日责放。……

特示。

官方说的"夜以继日，唯戏是躭"，说明地方戏曲很受人民喜爱；"淫词艳曲，丑态万状"，是说明这种地方小戏贴近人民生活，为广大基层人民喜闻乐见。这篇告示，从反面说明，朔县大秧歌是植根于人民群众之中，很受人民欢迎的地方小戏。

《泥窑》在中南海演出

朔县大秧歌由土摊搬上舞台后，原来只有“小三门”（小生、小旦、小丑）的表演，适应不了演整本戏的需要。不久又增加了须生、花脸、青衣大三门，其演唱曲调也得到了发展充实。在联曲体的基础上，增加了板腔体。

板腔体包括纽子（也叫“头性”、“流水”）、二性（二杠子）、三性、介板、滚白。其声腔由慢到快，音程较长，在一种唱腔里，演员的发音处理、板式的变化、乐队气氛又各不相同。唱腔多用真假嗓音结合唱法，高音用假嗓音，中低音用本嗓音，这种发音方法难度较大。另外，本剧种乐句中间和拖腔多有“咳咳腔的抖舌花腔”，起到了丰富唱腔音色，增强表现力的作用。

板式灵活多变，随着唱腔内容的不同而变化，以适应剧情的需要；乐句音程幅度较大，七八度以上的大跳跃常常出现，如纽子、介板、滚白。有的欢快幽默，如连头调、闪半边、芫荽调、二游板等，有的激昂奔放，如四平调、高字训、五音堂、赶山调、紧红板等。它们表现力较丰富，旋律比较平稳，没有长的拖腔，感情浓厚，悦耳动听。

表演方面将原来乡土气息浓厚的各种踢鼓动作，逐渐加工，成为比较优美的舞台程式动作，使秧歌的表演程式逐渐规范化。如备马、顶门、拉山子、拉弓射雁、顺水推舟、陷泥拔步、闪腰失惊、水漂莲吐、兔儿旋窝等动作。许多秧歌班社长时间巡回演出，使演出范围扩大了，足迹遍布杀虎口、雁门关内外，桑干河流域的宣化、张家口地区，在内蒙古的呼和浩特、包头、鄂尔多斯、乌兰察布，甚至陕北都大受欢迎，以至于河北省蔚县的地方戏曲都冠名为“朔州腔”。因而朔州、应州的秧歌艺人较多，他们常常和“耍孩儿”、“道情”戏班同台、对台或并台演出。

同其他地方小剧种一样，朔县大秧歌自产生以来，都是私人班社，自由组合演出，没有大规模的演出团体。

1947 年，朔县刚解放就组织了洪涛剧社，迎接了新中国的诞生。新中国成立后，分散四处的艺人自愿组合，集中起来，70 多个秧歌班分布在朔县、平鲁、山阴、应县、怀仁、神池等县的乡镇，走村串镇，巡回演出于雁北、忻州大部地区和内蒙古西南部，使朔州大秧歌进入了兴盛时期。剧目除演传统的出、会、本戏以外，还移植演出《六郎斩子》《算粮登殿》《明公断》《牧羊圈》等大型剧目。

1953 年，朔县选拔技艺较高艺人，组织起一个规模大、艺术水平高的戏班——朔县新乐剧团。这是大秧歌又一个有组织的演出团体。1956年，经上级批准，正式改名为"朔县大秧歌剧团"。县政府配备领导干部，建立了正规的管理和演出制度，招收白俊英等十多名女演员，这是继上世纪30年代女演员武凤玲（左云人）之后，又一批女演员登上舞台。同时，剧团请了乐理教师和武功教师，行当再次扩大，唱腔曲牌的不断完善，表演动作的不断提高，整个唱、念、做、打艺术的逐步优美化，再加上《双罗衫》《三进士》《十五贯》《审诰命》等20个官宦宫廷戏的演出，深受广大群众的欢迎。

朔城区大秧歌被确定为山西省第一批非物质文化遗产，剧目《乌玉带》被确定为国家级非物质文化遗产保留项目。经典剧目《泥窑》，曾两次代表山西省赴中南海演出，受到中央首长赞赏，由中央文化部录像，向全国播放。

"中国戏曲的活化石"耍孩儿

耍孩儿是流行于山西省北部、河北省北部及内蒙古中西部的地方小戏，深受这些地区人民的喜爱。关于这一剧种的来源，文字记载几乎没有，有的是民间的几种传说：

一说是，汉元帝时王昭君出塞和番，出了雁门关，眼前一片荒凉，倍加思念家乡，因而哀恸欲绝，泣不成声，直到嗓音嘶哑，还是哽咽不止。后人为了纪念昭君，仿照她的悲切哭声，编成哀婉歌词，辗转流传，形成这一剧种。还有一种传说是，唐明皇生下太子啼哭不休，集梨园子弟唱曲儿取乐止泣。所唱各曲均不能见效，唯唱此曲后，太子转悲为喜，破涕一笑，唐明皇随即命名此曲为"耍孩儿"。传说虽不足信，但因世代相传，有人就借此为据，以为来源。这也说明，这一剧种的古老。因此，这一剧种被誉为"中国戏曲的活化石"。

耍孩儿戏有三个显著的特点，最突出的特点是唱腔发声使用后嗓

《猪八戒背媳妇》剧照

子,声音从声带后部发出,分别以口腔、鼻腔、头腔共鸣,歌以特殊的旋律,产生出奇特的音乐效果。咳腔在地方剧种中较为普遍,一般咳腔都在唱词后,唯独耍孩儿的咳腔多在唱词前。这是它的第二个特点。第三个特点是处理唱词用叠褶式的唱法。如“我姜绪入深山,坐不稳马雕鞍,山前山后闲游玩”,这句词唱起来便成了“我姜绪,我姜绪,入深山,入深山,坐不稳马雕鞍,马雕鞍,山前山后闲游玩”。这三个特点,很适应宋、辽、金时期百戏杂陈的“瓦舍”演出环境,后嗓子发音洪亮而深邃,比一般发声要传得远,容易将观众吸引到台前。词前的咳腔,会把观众引入自己的音乐感受区域,给词意的表达奠定了良好的基础,下句的咳腔,不只有承上启下的作用,且在抒情上可补上句之不足。

“耍孩儿”剧种的名称与元曲中的一种亦叫“耍孩儿”的曲牌相同。那么,它是否来源于元曲呢?现根据多方资料,它的产生远在元曲之前,元曲是金、元时期文人们根据民间歌舞戏曲整理、改编、加工而来,元曲中的“耍孩儿”曲牌发源于民间剧种耍孩儿倒是很有可能。

“耍孩儿”的发源地现在还没有确定。有关书籍只是说它源于桑干河中游，即现在的应县、怀仁一带。可是它的唱腔特点是，只有用应县方言唱起来才特具韵味。所以，在雁北地区广为流传的一句歇后语叫："应县人唱耍孩儿——正经路道。"当然，语音与其相近的怀仁、山阴人也可以唱得差不多，朔城区西郡村过去有耍孩儿戏班，如今 60 岁以下的人已经不会唱了，处于失传的边沿。其他语音地方的人就唱不好了。因而，从古到今，著名的耍孩儿艺人中，应县人最多，怀仁人次之，山阴人也有。直到如今，申请到国家级非物质文化遗产的大同市耍孩儿剧团，其师傅是应县西辉耀村人高宪，现在的团长王斌祥也是应县人。演员也多为应县人，连其琴师、鼓师也是应县人。

耍孩儿在应县流传很广，清末民初，应县四乡的耍孩儿班社发展到高峰。如大柳树白家班、东关胡家班、崔庄赵家班、马岚庄李家班和唐庄的合盖园等，都是当时力量较雄厚的班社。随着艺人的流动，活动区域逐年扩大，南至繁峙、代县，西到朔县、宁武，东达浑源、灵丘，北入内蒙古直达黄河后套。新中国成立后，应县农村业余剧团中，耍孩儿占其他地方剧种之首位。

耍孩儿在应县流传久远，据西崔庄薄氏有记载的传承，到薄善德已是第十七世。依此推断，耍孩儿剧可追溯到明代中期。

在封建社会，各行各业都有自己崇拜的祖师爷。据说应县耍孩儿的祖师是后唐庄宗李存勖。对此，民间至今流传着很多传说。

独具特色的右玉道情

右玉道情是清末民初在右玉一带风行并逐渐发展成为一种别具特色、独领风骚的民间综合性表演艺术形式。由于多年来在艺术形式和演唱内容上一次又一次进行了不断的变革，坚持推陈出新，成为"晋北道情"三大派系之一。伴随着 2006 年晋北道情戏被公布为"第一批国家级非物质文化遗产"，右玉道情成为朔州地区珍贵的艺术财富。

道情艺术源远流长。据传,古代终南山上有一种琴音异常优美,人们便仿此琴音编歌演唱流传民间,后道家搜集又编为“道歌”,道歌兴起于汉唐时代。《唐书·礼乐志》记载,唐玄宗喜神仙之事,曾召道士司马承祯等人制曲十余首,总名“道曲”。道歌、道曲均是与道教有关的曲调。道情是由道歌发展而来的,一般均为说唱艺术形式,它以描述带有一定故事情节的事件为主要演唱内容。这是艺术形式上的一次重大变革。前者是歌曲,后者为曲艺。山西是个道情艺术比较盛行的地区,从曲种上说,有晋北说唱道情、晋南说唱道情、阳城说唱道情、长子说唱道情以及太原说唱道情等十几种。

晋北旧俗,每逢元宵佳节,民间便举办“社火”活动,高跷队或秧歌队,扮成八仙人物穿街走巷,路经大的店铺或府衙豪门,便停下来做表演或演唱,扮为八仙者,便演唱说唱道情中的一些有关唱段,形成一种有说、有唱、有扮相、有简单表演的戏曲雏形。这种说唱道情与“社火”相结合的艺术表演形式,叫做“过街道情”。

晋北道情是山西道情中成戏最早的,是道情在艺术形式上的又一次重大变革。它是乾隆初年借助名为“风搅雪”的戏剧团体以组班形式,在与“勾腔”的交流结合中登上戏曲舞台的。“勾腔”又称“挠勾腔”或“老勾腔”,是与“京腔”齐名、与昆曲同期的一个剧种。道光年间,“勾腔”渐趋衰微,说唱的晋北道情因而继承一隅之地。“过街道情”与道情戏剧交相辉映,相得益彰。晋北道情的演出活动遍及晋北各地。除此之外,北至内蒙古,西至陕北均有晋北道情的足迹,后来还南向流传至太原。

右玉道情是晋北道情的一支,是从应县、怀仁一带传入并在右玉南部农村首先流传开来的。“教坊”是右玉道情的活动基地,也是为它培养造就人才的学堂。民国初,怀仁人樊掌才拜应县人鲍存为师学唱道情,1921 年艺成后,樊掌才在右玉田家大屯村(今属平鲁)坐坊教艺。右玉人杨白、梁祥、李三毛、小来栓等人拜他为师。自此,右玉有了演唱道情的本地艺人。此后,杨白又带徒弟,右玉人孟占明、曹丕富、刘根儿、贾全拜其学艺,韩银顺、王存基等又拜梁祥为师。与此同时,应县人温润的徒弟郭丙同(艺名“扁豆鬼”)也在右玉县下窑窑村坐坊传艺,学艺的有沈祥、刘步如、刘步有、吴广元等。1930 年左右,右玉县董半川人苏凤龙在磁窑、黑流堡、小马营等地坐坊教道情。几代右玉道情艺人多属以艺为

《杀狗》剧照

《莲花庵》剧照

主，兼以农事或其他职业的半业余人员，活动也多在逢年过节、庙会祭会等时节，艺人们多数在本乡本土活动，为当地群众所熟知。他们多数生活清贫，没有文化，以口传心授的办法前后相传，为保存道情艺术做出了积极的努力。还有不少艺人搭“口外”（内蒙古）和“川底”（怀仁、应县一带）的职业班社演出，在辗转他乡、开阔视野的交流结合中，不断地丰富发展剧目，汲取各方面的表演技艺，从而增加了浓厚的生活气息，也使自己的表演艺术不断地得到提高。他们回乡后，或搭班，或参加本地的表演活动，更受群众喜爱，也大大地推动了右玉道情的快速发展。据说右玉道情还曾被当地视为“神戏”，旧俗庙会第一场戏为敬神戏，人们总用道情敬神。道情若与其他剧种同台或对台演唱时，也总是让道情先唱，道情不开戏，其他剧种不能开戏。较早期的道情极受人尊重，从事道情的艺人们亦以此自恃，尤其在城市中，非请不演。

右玉道情在其发展的道路上，不断进行内容、艺术等各方面的突破，不断向新的领域推进，逐渐形成了自己独有的风格和特色。一是剧目方面，由开始的《湘子出家》《经堂会》等宣扬道教思想，反映道家生活的传统剧目，创作出了《郭巨埋儿》《打碗罐》等宣传尊贤向善思想，反映民众社会生活的剧目。后来，还移植增加了《金狮坠》《王花买父》等反映宫廷生活或社会斗争的剧目。1957 年，右玉建立了地方国营道情剧团，从而组成了一支专业的艺术队伍，傅勤瑞任团长兼编导。剧团进一步改编了现代戏《灯芯绒》《丰收之后》《江姐》等 40 多个剧目，右玉道情从道教的单一性中解放出来，逐步走向民间，登上社会大舞台。其次，在声腔方面，右玉道情由开始的古词曲先后吸收了变文唱词的曲调，融合了梆子戏的曲调，改进了传统的虚腔衬字，淘汰了后嗓发声。还有唱腔音乐方面，曲调的成套化也先后创出变格，旋律和曲式不断突破而又不失严谨。同时，乐器种类也在渔鼓为专用的基础上增加到十多种。尤其是，新中国成立后，女演员登上右玉道情舞台，更是道情发展史上的一件大事，对发展道情艺术的女声唱腔具有重大作用。刘桂英是新中国成立后的第一代优秀女演员。她嗓音好，唱腔优美，表演认真，塑造了许多栩栩如生的妇女形象，深受群众喜爱。1960 年，她同剧团一起在大同为薄一波等中央首长演出《玉凤配》获得好评。其间，周扬还专程由北京到大同观看了她的演出，给予盛赞。1961 年，她赴太原参加山西省戏剧汇演，获青年演员奖,《山西日报》还刊登了她的剧照,并被山西省戏剧家协会吸收为会员。1962 年,刘桂英赴太原录制《玉凤配》唱段,并向全国发行,在广播电台播放,使右玉道情传向全国。

右玉道情所具有的历史价值和艺术价值是历史的结晶，是广大右玉道情艺人心血的凝聚,也是朔州人民的骄傲。

第七章

辛亥革命与近代化建设

（晚清与民国时期）

概述

清末，由于清政府的腐败黑暗统治，人民生活艰难；列强势力不断入侵，国家面临存亡危机。朔州地区一部分先进的知识分子开始接受民主革命思想，参加山西同盟会并秘密发展会员，宣传革命思想，扩大影响，进行革命活动。朔州的李树勋、刘懋赏等就是这个时期加入同盟会的。在1911年10月10日武昌起义的影响下，10月21日，朔州地区的革命党人孙本然、杨达然发起了应州小石口起义，打响了山西辛亥革命第一枪。接着，又发生了岱岳夺枪、攻克应州、怀仁秀女村激战、朔州民团响应革命等多次革命斗争，结束了清朝在朔州地区的腐朽统治。

民国建立后，当年对清代地方行政机构进行了调整，废府、州改县。次年，北洋政府改设省、道、县三级管理体制，朔州境内各县属雁平道（后改雁门道）管辖。民国16年（1927），南京国民政府成立，废除道一级行政区划，实行省（直辖市）、县（普通市）两级管理体制。境内各县直属山西省，并由省划定等级，朔县为一等县，右玉为二等县，怀仁、山阴、应县和平鲁为三等县。

朔州地区从民国初期就处于山西军阀阎锡山的统治之下。朔州人民先是在民国3年(1914)遭受了土匪卢占魁部流窜右玉、平鲁、朔县、山阴、应县各县的骚扰侵害;接着又在民国7年(1918)遭受了由内蒙古地区波及的鼠疫的荼毒,朔州各县均受其害,死亡1100多人,成为山西的重灾区。尤其是在民国15年(1926)阎锡山、冯玉祥等军阀混战和此后两年的阎锡山、张作霖军阀混战中,朔州地区作为重要战场,筹集军饷,征用军需物资,成为人民的沉重负担。城池被围困,内外隔绝,老百姓被迫忍饥挨饿;抓丁拉夫,不少青年成为炮灰;洗劫搜刮,无论贫富;田地荒芜,张作霖部在占领的朔州一带甚至广种鸦片。三年间,两次军阀混战使人民深受其害,社会经济遭到严重破坏,连应县木塔也未能幸免。

清末到民国初年,朔州地区由于刘懋赏、梁万春、杜子诚、刘彦斌等地方人士秉持实业救国的理念,致力于改善农业生产条件,兴建水利设施,境内的水利事业得到迅速开发,跃居全省领先地位。刘懋赏于清宣统三年(1911)创办了朔县广裕垦牧水利公司,后又与其他人士集资共同兴办了应县大应广济水利公司和山阴富山水利公司。他们先后兴建了“三大渠”。其工程规模和受益面积在山西乃至整个华北地区都是比较大的。“三大渠”是朔州近代民族资本主义发展的产物,在朔州及山西水利发展史上占有重要地位。

民国成立以来,朔州历史翻开了新的一页,朔州地区的民风民俗也有了很大变化。政府鼓励人民举办实业,废除清朝时的一些苛捐杂税;学堂改称学校,初等小学男女同校;限期剪辫,劝禁缠足等。政府中也出现了像朔县县长纪泽蒲、应县县长陈德昌之类较为清明的官员。他们不畏豪强、为民做主的事迹流传至今。尤其是随着民主思想深入人心,为后来的新思潮、新文化的兴起发展创造了重要条件。

应州小石口起义

20 世纪初，清政府已是风雨飘摇，大厦将倾。终于，1911 年 10 月 10 日武昌起义一声炮响，引爆了划时代的辛亥革命。全国革命党人受到极大鼓舞，反清烈火燃遍中国大地。僻处塞上的朔州地区，也燃起了起义烈火。

1911 年 10 月 21 日（农历八月三十日）是个甲子日，这天，天气晴朗，秋高气爽。上午，起义的大旗在应州小石口城头飘起。孙本然和杨达然领导的反清武装起义爆发了。小石口处处壁垒森严，刀枪闪亮，义军个个英姿飒爽，精神振奋。

孙本然，应州龙泉村人，生于清同治十年（1871），富户出身。少年时读书，因不满清朝腐败，萌生改造社会之志，乃弃文习武。拜应州刘义村杨鹤为师，每天舞刀练枪、跑马、射箭。经过几年苦练，于光绪二十年

应县小石口村远眺

(1894)考中了武秀才。习武之余，他帮助乡亲们开渠引水，发展农耕，造福乡里，因而得到当地民众的尊敬，很有威信和号召力。

杨达然，山阴县五福头村人，生于清同治二年(1863)。杨达然自幼聪敏好学，早年考中生员(秀才)，素有才子之称。他曾为本村真武庙书写壁文，1907 年续家谱时书写碑文，至今字迹犹在。他性格豪爽，爱好救困扶危，抱打不平，曾因抗议马梁村富豪欺凌弱小而撞坏该村大钟。

孙本然与杨达然虽然是一武一文，因为意气相投，志同道合，于是结为密友。1910 年春，同盟会大同支部成立后，同盟会员、和尚常法(开莲)、常育(性聪)兄弟到应县、山阴一带秘密宣传反清思想，组织活动。“二然”一同响应，四乡串联，广交志同道合之友，成立秘密组织。武昌起义爆发后，在常育、常法鼓动下，“二然”决定积极筹备武装起义。他们首先召集反清人士和散兵 20 余人，汇聚龙泉村。为筹措起义经费，他们先到三门城村斗争了老财李枝叶，让他拿出银两支持革命。然后又到井坪一家当铺筹资 1000 余两。接着，秘密派人四处购置兵器、马匹、粮草。返回山阴安良铺时，队伍发展到 60 多人。孙本然考虑到家乡龙泉村紧靠州城，又无地利可以凭借，议定依托小石口城，择日树起反清旗帜。一旦失利，便于向山里撤退。

以其区区一隅之地，兵力又是如此单薄，“二然”在起义前做好撤退转移准备也在情理之中，况且两人也并非鲁莽之辈。可见，他们从开始对起义一举成功没有抱很大的希望。但是，他们却毅然决然地迅速付诸行动了，这无疑是他们坚信，武昌起义必将影响全国，而三晋大地上的回应也绝对应当是响亮和及时的，即使付出生命和鲜血的代价，也是值得的。

应州知州闻讯后，慌忙派贺全率民团前往镇压。但久无训练的民团刚到小石口城下，起义军即主动出击，把他们打得落花流水，落荒而逃。应州知州告急大同总兵王德胜，王德胜迅速派哨官耿三旗带兵两哨(300 余人)杀奔小石口。官兵仗着人多，又配备了洋枪洋炮。他们把小石口团团围住，特别是在小石口背后的山坡上架起两门炮，居高临下，直指城内。这样，官兵占了优势。孙本然的起义军，人不满百，又都用的是大刀长矛，如何抵挡洋枪洋炮。战了一个上午，终于让官兵冲进城来。义军寡不敌众，惨遭血腥镇压。战后的小石口，残垣断壁，硝烟弥漫，尸

横遍野，血肉模糊。起义者大多战死，孙本然等 13 人被俘后遇害。杨达然死于乱军之中，事后他的亲人好不容易才寻得其身首异处的尸体葬于杨村祖坟。

起义失败后，应州同盟会暴露，会员冯万才、王芸也被捕牺牲。应当说，在不到 10 天的时间中，清军先后组织兵力两次镇压，尤其是第二次还调集了绝对优势大军，反应确属及时。起义军全部被包围，既无法转移，又无援军，全军覆没自然已是定局。但他们无所畏惧的拼搏精神却永存于朔州大地。朔州人民对孙本然和杨达然充满敬佩之情，唱莲花落的还编成歌谣四乡传唱。

对于小石口起义的准确日期，由于整理资料时间较晚，长期以来是朔州甚至山西历史研究中的一个问号。可喜的是，尽管起义不到 10 天便被镇压下去，尽管影响仅仅限于一隅之地，尽管起义者没有一个活下来的，但由于当地历史研究者的不懈努力，这个准确日期还是得以越来越清楚地显现出来。30 多年来专注于本地史志研究的学者马良老先生曾无数次走访了许多当地老者，应县的一位老先生也准确地记下了起义那天是甲子日。孙本然曾说，东汉末年张角起义是“岁在甲子”，咱也择个“日在甲子”。在小石口起义二领导人之一杨达然家族族谱中，这一日期也得到了进一步的印证。孙本然和杨达然于 1911 年 10 月 21 日（农历八月三十日）的甲子日领导起义，可以说是山西响应武昌起义最早的壮举。

怀仁秀女村大战

革命军在太原起义成功后，朔州地区的革命烈火也成燎原之势。怀仁秀女村大战，书写了朔州辛亥革命史上英勇壮烈的光辉一页。

1911 年 11 月 27 日，阎锡山派出的北路军总司令张瑜攻取代州。11 月 30 日夜，大同同盟会员发动武装起义。12 月 1 日，大同军政分府成立，李德懋被推为都督，李国华、刘干臣为副都督。12 月 3 日，续桐溪率忻代宁公团北上取应州，12 月 4 日攻克怀仁，12 月 5 日抵大同。大同起义后，大同总兵王德胜逃到宣化。清政府将王革职查办，另派陈希义率毅军一部和杨荣泰率淮军数千人，以宣化总兵郭殿邦为统帅，驰赴大同平乱。清军四面围城，忻代宁公团和大同起义军昼夜防守。

清军围攻大同城后，阎锡山接到续桐溪的求救电报，马上命正在河东的王建基组成敢死军北上支援大同。

王建基，字弼臣，光绪九年（1883）生于五台县东冶镇。自幼聪敏，性格沉毅，好习武，有侠气。20 岁时，在本县中秀才，嗣后考入山西大学。在校期间，不善文墨，笃爱体育，每到操场，则精神焕发，踊跃奔腾，终日不知疲倦。每岁春秋两届省城体育运动比赛中，他总是名列前茅。清光绪三十一年（1905）赴日留学，入体育专科学校，除学习体育外，对于统率行军、攻城、野战之法，均悉心钻研，决心从戎救国。当时，正值孙中山先生在日本组织同盟会，酝酿革命。王建基遂与几位乡友一同入会，并为山西起义作准备。归国后与徐翰文、康佩珩到塞外鄂尔多斯红柳滩，招募豪侠，训练乡勇，建立起义根据地。后因事情败露，翰文被杀，他也被捕。在清廷官员的严刑逼供下，建基始终坚贞不屈，后乘机逃脱，幸免于死。赵戴文得知建基出狱，多次发信，催其回省，重聚力量，再待机行事。王回省后，先在河东中学任教师，教授军事、体育等课，并经常向学生揭露清廷的腐败行为和外国列强的暴行。有时讲到激动处，怒目圆睁，声泪俱下。一次，建基与几个志同道合的朋友到运城野狐泉饮酒聚会，商议起义。喝到酒酣耳赤时，建基指着池畔的石碑说："吾辈决志颠覆清政府，犹如此碑。"说罢，奋力举起石碑，摔成三截，举座惊诧，深深佩服他的革命意志和过硬的功力。太原起义成功，成立了军政府。太原大兵南下，建基遂以辅安军的名义，招练士兵。这时，忻代宁公团的续桐溪、康佩珩等函请建基回乡参加革命。

王建基回到太原，被委任为敢死军总参谋，当夜就率兵出发。在原平镇遇见杨沛霖、贾英，为早日解大同之围，即嘱杨、贾迅速进兵救援大同。张瑜命三营管带吴信芳、炮队管带于凤山随建基进发怀仁县。建基救援大同心切，即率先引军前往。12 月 11 日（一说 12 月 15 日），他和贾英率敢死队 300 余人由怀仁出发，行至大同和怀仁交界处的秀女村时，距大同只有 20 公里，正遇清军。见敌军高仲山、米振标率马步兵 3000 人由辛庄出发，队伍长达数里。杨沛霖急忙指挥所部撤退，并派人向王建基报告说："敌众我寡，倘被合围，我们就全完了。应该赶快撤退，以图再举。"建基慷慨激昂地说："大同被围这么长时间了，急等救援，不赶快相救，城就要被攻破了。假若我们取得胜利，与续桐溪军前后夹攻，必能大胜，半途而退太可惜，况且敌人在后边追赶，受攻击而不还击必然是死，我们要顾全大局，与敌决一死战。"王建基、贾英知民团是新练之军，不足以抵御久练之师，如果怯阵，必然一败涂地，于是身先士卒，挥刀杀向敌军。敢死队见状，人人奋勇。激战开始双方各有伤亡，战斗到下午 4 时，弹尽粮缺，士卒饥疲，伤亡甚多。贾英亦壮烈牺牲。最后，敌军见只留王建基一人，便一哄而上，步步紧逼，飞弹如雨。王建基挥动枪杆，旋转如风。突然大腿中弹倒地，敌派飞骑来擒，将近其身，王突然跃起，拔出腰间佩刀，向敌刺去。敌坠马而死。王飞夺敌人马匹，正要攀鞍上马，手腕又中一弹，缰松马逸。敌军又蜂拥而上，建基带伤继续拼杀。及杀出重围，前额受刀，肉皮被削，盖住双眼，血流遍身，犹持刀乱舞，一跃丈余，又刺伤敌军七八人。终因伤势过重，猝然倒地。敌军纷纷围近观看，无不惊叹道："这真是个铁汉，应该留下姓名，以报大帅知道。"王建基仅答"我乃敢死军王"6 字，气绝身亡。据当时亲见其尸者说，经查，他浑身受伤 47 处。

《宣统政纪》记载，清军"又闻怀仁有匪马步千余名，并有快炮来援大同，当经陈统领希义，带同马队统带高云彩、管带米振标等，至秀女村迎击，自辰至酉，敌军始大败"。可见秀女村大战进行了一整天。此次牺牲是晋北革命党的一大损失。王建基死后，被山西军政府追认为民国革命烈士，并在家乡东冶镇为其树碑立传。

清朝在朔州统治的结束

清末，山西除在太原和大同等重点城市及雁门关等重地设有驻军外，各州县基本没有驻军。宣统三年(1911)，太原起义后，各州县官逃绅避，秩序瘫痪，人心惶惶，一日数惊，普遍陷入一片混乱之中。

朔州(今朔城区)在太原起义后，清廷新任州官何庆延去天镇交代遗留工作，朔州因无驻军，地方绅士就紧急会商，公推城内人李洲为民团团长，训练壮丁四五十人，维持治安，响应革命。

李洲，光绪九年(1883)中武进士，曾历任大同守备、繁峙北楼营都司。回乡后经商，成为城内恒德昌财东，是一个有才干又见过世面的人，在民众中又有一定的威信。他广泛联络县中士绅，团结一心，又择善用人，大小民事，多方协调解决，从而全城得以保持了市街正常平静。民团成立后，每天组织训练，营造声势，力图强化地方安定局面。一天，民团在城南进行铁炮演习，城里许多百姓登城观望。不料大炮一声巨响，轰塌一段南城墙，不少观众随之跌落下来，死一人，伤二三十人。民团日夜在城墙上巡逻，入夜则四处灯火，防卫很像个样子。一些希望趁乱发财而蠢蠢欲动的人，恐怕也不能不为之震慑。

当时，溃散后流窜到朔州城外乡村间抢劫财物、奸淫妇女的太原绿营兵阎四娃等人，趁混乱带枪在朔州神头抢劫时，被神头乡绅李谦乘其不防，拦腰抱住，封其两手，按倒在地，并喝令其三子以石断其一腿，逮送进朔州城。因新任州官何庆延不在，前任州官盛钟襄与李洲等地方人士商议，将阎杀死，并把头悬挂在东门外城墙上。其余散兵，当即离开朔州，不敢在此骚扰了。

不久，何庆延由天镇返回朔州，眼见州民响应革命，为形势所逼，也就附和响应了。何庆延既为清朝官员，维持地方治安，又不敢得罪革命军，骑墙观望，听天由命。当时，有个作恶于平鲁、朔州一带的神官(朔州

民国年间人物合影（摄于右玉丰稔台前）

民国年间人物合影（摄于右玉文庙前）

民间祭祀时，“喜乐”活动中的一个角色）任得胜，纠合一伙人冒充革命军，欺男霸女，掳财掠物，四处流窜，扰乱地方，不可一世。何庆延投鼠忌器，不知如何是好。山西军政府派李成林来朔执行任务时，经过调查落实，发现这帮人不是国民军之后，便出其不意果断出击，带骑兵追至朔州城南南河湾，将其打散，并杀死任得胜，为民除了一害。民众当时就编了顺口溜调侃任得胜说：“如今神官败了兴，吃粮碰了个假革命。南河湾里败了阵，才把任大人送了命。”

李成林，字树森，光绪四年(1878)生于山西朔州城内。童年生活艰难，曾到太原铜铺、饭馆学艺，后参军成为清兵。辛亥革命前任山西巡警道督察长。因倾向革命，经李嵩山、景梅九介绍，加入同盟会。武昌起义成功后，他与阎锡山、张树帜、张培梅、南桂馨等人一起参加了山西起义的筹备工作。太原起义时，他带领四名亲信圆满地完成了打开城门接应革命军入城的重任。山西军政府成立后，任新政府外交次长。

朔州在辛亥革命时期，没有出现大的变乱，得以平稳过渡，李洲和李成林起了很大的作用。朔州地方安定，起了很好的标杆作用，对周围平鲁、山阴等各处产生了不小的影响。

当年冬季(已进入民国元年)，山西军政府委派陆近礼来朔任知事。陆上任布告的年号为黄帝纪元4609年。

辛亥革命后，朔州和全国一样发生了很大的变化。废除封建君主制，建立民主共和制。中华民国改用阳历，以1912年为民国元年。人民享有选举、参政等权利和言论、出版、信仰等自由。鼓励人民举办实业，废除清朝时的一些苛捐杂税。限期剪辫，劝禁缠足。禁止种植、吸食鸦片和赌博。学堂改称学校，初等小学男女同校。同盟会员、朔州人尹翰臣于民国元年(1912)在朔县率先创办了晋北地区第一所女子高等小学，并亲任校长。历代官厅中“大人”、“老爷”等称呼也被取消。朔州历史翻开了新的一页。

朔州的三大水利公司

清末民初，实业救国论兴起，地方上的一些先知先觉者身体力行。其中一项强国富民措施是大力兴办水利事业。这一时期，朔州地区的三大水利公司应运而生。

在三大水利公司的创办过程中，朔县安太堡(今属平鲁)人刘懋赏先后倾注了大量心血。

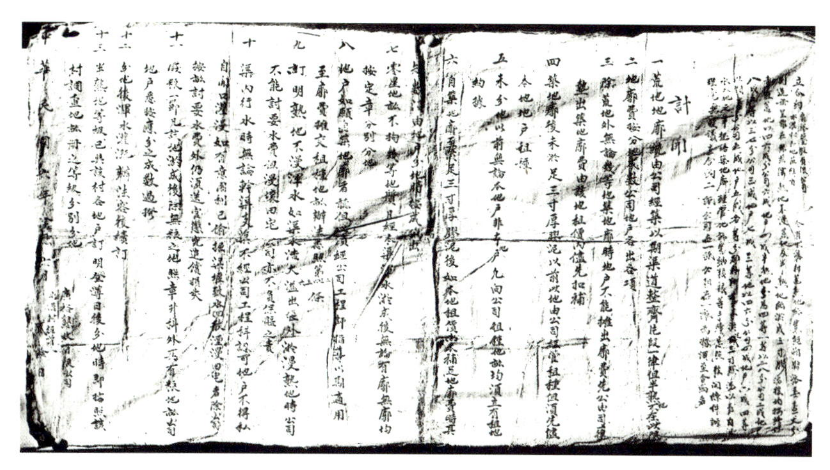

广裕水利公司经营合约

刘懋赏（1870—1931），字劝功。从小好学，善书法，以高才生入山西令德堂就学。光绪二十八年（1902）中举，后入山西大学中斋学习。光绪三十年（1904）春，以山西大学中斋高科优秀生资格，被选送日本明治大学分校经纬学堂速成师范班留学，期间加入了中国同盟会。光绪三十一年（1905）毕业回国，他募资创办了《晋阳学报》，后改称《晋阳公报》。并与同学筹资，办起了山西中学堂。光绪三十二年（1906），刘懋赏多方奔走，发起争矿运动。经过努力，最终收回由英国福公司包办开采平定、盂县、潞安、泽州及平阳府各处矿产矿权，并在阳泉成立了保晋矿务公司，成为山西早期新型工业企业之一。宣统元年（1909），山西成立学务公所，懋赏被推为议绅之一。宣统二年（1910），任清政府谘政局议员。不久，他即联合熊肇麒、郑国治（字平甫）、曹捷三等，在朔县创设“广裕水利公司”，投身于造福乡民的水利事业。辛亥革命后，刘懋赏被选举为国会参议员、中华民国第一届参议院议员。但他脱离政界回乡，创办实业，与朔县、山阴、应县人联合开办了富山水利公司和广济水利公司，成为朔州三大水利公司的第一功臣。

广裕水利公司　广裕水利公司兴修的水利工程，当时是桑干河流域最大的水利工程。清宣统二年（1910），刘懋赏在朔集资28万元创建。广裕水利公司在宁武县阳方口修筑拦河大坝，引恢河水浇灌朔县东南方向的十几万亩土地。恢河发源于宁武县管涔山，流经朔县在马邑城南汇入桑干河，是桑干河之源头。恢河当时四季流水不断，到了夏秋雨季，洪水暴发，最大洪峰为1800立方米/秒。兴修广裕水利工程前，恢河流域几十万亩平坦的土地，多是干旱沙地或盐碱荒滩，平常年景粮食亩产量只有几十斤，遇有干旱雨涝，连籽种也收不回来。广裕水利工程从1910年动工，到1916年基本完成初期工程，开始受益。整个工程规模浩大，共修各种拦河引水大坝10个，其中工程量较大的有阳方口拦河大坝，高1丈，宽1丈，长80丈，沙河大坝长120丈，高2.1丈，宽1丈。据《山西实业志》记载，1918年新修的广裕第一干渠长20里，宽4丈余，深8尺多，7道主要支渠长92里。

1916年，广裕水利公司又将缺少资金、经营不善的六合水利股份有限公司兼并。六合水利公司是1907年朔县晚清武生齐尔昌等6人集资创办的。该公司在恢河下游朔县的西影寺村修建拦河引水工程，其中修筑拦河引水大坝1座，丁字坝3座，引水干渠1条，长22里，引水支渠8条，共长96里，开挖斗渠若干条。"六合"水利公司并入广裕水利公司后，"六合"水利工程成为广裕第二渠，使广裕水利公司水利工程的规模越来越大。到1921年，广裕水利工程又扩建新建引水口3个，大坝1个，底宽15米、深3—5米、长3500米的新干渠1条。同期又新开支渠8条，斗渠32条，扩大灌溉面积十几万亩，受益面积达到23万亩。广裕水利工程的兴办，从工程量到受益面积，当时在山西乃至整个华北都是较大的。

富山水利公司　富山水利公司创办于清宣统二年(1910)，由山阴绅士梁万春等人集资筹办，刘懋赏协办。1915年7月，筹资20万元，在安荣村成立"富山水利公司"，由梁万春出任经理。公司成立后，在桑干河流经泥河处修建拦河大坝，开渠130里，引桑干河水浇灌数万亩土地。1921年后，公司又筹集资金60万元进行扩建。由原华北水利委员会设计水泥砂浆砌石滚水拦河大坝，取代原来的土坝。新修的拦河大坝为印度样式，长132米，高2.5米，大坝左右各有一个进水闸，控制流量，大坝还附设海漫，以便缓减河水对大坝的冲力。关上进水闸门或遇洪水到来，河水可直接从坝顶流过。

1932年，应县赵传珍、张清与山阴县李英等豪绅，联合应、山两县40余村的绅士、财主，组成"里泉渠"水利委员会，采取按地段投工办法，拦引黄水河水。水渠从山阴县前黄台、后黄台一带开口，经由八里

庄、望岩、小南头、杏寨、大穗稔、席家堡、龙泉、城下庄等村泄入浑河广济水利公司南干渠。里泉渠长 80 里,底宽 2.5 丈,分有 8 道支渠。设计受益面积 40 余村,30 多顷土地。1933 年,首次放水,漫灌土地 6000 余亩。后来引水工程被洪水冲毁,工程全部报废。

1935 年,阎锡山在华洋义赈会来晋活动之际,派出技术人员利用华洋义赈会投资在此修筑桑干河工程。1936 年,开始在山阴县泥河村南修筑渠道工程(俗称泥河大坝),并再次上马开南干渠。1937 年,"七七事变"爆发后,工程一度中断,直到 1939 年渠首工程方才竣工,此项工程耗资 64 万元,受益面积 20 万亩。

广济水利公司　清光绪三十二年(1906),应县西辉耀村窦昶(拔贡)联合西辉耀、东辉耀、五里寨、哑鹘庄、吴庄、杨庄 6 村农民在浑河西岸开渠,引水灌地,因命名为"六成渠",6 村皆得受益。

民国 4 年(1915),应县下社李堡人李文淑联合朔县刘懋赏和浑源人田汝弼(田景富)等官僚、绅士,集资 12 万元银洋,成立"大应广济股份有限公司"。在南马庄以下的浑河灌区扩建水利工程。公司规定投资 50 元为一股,最大的股东有京议员田应璜、民国总统黎元洪、山西都督阎锡山、京绥铁路管理局局长班赞臣(班廷献)等。凡是入 30 股以上的股东,均被选为董事,公推刘懋赏为总经理。

广济水利公司于民国 4 年(1915)先动工修复六成渠。民国 6 年(1917),又新开渠 4 道,其中河东 1 道,河西 3 道,当年南马庄、哑鹘庄、魏庄等 48 村即已受益。其后,董事会召集 48 村代表,协商淤地办法,并决定由公司和代表共同丈量各村、各户土地,以质定等,等级注册。凡愿淤灌的盐碱地,打乱户界统一规划,修埂筑塄,每 15 亩为一方,然后开渠引灌。凡愿出卖的土地,公司收买。清水浇田,亩收 1 角水费。洪水淤地,只分田地而不收水费。地淤 3 寸沃土,分 5 等提成,头等地,公司收 1 成;2 等、3 等、4 等、5 等分别提 2、3、4、5 成。洪水每年可淤灌三四个村庄的土地,公司的土地逐年增多。为了方便经营管理,1929 年将公司土地以优劣折价(亩田 0.5—10 元),按股份给股东各自经营。黎元洪分得的土地在西辉耀一带,立庄兴隆合作社;阎锡山分得土地 1 万多亩,分布在范店、哑鹘庄一带,庄名庆山堂;班赞臣分得的土地在哑鹘庄一带,庄称义远堂;张退庵分得的土地在杨庄,称神武堂;康向坤分得的土地分布在魏庄、朱庄一带，称智德堂；刘懋赏分得的土地分布在南马庄、北马庄、东辉耀一带，称庆余堂。广济水利公司在修筑渠坝时，曾贷山西省银行款，以地抵息，省银行分得范店一带部分土地，称大有堂。除以上军阀、官僚、绅士之外，一些寺院（如义井广济茅蓬，大同小村广济茅蓬等）也分得土地。这些“堂”、“蓬”各有专人经管，有的雇用无地农民耕种，有的按三七或四六分粮出租。由于这些“堂”握有水权、政权，浑河流域的大部分土地渐被权势股东所占有，多数农民沦为佃农。

广济水利公司被官僚、绅士掌握了 33 年。1948 年应县解放后，人民政府接管了该公司，对浑河灌区开始了新的建设。

朔州三大水利公司的创办，利虽为官僚士绅所取，但其积极意义在于将雁门关外荒凉的盐碱滩地变成了沃田。在广袤的土地上，渠道纵横交错，田地成方成块，干旱地得到了浇灌，盐碱地得到了改良，昔日荒凉干旱的朔州大地有了一线生机，桑干河、浑河水利资源得到了初步开发。

塞上民居十二连城

在朔州市市区西南 15 公里处的朔城区窊庄村，有一处风格独特的民居——十二连城，它是民国初期朔州地方绅士李树洲投巨资修建的。

十二连城占地 6 亩，是一座以全石碹窑为主体的典型的塞上民居群落，它与黄土高原自然环境浑然一体，坚固朴实，似城似堡，透露出一种古朴苍凉厚重之美。

这座建筑整体呈“回”字形，共有 56 孔窑洞，中心建筑东西南北四向各为 3 间，互通互连。围绕中心建筑，四周窑洞制式各异。正窑两侧有精致的石碹门洞与两座小院相通，正窑后还有宽大的围窑。十二连城各院落大部为“八海窑”建筑风格，一般石窑宽 1 丈，深 2 丈，高 1.8 丈，全部为穹隆式，均由当地石灰岩青石碹就。

十二连城各院落功能不尽相同，有家人居住的院落，有专门会客的

厅室，有书房，有雇工居住的院落，也有粮食加工、储藏和饲养牲畜的地方，西院地下辟有地下室及暗道，东院拾阶而上直达窑顶。原来还准备在窑顶上加盖楼房，由于抗日战争开始作罢。窑面采用青石精心锤錾，錾道整齐精美，图案华丽，堪称一绝；大圆裹洞门窗精美绝伦；窑洞顶檐全系青砖所砌，并錾制雕刻有各种图案造型。

十二连城在东北部、东部、西南部各开了一座大门。每座大门洞也为穹顶石碹，外有精美的浮雕，加上厚重的大门，更是不同凡响。各门通过中心院落，曲径通幽，互相沟通。东北门为正门。一出正门，满目青翠的朔州盆地尽收眼底。正门两侧用青石雕刻着一副门联，上联是“半村半堡”，下联是“可读可耕”，门额右半部刻“谁院”两个大字，左半部为时任朔县县长纪泽蒲撰写的不足 200 字的铭文。“半村半堡”指十二连城似村落而不同凡响，像城堡更显雄壮气派；“可读可耕”指“谁院”主人边侍弄田园，边饱读诗书。各门的门联及院名均为当时的县长纪泽蒲所题。“谁院”这个院名极其简练，体现出浓厚的文化底蕴和深刻的哲理内涵，结合当时内忧外患的时局，使其更具现实意境——不仅大院归属未定，即使国家也处于危亡之时。东门的设计与东北门相同，大门左右同样镶嵌着精心锤錾的条石，上刻门联：“常耻躬之不逮”、“欲寡过而未能”一副，门

“谁院”侧门刻石

“谁院”正门

额上刻“静远”二字。意思是“谁院”主人经常反省自己，感到自己力不从心，许多事不能自己亲身去做，未能达到尽善尽美，很是惭愧；由于时事动荡，内忧外患，所追求的安居乐业，也不能实现。“静远”意即“宁静致远”，是“谁院”主人所追求的一种精神境界，此处的“静”是动中之静，静中求远。这副门联也是李树洲及当时大批文人的思想概括。西南门正对黑驼山与紫荆山的交汇处——阳方口，出门便可眺望到青山脚下十里钻沙而出的恢河以及河畔两侧的农田。如此大的院落而不留西门与北门，与当地的自然环境有很大关系。正门两墙壁上浮雕的石狮，完全不同于其他豪宅门前圆雕的双狮可以移动，亦为“谁院”一大特色。

李树洲为清末举人，光绪三十一年(1905)曾自费到日本留学。后担任过河北国民政府专管盐税的官员及宁远县代县长。民国6年(1917)，李树洲自筹资金，开通了敦厚渠，引羊角山沟洪水，经寇庄西南而下，灌田1000余亩。他学识渊博，民国时担任过朔县一高小校长。日寇侵朔，日伪政权曾力邀李树洲及其侄李凰举(也曾留学日本)参与政事，他们软硬兼施，或许以高官厚禄，或以火烧“谁院”相威胁，李树洲打发子侄离开“谁院”，自己躲进米昔马庄天主教堂抱定了与日寇不合作的态度。

李树洲广置田产，据老者回忆，其田产南至贾庄，东至山阴，北到小平易，西达海子堰、下木角，地界广阔。在大洼村还专门建有“地庄”，专管土地经营。在县城内李树洲的商铺、地产也很多，其中十字街大部分为其店铺，东、南、西街都有其当铺，盐市街一条小巷尽为其房产。

李树洲在“谁院”仅仅生活了不到5年，便亡命异乡。新中国成立后“谁院”成为村集体财产，近年来经过修葺，准备对外开放，供游人参观。

这处院落实际上是由许多无名石匠垒砌的一座巨碑。它充分利用当地自然资源优势，结合黄土高原特有的地理、气候、人文环境，在偏关、朔县等地众多能工巧匠精心雕琢下，创建了特色鲜明的“八海窑院”群落。其结构严谨，布局合理，加上纪泽蒲题写的门联、门额，更具文化内涵。从大院文化角度讲，虽不能与乔家大院、王家大院、渠家大院、皇城相府相媲美，但有其独立存在的历史文化价值。2011年被公布为朔州市市级文物保护单位。

朔县的反房税斗争

民国 14 年(1925)春,阎锡山为扩充军备,把财政预算由 700 万元增加至 2000 万元。为此,他采纳财政厅长杨兆泰等人的献策,决定开征“房税”,希望用增加税源的办法解决扩军所需。

为保证房税顺利征收,阎锡山具体制定了“房税征收条令”。条令规定:对乡村中的房子一律由县里估价,所估价格要相当于县城房产的价格,而所上的税率是按房产价格的百分之九计算。条例还规定:由县长逐户逐间评定登记,限房主三个月内交纳税契,逾限加成处罚。此外,还对官吏定有“奖惩条例”。条例规定:官吏征收税多者提奖也多,并能受到表扬、记功、升级的奖励;征税不力者,要受申诉,乃至于撤职。同时规定官吏可提成征税额款的 20%,一半做办公费,一半归经手人。

中国房税,自周朝先秦之时就已有之。但由于种种原因,此税在各个时期都没有得到长久稳定的施行,甚至有些朝代根本就没有房税。即便在征收房税的朝代,也是时断时续,朝令夕改。直至近代民国时期逐步达到完善。阎锡山重估房价,并允许官员提成征税额,明显是额外加重民众负担,强取豪夺。

“房税征收条令”与“奖惩条例”下达到朔县之后,朔县知事熊岕看到这是一个获奖升官的大好机会,就首先召集县承政员、承审员、主计员、宣讲员等召开紧急会议,议定了高估房价、强制执行等具体措施。在征收过程中,他们甚至将价值仅 1000 元的房屋作价达 7000 元,以高估后的房价为依据征税。他们还趁机勒索,滥施处罚。平民百姓本就住着破窑土屋,生活无着,既没有东西可卖,又没有门路借贷,到期交不上税款,便被押送县衙,闹得人人恐慌,家家不安。全县无论贫富,房好房坏,处处难免。当时朔县老百姓形象地称之为“椽头头税”,意思就是一根椽头也得缴税。熊岕等人却从中得到不少的钱财,由于他在 3 天之内就征集了3万多元，成为执行这个政策的佼佼者，还受到了阎锡山的通电表彰。电文下到河曲县后，县长何鉴三看到自己县落了后，赶紧从各处抽调人员，加强力量催逼。全省各县官员也都是各绞其脑汁，各显其能耐，大展身手，大饱私囊。全省之内，不仅广大贫苦农民深受其害，怨声载道，许多地富豪绅也谈税色变，大骂阎锡山横征暴敛。

在这种形势下，中国共产党太原支部决定：领导全省人民开展反对山西当局强征房税的群众运动。时任中共太原支部领导人张叔平、傅懋恭、纪廷梓领导了太原民众的反房税斗争。由全省学生联合会召集，太原学生以罢课、请愿方式掀起反房税运动。5月18日，省立一中和太原各校学生1万余人，在文瀛湖畔集结，整队到省议会、省公署请愿。在省城各界的支持下，包围了督军府，捣毁了省参议会，其声势震撼全城。在太原就读的朔县籍青年学生也都积极加入到了集会游行的队伍中。阎锡山怕引起更大的风潮，被迫当着众多学生代表的面写下手令："房屋估价补契办法着即取消。关于此项税款，如有收起者，立即退还，以昭公允。"并派官员当即宣布。

斗争的胜利更进一步鼓舞了全省反房税斗争的深入开展。在太原就读的朔州青年学生高程云等还和家乡老师、同学联系，指导朔县反房税斗争，发出了"乘胜前进，打倒贪官污吏"的号召。为了唤起民众，他还返乡发动朔县第一、二高等小学校师生，组成骨干队伍，分头下乡串联贾庄、寇庄、下面高、广武等小学校师生，全县数百学生一起，四处收集朔县知事熊岕借机勒索贪污的事实。成立于民国初年的省立第二职业学校的师生年龄较大，文化水平又较高，本来是一支得力的有生力量，但由于校长阎映离和县里的官员们走得近，而且他本人又是五台县人，是阎锡山的老乡，故而阎校长严密限制学校师生的活动。高程云就秘密吸收其中的积极分子组成写作班子，让他们把收集到的东西逐条详细整理成文。对于地处偏远的乡间，他们照样不辞辛苦，走访询问；对于胆小怕事的受害者，他们也不厌其烦，鼓励其鼓起勇气，揭露真相。然后他们又说服动员县里的工商士绅打消顾虑，仗义执言，一起联名上报省里。通过艰苦细致的组织发动，在短短的时间里，全县形成了各界人士共同控告熊岕等官吏们不法行为的浩大声势。控告材料送到省里后，舆论哗然，在桩桩件件的事实面前，阎锡山只好把熊岕这个民愤极大的朔

县知事作为替罪羊撤了职，并宣布永不叙用。熊岕的手下也都因追随他贪污勒索不同程度地受到了惩治。在全省，因强征房税被撤了职的县长有两个，熊岕就是其中之一。朔县成为全省反房税斗争最突出的一个县。

声势浩大的反房税斗争波及山西全省，最后取得了全面胜利。这场斗争，历时虽然不长，但其产生的影响却是巨大的。它的胜利，打乱了阎锡山的扩军备战和策应了冯玉祥国民军进兵山西的计划。

在朔县，反房税斗争也沉重打击了贪官污吏的嚣张气焰，极大地鼓舞了广大群众斗争的勇气和信心。后来，朔县的省立第二职业学校师生们驱逐顽固校长阎映离的几次学潮，可以说就是这次斗争的后续。

阎冯之战与晋奉之战

民国 15 年（1926）至 17 年（1928），阎锡山的晋军先后与冯玉祥的国民军、张作霖的奉军进行了两场大战。因为大战都波及今朔州地区，各县人民都不同程度地遭受了残酷的战争侵害。应县甚至两次成为重灾区，连国之瑰宝应县木塔也险些毁于战火之中。

第一次战争的缘起是，冯玉祥接受共产党和国民党的主张，转向国民革命，将所部改称国民军后，在五原誓师，通电迎接孙中山先生北上，共襄革命大计。同时，组建政治工作机构政治部，加强思想教育，强化部队改造工作。政治机构的负责人和工作人员，大都是中共派去或当时即在本部工作的共产党员、共青团员和进步知识青年。共产党员刘伯坚任政治部部长。中共中央、北方区委、粤区党委也先后派来刘志丹、陈延年等 200 多名共产党员到国民军担任重要职务。旅莫支部又派一批留学生先后归国到国民军工作。邓小平从莫斯科回国后曾担任冯部办的中山军事学院教育长。为了对付国民军，北方的三大军阀勾结起来，声称冯玉祥受苏俄“赤化”，组成近 60 万的“讨赤联军”。占据山西的阎锡山与吴佩孚约定，从雁北抄国民军的后路，吴佩孚和张作霖从南口正面向国民军展开进攻。当时，国民军的兵力约 20 万，为了避免两面受敌，在南口一线采取守势，以约 8 万大军对阎锡山占据的晋北实行大举进攻。于是，1926 年夏，一场规模空前的激战在雁门关北展开。

国民军于大同以北的孤山大败晋军后，晋军撤到雁门关一带。为在国民军的背后插一"楔子"，晋军将一个加强营的兵力留在了应县城里，并且让他们死守。主力在阳方口至北楼口一线布防。

国民军左翼方振武部攻占怀仁、山阴后，6 月初，抵达应县。在进攻南山前为拔掉"楔子"，首先猛攻应县城。晋军指挥部设在应县木塔第三层上，在二层设有机枪阵地。居高临下的扫射使进攻的国民军损失很大。于是，国民军便集中炮火向木塔轰击。很快，木塔第二层柱子中弹起火，县城内的老百姓拼死将火扑灭。仗打了一天，城里的晋军见守不住，乘夜开城突围。在城外又中了埋伏，几乎全军覆没。接着，方振武率部进攻南山晋军阵地。由于晋军居高临下，防守严密，方部屡攻不克。战争进行了两个多月，战线又移至席家堡、龙泉一线。后来国民军觉得难以取胜，才撤出山西。两军大战时，正值夏锄季节，农民由于躲避战乱，耽误了锄苗，致使田地荒芜，秋收无望。另外，方振武部的军纪很差，再加上对阎锡山怀恨在心，在占领地区见啥抢啥，应县人民损失惨重。

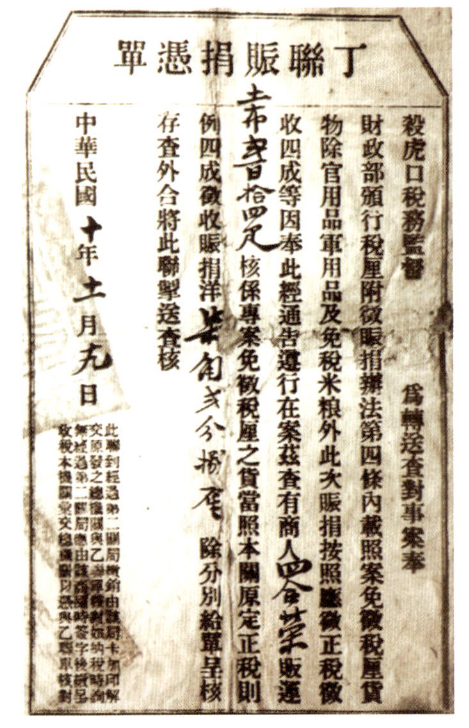

丁聯賑捐憑單

殺虎口稅務監督 爲轉送查對事案奉
財政部頒行稅釐附徵賑捐辦法第四條內載照案免徵稅釐貨
物除官用品軍用品及免稅米粮外此次賑捐按照應徵正稅徵
收四成等因奉此經通告遵行在案茲查有商人[illegible]販運
[illegible] 核係專案免徵稅釐之貨當照本關原定正稅則
例四成徵收賑捐洋[illegible] 除分別給單呈核
存查外合將此聯掣送查核
中華民國[illegible]年[illegible]月[illegible]日

[illegible]

民国年间的赈捐凭单

这也说明，尽管此前不久中国共产党已派出不少优秀党员，努力加强国民军的整顿工作，但由于时间不长，这支部队根深蒂固的军阀作风还没有得到根本改变。在仅仅几个月的时间里，思想政治工作还没有来得及扎实而细致地做到基层。据当时人

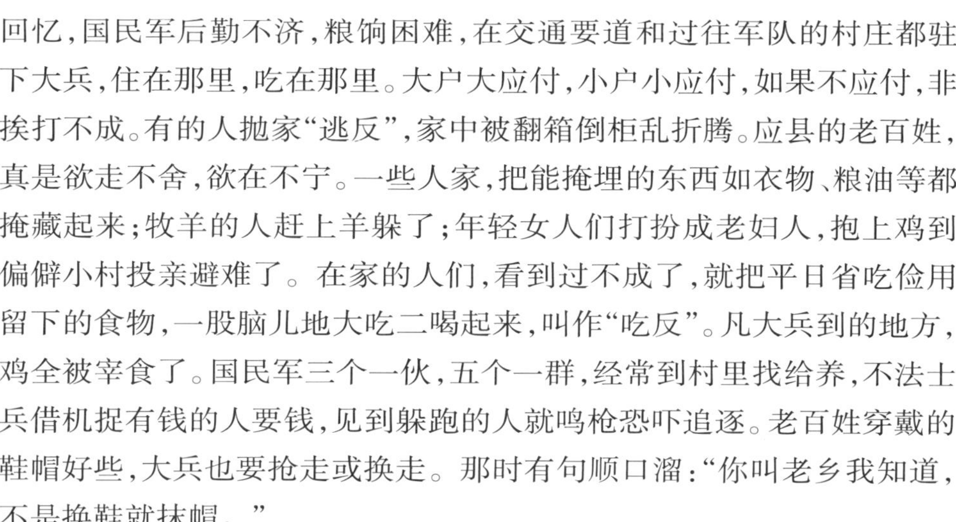

回忆，国民军后勤不济，粮饷困难，在交通要道和过往军队的村庄都驻下大兵，住在那里，吃在那里。大户大应付，小户小应付，如果不应付，非挨打不成。有的人抛家“逃反”，家中被翻箱倒柜乱折腾。应县的老百姓，真是欲走不舍，欲在不宁。一些人家，把能掩埋的东西如衣物、粮油等都掩藏起来；牧羊的人赶上羊躲了；年轻女人们打扮成老妇人，抱上鸡到偏僻小村投亲避难了。在家的人们，看到过不成了，就把平日省吃俭用留下的食物，一股脑儿地大吃二喝起来，叫作“吃反”。凡大兵到的地方，鸡全被宰食了。国民军三个一伙，五个一群，经常到村里找给养，不法士兵借机捉有钱的人要钱，见到躲跑的人就鸣枪恐吓追逐。老百姓穿戴的鞋帽好些，大兵也要抢走或换走。那时有句顺口溜：“你叫老乡我知道，不是换鞋就抹帽。”

国民军右翼赵守钰部进攻右玉城时，遭到了晋军的顽强抵抗。国民军调来炮兵团重炮猛轰，城内房屋倒塌，人员伤亡惨重。7 月下旬，国民军占领右玉城。接着，国民军又攻占平鲁，继而围攻朔县。因为朔县晋军城防司令魏德新与赵守钰有师生之谊，赵守钰围城一直未用重兵强攻，朔县城得以幸免。到 8 月中旬，国民军因南口失守，全线退却时，朔州地区已是断垣残壁，满目疮痍，粮尽人稀，遍遭蹂躏。历时 3 个月的战争洗劫，使平民百姓、大贾小商皆深受其害。先是大战前，阎锡山在各处筹集军饷，成立“支应局”，征用军需物资，名为富户捐，实际转嫁到中小商号和百姓身上。战争开始后，抓丁拉夫，不少青年临时上阵，当了炮灰。城池被围，内外隔绝，物价飞涨，百姓忍饥挨饿，还要按户摊派熟食供应军队。国民军占领期间，到处搜刮，仅右玉一个数万人口的小县，就搜刮去银圆 6 万多。

1927 年 6 月，阎锡山见风使舵，和南方广州国民政府联系，改旗易帜，自任北方国民革命军总司令。张作霖许愿高官诱阎合作失败后，于秋季率奉军由平绥路进攻大同，晋军屡遭败仗，连连后退。和国民军一样，奉军又长驱进入应县。奉军统帅张作相进驻下社，骑兵军长高维玉驻扎在王宜庄，热河统帅汤二虎驻应县、山阴一带。三路大军 10 万人马，应县弹丸小县，光供应就把老百姓的家底掏光了。应县南山脚下成了战场，晋奉两军互相攻击，整天炮火连天，硝烟弥漫。山上山下居民，扶老携幼，到处“跑反”。不是战场的村庄都成立了支差处，老百姓都被抓住抬担架、运军需、埋死人。到了冬季,天气寒冷,老百姓的柴草秸秆,被部队抢掠一空。没有柴烧了,就拆房子,烧椽檩,老百姓敢怒而不敢言。奉军占领朔县、平鲁后,不但抓丁拉夫,催粮要款,而且以“荞麦皮榨油”为口号,极尽搜刮之能事。1928 年春,奉军又在朔州一带广种鸦片。这样一直折腾了半年多,直到 4 月奉军才退出山西。

连续两年的战争,给朔州人民带来了空前的浩劫。原本不富裕的群众,经两次洗劫更为贫困了。在战争中死伤的群众也很多。战争过后,群众衣食无着,加之疫病流行,死者无数。外出逃荒要饭的更是不计其数,境况真是惨不忍睹。这两次战争,由于朔州地区成为重要战场,旅居外地的人回不了家,年轻人被逼到太原报考学校。如后来成为解放军将领的刘苏,阎锡山的军长沈瑞、赵恭,甚至后来称雄雁北的土匪乔日成,那时都在太原读书。

1933 年,应县旅并同乡会办了一份叫作《新金城》的刊物,这份刊物中写道:“大兵每天下乡,找草找料,杀猪宰羊,甚至拆毁民房,把人民所有的积蓄财产,几乎搜刮殆尽,经济遂根本破产,一切事业也一蹶不振。”这也是朔州人民为军阀战乱留下的悲愤控诉。

李枢枪杀魏德新

1933 年 10 月 21 日上午,在太原北门街附近,一个学生模样的青年人用手枪把一个 40 多岁的中年人击毙后,高呼着“为父报仇”到附近警所投了案。杀人者叫李枢,朔县人。被杀者是曾为晋军四十一团团长兼朔县城防司令的魏德新。李枢枪杀魏德新一案,当时成为轰动三晋大地的特大新闻。山西各报详细介绍了事件的前因后果,《大公报》还作了公开报道,影响及于全国。同时揭出,事件虽然发生在太原,根源却产生于 7 年前的朔县。

1926 年春,阎锡山的晋军与冯玉祥的国民军大战开始前,阎锡山

任命晋军四十一团团长魏德新兼任朔县城防司令，率部驻守朔县城。

魏德新，字铭山，1891 年出生于繁峙县。辛亥革命时因追随阎锡山起义有功，1912 年春阎锡山设立潞泽辽沁镇守使署时，三十而立的他就被委以重任，担任潞泽辽沁镇守副使到潞安剿灭叛兵。因镇压当地"干草会"、"洪汉军"等民军组织态度坚决，手段凶狠，颇受阎锡山赏识。

魏德新率部驻扎朔县城后，首先将朔县的民军予以遣散。按说，当时民军的成立，是基于当地守土卫民、维护地方的需要，有民军协助，无疑加强了守城力量，这本是求之不得的好事。他这样做，也许是因为自己先前与民军作战的成见，不相信民军的缘故，或者也是为了他自己在朔县城内为所欲为时无所顾忌。但是，这样一来，不但明显得罪了地方，更重要的是，大敌当前，不利于军民团结对敌。民军遭遣散后，作为朔县民军营营长的李志仁被任用为征运局协理，负责为魏德新的驻军筹办军需。

李志仁，字乐山，朔县城内人。民国初年先后担任过灵丘、榆次县警佐。民国 13 年(1924)9 月，卸任回朔县，被地方绅商公推为朔县商会会长。民国 15 年(1926)2 月，山西各地大办地方民军时，他被任命为朔县民军营营长。

同年 7 月下旬，国民军旅长赵守钰率部攻占右玉、平鲁后，兵临朔县城下。由于赵守钰与魏德新有着师生之谊，赵守钰首先给魏德新写信劝降。魏德新见大军压境，又有师生关系可依靠，就有了献城的打算。或许是为了假借民意，也或许是为了探测和掌握城内反降力量的情况，魏德新还专门就如何对敌召集了城内绅商开会征求意见。李志仁提出，朔县城高墙厚，四门结实，且不缺给养，主张死守，以待援兵。作为公推的朔县商会会长，他在绅商中本来就很有影响力，守城得到了众人的肯定。李志仁当然也引起了魏德新分外的重视。李志仁却并不知道守城反降主张会给自己招来极大的风险，甚至是杀身之祸，但事关大局，尤其是面对邻近各县被占后广大民众的生命财产普遍遭受巨大侵害的事实，他自感不能坐视不顾。他敢于挺身而出，正是其大无畏精神的充分展示。其凛然正气也使魏德新一时未敢贸然行事，只好另想他法。

时间拖延到 8 月中旬，魏德新担心国民军失去等待的耐心而攻城，终于下决心对李志仁痛下杀手。14 日早晨，李志仁正在自家院内浇花，魏德新派兵手持名片登门相请，说有要事相商。李志仁没来得及更换衣履，就被胁迫至魏之团部。魏德新称李志仁通敌有据，不容分说，当即绑赴南城门外予以枪决。是日上午，在城内街头张贴布告，全城民众当即大震。李家亲族闻讯，更似晴天霹雳。但人死不能复生，鉴于魏之淫威，无可奈何，只能收尸安葬。

魏德新除掉了他投降路上的大绊脚石，震慑了广大民众，可谓是一举两得。魏德新打通了投降之路，但他并没有继续迈出投降的下一步。由于国民军与奉军在南口一线作战不利，15 日，也就是枪杀李志仁的第二天，国民军下令全线退却。向败退者投降，当然是谁也不会去做的事。

之后，李家将魏德新诬杀李志仁一事控告于晋军总司令部。案情由军法临时会审处侦讯。历时近一年，通过多方查对，由魏德新提供的、他所查获的李志仁通敌"函件"笔迹，其实是出自魏德新一人之手，证实了魏德新对李志仁的专意陷害。魏德新被判处有期徒刑 13 年，交陆军监狱执行。冤案昭雪后，为了表彰李志仁献身保土卫民的事迹，朔县工商界人士和李氏族人共同出资，在李志仁遇难之地题记刻石立碑，并建碑楼一座。可惜日寇占领朔县后被毁。

魏德新枪杀李志仁，也是肆意妄为的军阀习气在他身上的典型表现。

魏德新服刑年余后周旋出狱，阎锡山政府甚至还每月发给魏德新生活费 30 元大洋，他因而得以闲居太原。在官方眼里，再严重的残害民命行为也似乎无所谓。7 年后的 1933 年 10 月，当李志仁 19 岁的儿子李枢偶然得知魏德新早已逍遥法外后，自然极为气愤。官方任意践踏法律的行径也使这个血气方刚的青年人顿添一股藐视威权的英雄气概，李枢决心以其人之道还治其人之身。独自谋划准备了一个星期后，李枢终于如愿击毙了魏德新。当时的社会舆论对官方法外徇情，让魏德新提前出狱脱罪非常不满，认为政府应承担一定责任，且普遍赞赏李枢替父报仇，既是一个大孝之子的传奇之举，也是为社会伸张正义，并非仅仅立足于个人恩怨。同时，依据 20 岁方为成年的民国刑法规定，认为李枢属于未成年人，依情依法不应重判。李枢也被判刑 13 年。4 年后抗战爆发，李枢提前出狱参军，随叔父李尚仁在重庆负责难民救济工作。新中国成立后，李枢任教于省城工业学院，直至退休。返乡之时，颇受乡人盛待。

直到现在，他们父子这一段不同寻常的传奇事迹，还不断出现于朔州乃至山西的文史典籍之中。

第八章

走向新中国

（从五四运动到解放战争时期）

概述

辛亥革命虽然结束了清朝的腐朽统治，但并没有给中国人民带来幸福和安康，军阀连年混战，列强不断入侵。

在中国共产党成立前后，朔州地区就走出了罗绣、郑业、曹汝谦、杨松青、高程云、郑足等早期革命者。他们在“五四运动”的推动下，用马克思主义武装自己，寻求民族解放、国家富强之路，在中国共产党的领导下，投身于大革命的洪流中，用生命和鲜血熔铸了革命先驱的光辉形象。

抗日战争爆发前后，由中国共产党实际主导的山西牺牲救国同盟会和第二战区战地动员委员会在朔州地区各县组织抗日救亡运动，宣传发动群众，建立抗日武装，秘密建立党组织，使抗日救国思想深入人心，为持久抗战打下了坚实的基础。

抗日战争时期，朔州地区的政治经济连同行政区划、机构设置等都发生了重大变化。抗日战争初期，朔州各县相继为日军占领。日军将雁北13县从山西省分割出去，组成晋北自治区，成立晋北自治政府，归张家口伪蒙疆联合委员会管辖。后在各县设立县公署，县城附近及各据点设立大村公所，实行殖民统治。而山西省国民政府实行分区联系制。全省划分为7个政治区(行政区),朔州地区6县分属第一、二行政区,并在各县委任县长,组织县政府。中国共产党及其领导的八路军在朔州地区建立抗日根据地后,由于斗争形势的需要,今朔州市辖各县以北同蒲铁路为界,分别划定为同蒲路以西地区归晋绥边区领导,同蒲路以东地区归晋察冀边区管辖。

1937年,日寇占领朔州地区,灭绝人性,血腥屠杀,制造了一系列惨绝人寰的大惨案。仅朔县城的“九二八”惨案中就有4800余人惨遭杀害。朔州人民在中国共产党的领导下,同仇敌忾,投入到反侵略、保家园、驱倭寇、卫中华的民族解放斗争中。八路军一二〇师挺进雁北,在朔州地区派出的武装部队和朔州人民一起,不断组建和扩大革命武装,先后建立了左右凉、大怀左、朔平西山、洪涛山区、清平、应县南山等多处抗日根据地,展开了八年抗日游击战争,进行大小战斗数百次,创造了许多可歌可泣的业绩,涌现出无数彪炳史册的英烈。其中,雁北支队首袭井坪,察绥游击支队杨家窑战斗,下汇战斗,碓臼坪、泽青岭、柏家庄等战斗和一二〇师独立六支队杀虎口战斗、鹅毛口战斗、增子坊战斗、左小峰战斗等,都狠狠地打击了敌人,可喜的战绩被朔州人民频频称道。归国华侨李林、全家抗战的蒙蔚等人成为杰出的民族英雄。深入敌后的各支武工队,灵活机智地打击敌人,使敌人闻风丧胆。在朔州地区进行的茹越口之战,国民党军队拼死抵抗,誓与阵地共存亡的战斗精神同样永远留存于朔州及中国抗战史上。经过八年的艰苦奋战,朔州人民终于和全国人民一起赢得了抗日战争的伟大胜利。

解放战争爆发后,随着晋绥边区、晋察冀边区的撤销,东西雁北合并。各县统归雁北地区管辖。1949年9月,朔州各县划归察哈尔省,属雁北专署管辖。

解放战争期间,朔州地区同样进行了多次非常惨烈的战斗。1946年解放朔县城,晋北战役首战告捷。三攻应县,两次受阻,毛泽东主席曾为此作了亲笔指示。

从中华民国成立到新中国建立的30多年间,历史风云变幻迅疾,时代潮流澎湃激荡,革命斗争势如烈火。英雄的朔州儿女英勇不屈、顽强奋斗,用自己的生命和鲜血,迎来了朔州地区的解放,迎来了新中国的诞生。

早期革命家曹汝谦

曹汝谦(1905—1929),原名儒谦,字效公,应县下马峪村人。在高小念书时,受其二舅父郑业和三舅父郑绩的影响,开始萌发革命思想,经常阅读郑业从北京带回的《新青年》《每周评论》等进步书刊。

民国9年(1920),曹汝谦考入山西省立第三师范(大同师范),同年冬由郑业介绍加入了中国社会主义青年团,奉郑业命在第三师范发展青年团员。年底,他在同学中发展了几名青年团员,组成了雁北第一个社会主义青年团小组。接着,他发动同学走出校门,在大同街头搞宣传活动,引起大同当局的注意,不久被开除出校。

民国10年(1921)秋季,曹汝谦又考入太原平民中学读书,校长梁永泰是阎锡山的亲信,平民中学是阎锡山控制最严密的学校。但在曹汝谦的发动下,平民中学的革命气氛很快活跃起来。不到一年,曹汝谦又以不守校规的罪名被开除出校。

民国11年(1922)夏天,中国共产党早期创始人之一的高君宇回到太原,介绍曹汝谦到已由上海迁到北京的共产党中央机关刊物《向导》周报社工作,曹汝谦负责收发、送报、通讯联络等工作。这期间,他刻苦学习马列著作,思想觉悟和理论水平提高很快。1922年,高君宇介绍他加入了中国共产党。

曹汝谦像

民国13年(1924)夏天,曹汝谦随高君宇南下,准备投考黄埔军校。到广州后,轰轰烈烈的沙面大罢工正在进行，组织上令他和高君宇立即参加罢工的组织工作。罢工胜利后，曹汝谦被分配到中共两广区委。在这里，他结识了刚由欧洲回国担任两广区委委员长的周恩来，在周恩来直接领导下工作。

10月，广州商团发动叛乱，在周恩来亲自领导的平息叛乱的战斗中，曹汝谦靠着他的机智勇敢，每次都能圆满完成任务，受到周恩来的器重。因此，在组建中国共产党领导的第一支革命武装——大元帅府铁甲车队时，周恩来就确定曹汝谦为领导人之一，任铁甲车队政治教官。

铁甲车队的政治军事训练仅仅进行了一个月，就开始执行作战任务。先是奉令支援广宁的农民运动，攻击顽固的土豪寨子。后来，陈炯明进犯广州，曹汝谦又率领车队第三排返回广州，参加东征。在战斗的间隙，铁甲车队将敌人破坏的铁路、桥梁、车站迅速修复，完全控制了广九铁路，保证了东征大军的运输畅通。

民国14年(1925)5月，混入革命阵营的滇桂军阀杨希闵、刘震寰，乘革命军东征，广州空虚之机发动叛乱。曹汝谦所在的铁甲车队奉命回师参加平叛战斗。开始，车队在广州东堤天字码头至大沙河一带布防，掩护党政机关撤过珠江。随后，移驻大元帅府，保护大元帅府的安全。待东征军回师广州沙河区，包围了叛军主力后，铁甲车队和飞机掩护队配合黄埔军校第三期入伍生总队攻占了石牌车站，然后沿铁路线向砂河进攻。攻下砂河后，观音山又被敌人占据。铁甲车队已经连续作战几昼夜，大家又累又饿。这时，曹汝谦激励大家并带头猛冲猛打，一鼓作气冲上了观音山，将敌人全部消灭。

不久，曹汝谦被调到何成濬的鄂军总指挥部任政治部主任，复调程潜的第六军任政治部主任(未到职)，又调到国民革命军第一军第七团任党代表。

民国16年(1927)“四一二”反革命政变后，曹汝谦又随周恩来到武汉，任湖北省政府警卫第二团党代表，住在武昌的南湖。当时由于中共所掌握的武装力量大部分在河南前线作战，曹汝谦率领的这支部队就担负起保卫党中央的重任。民国16年(1927)5月，曹汝谦率部参加了平息夏斗寅叛乱的战斗，还奉命挺进各县，坚决镇压武汉周围搞叛乱的土豪劣绅。“七一五”反革命政变后，中央将曹汝谦从警卫二团调到中央军委工作。“八一”南昌起义后，曹汝谦率领张稼夫等人在武汉安置起义

失败后从前线撤退下来的军事干部，从而保存了党的力量。

民国16年（1927）冬，党中央转移上海，曹汝谦奉命继续留在武汉做地下工作。民国17年（1928）秋季，党中央派曹汝谦去北平做地下工作，一个月后，即被北平警备司令部逮捕，经多方活动，最后由何成浚（时任北平行辕主任）和丰玉玺保释出狱。

次年春季，何成浚在郑州组织讨逆军第三路总指挥部。党组织派曹汝谦在何部以任职作掩护，为党做兵运工作，以期组织队伍起义。曹汝谦化名曹谦，以何成浚部的总参议兼军需处长的身份，活动于士兵和中下层军官中，在部队进行宣传组织工作。但不久何部被撤销，曹汝谦虽无公开身份作掩护，但继续为完成党组织交给的任务而奔走。他经常活动于豫北、新乡一带，准备建立一支革命武装。由于他的名声较大，当时任河南省主席的军阀韩复榘曾指示部下尽快捕杀曹汝谦。曹汝谦富有地下工作经验，虽数次遇险，都幸而走脱。民国18年（1929）春，曹汝谦回家完婚，趁机在应县发展党的组织。同年8月22日，党组织令曹汝谦立即赶到河南，去做武装暴动工作。原来，在豫北的卫辉府（今汲县）有一支自发的农民武装“千民会”，党组织决定由曹汝谦与杨靖仁（曾任阎锡山旅长）把这支队伍组织起来，迅速扩大，发动武装暴动，建立红色革命政权。曹汝谦按照地下党的指示，与杨靖仁来到卫辉府西南的贺生屯，找到“千民会”的头领——猎户马友春，经过积极活动，在贺生屯集中起300人。不久，河南义勇军在贺生屯正式成立，由曹汝谦任司令员，下辖第一团，马友春任团长。曹汝谦做通了汲县县长的工作，允许义勇军移驻卫辉城内，曹汝谦还写信给他在应县发展的地下党员杨清元等人，邀他们到汲县帮助扩军。到11月，卫辉城里的义勇军已扩充到500多人，城外驻的两个团也初具规模，只等年关一到，就发动武装起义。

驻新乡的豫北警备司令张万庆侦知后迅速组织抓捕曹汝谦。11月30日凌晨，一阵激烈的枪声在卫辉城头响起。曹汝谦判断情况有变，马上组织突围。部分同志顺利脱险，而曹汝谦不幸被捕。面对敌人的威胁利诱，曹汝谦一言不发。张万庆便下令把曹汝谦和同时被捕的马友春等17人杀害。曹汝谦牺牲时，年仅24岁。

大革命时期，曹汝谦曾介绍10余名应县知识青年投考黄埔军校，如曾为国民党将官的曹福谦、刘移山等，还有一位是他的本家舅父郑足。

革命先驱杨松青

杨松青(1903—1977),原名杨德奎,曾名杨云州、杨秀峰,怀仁县鹅毛口村人。幼读私塾,空闲时下煤窑背炭,18岁考入省立三师(大同师范)。"五卅惨案"发生后,三师成立"五卅惨案声援会",杨松青奔走呼号,积极参加学生运动,并加入青年团。同年9月,他南下广州,进入黄埔军校,12月由曹汝谦介绍加入中国共产党。

民国15年(1926),杨松青参加北伐,在武汉被编入政治大队后,介绍其大队长徐向前加入中国共产党。民国16年(1927)1月,杨松青任武汉总工会纠察大队第二大队副大队长。7月,调二十军三师二营任副营长,随部参加了"八一"南昌起义。在汕头、揭阳附近的战斗中,右臂负伤,流落汕头,生活极度艰难。在一位友人的帮助下,由汕头辗转到上海、武汉,通过王世英找到了党组织。"四一二"反革命政变后,被派遣到杨虎城部任骑兵连长,在杨部开展统战工作。

杨松青像

民国23年(1934)至26年间(1937),杨松青在陇海、平汉路从事党内地下交通工作,任天津交通站副站长。他冒着生命危险往来于北平、天津、上海、西安等地。民国25年(1936),中共中央为争取西北军抗日,毛泽东等领导人给西北军主要将领分别写信,申明大义,表明共产党联合抗日的愿望。当时,毛泽东给西北军军长杨子恒的信,就是由杨松青以其堂兄弟的身份面交杨子恒的,为促进西北军抗日,起了重要作用。

"七七"事变后,杨松青奉命到山西发展革命武装,公开身份是离石县公安局局

1955年聂荣臻(左一)、郭沫若(中)与杨松青在重庆

长。经杨松青等人艰苦细致地开展工作,将公安局内的旧警长、巡官、警察等改造组成一支抗日武装队伍,编入山西第四专员公署政治保卫总队,杨松青任队长。民国29年(1940)初,改编为新军特务团,杨松青任团长。其时,杨松青积极发展武装,并源源不断地将大批干部、战士和武器弹药输送给一二〇师,而他按上级党的指示,始终保留一个团的编制。对此,一二〇师关向应政委给予很高评价,并得到朱德总司令的称赞。

民国29年(1940)底,杨松青到军政学院学习,并参加了延安整风。康生诬陷他有"历史问题",借机整他,虽有王世英极力担保,康生仍不放过。后经胡耀邦审查,确认杨松青历史清白,对党忠诚,作了最终结论。民国34年(1945),杨松青被任命为抗大高干队军事教育主任,不久调中央军委任参谋。

民国36年(1947)2月,杨松青调中原野战军,任敌工部长。他跟随刘伯承千里挺进大别山。为了在大别山坚持下去,张际春请杨松青编写的山地战歌诀,对全军适应山地战起了很好的指导作用。

淮海战役帷幕拉开后,双堆集一战,全歼国民党十二兵团。清理战场,唯独不见兵团司令黄维。刘伯承说:"找不到黄维,这一仗等于白打了。"他指示杨松青:"一定要找到黄维!"杨松青不分昼夜地在十多万战俘中进行调查，直到把黄维找到。在送黄维去见刘伯承的途中，黄维看到如潮的民工，问杨松青："这次战役你们动用了多少民工？"杨松青回答："200多万！"黄维又问："用多少人看押？"杨松青哈哈大笑说："他们都是自愿来的，撵都撵不走。"黄维喟然长叹说："民心可鉴，我们彻底失败了。"与此同时，杨松青还做了很多国民党高级将领的工作，使他们弃暗投明。

重庆刚解放，杨松青出任重庆市委统战部部长，他频繁往来于民主党派各种团体之间，同社会名流广泛接触，与胡子昂、杨受百等一大批重庆各界民主人士结下了深厚的友谊。在"三反"、"五反"、"反右"等政治运动中，杨松青模范地执行党的政策，坚持实事求是原则，挽救了不少人，也教育了不少人。特别是在"反右"中，他坚持不搞扩大化，这在当时是难能可贵的。

"文化大革命"中，杨松青被诬为投降派，经常遭批斗，但他铁骨铮铮，一身正气，坚持实事求是地对待一切问题。

杨松青先后任重庆市委统战部副部长、部长，市委常委，市革委会副主任，四川省政协常务委员，全国政协历届特邀代表和第四届委员等职。1977年病逝于重庆。

杨松青作风淳朴，平易近人，密切联系群众。新中国成立初，他回家乡探亲，当地政府和群众敲锣打鼓到车站迎接他，他却悄悄地离开车站，徒步回到了鹅毛口。在重庆时，每逢部里举办文艺活动，他都让下属通知机关附近的群众来参加。他经常

杨松青纪念堂

告诫部下，在群众面前万不可摆官架子，绝不能凌驾于群众头上。因此，他深得群众的爱戴。杨松青去世后，街道居民、学校学生，自发用松枝鲜花编织了一个花圈表达他们的哀思，家乡父老闻讯，在村里遥祭，并吁请当地政府为杨松青树碑。

文武双全的高程云

高程云，字一鹏。1905 年出生在朔县东榆林村一个较为富裕的农民家庭，是从朔州地区走出的早期革命者之一。中学时期，他深受辛亥革命思想的影响。辛亥革命虽然结束了上千年的君主专制，但并没有让中国走向民主共和，列强虎视眈眈，军阀纷争恶斗，国家的前途与命运使他深感忧虑。

1921 年初中毕业后，高程云以优异成绩考入山西省立第一中学。这期间，他阅读了不少进步书刊，接触了新思想和新文化，高程云领悟到振兴国家就必须改变这个国家的腐朽制度。他广泛接触社会，结识了很多进步同志。1923 年，他参加了该校的进步组织青年学会，积极从事各种进步活动。1925 年，他是朔县反房税斗争的发起人和重要领导人。

1927 年 4 月 28 日，李大钊先生被奉系军阀张作霖绞杀，白色恐怖笼罩整个北方。但是李大钊先生对信仰和真理矢志不移，为传播和实践马克思主义而英勇献身的革命精神却深入人心。高程云痛心疾首，但没有悲观失望，而是更加认识到只有跟着中国共产党干革命，才能拯救中华民族。6 月，他坚定地加入了中国共产党，决心继承先烈未竟的事业。

1927 年秋，他考入国立北平大学农学院（现中国农业大学）。党的地下组织把他的组织关系转到国立北平大学农学院。此后，他参与了国立北平大学进步组织“人社”主办的《人言半月刊》的编辑工作，把《人言半月刊》作为对敌斗争的重要阵地，宣传革命思想，传播马列主义。这个时期，他和同在革命队伍中的山西老乡范若愚、戎子和密切接触，相互

高程云像

熟悉，高程云忘我的工作精神给他们都留下了很深的印象。以至于在党的十一届三中全会后，他们重新工作期间，追忆当年共同革命的同志时，对高程云都缅怀不已。

1929 年，他中途放弃北平大学农学院学业，赴日本留学，在日本明治大学学习，并与东京“人社”的支部组织创建了东京华侨小学。他这次出国属工作需要，组织安排。当时国内革命处于低潮，应该与组织上考虑保存革命骨干力量有关。在专业学习的同时，他一面在华侨小学任教，一面从事革命活动。1930 年，日本政府逮捕了不少进步学生，并引渡回国。此时，华侨小学也被日本政府下令停办，他被迫回国，回到国立北平大学农学院农业经济系继续学习。

1931 年至 1932 年，反动当局疯狂镇压革命运动，在学校党组织失去上级联系的情况下，他积极参加学校的学习马克思主义的读书活动和有关社团活动。由于他积极参加革命活动，被国民党反动当局列为通缉的国立北平大学农学院学生之一。

1933 年 1 月，长城抗战爆发。他投笔从戎，参加了吉鸿昌领导的抗日武装队伍，在张家口一带进行抗日活动。1933 年 9 月，抗日同盟军失败后，他再次回到国立北平大学农学院农业经济系学习。1935 年毕业后，他去江西农业院工作，任推广部技术员。

1936 年，华北抗日救亡运动高涨，他毅然离开江西农业院，回到北方，参加抗日救亡活动。1937 年抗日战争全面爆发后，他直接投身于抵抗日本侵略者的斗争中，在 1940 年“百团大战”中牺牲，年仅 35 岁。

新中国成立后，由于种种原因，他的英名长期未能写入烈士的史册。党的十一届三中全会后，经过有关部门向有关人士多方调查取证落实，于 1990 年 11 月 1 日，由山西省人民政府批准追认为革命烈士。1991 年 1 月 29 日，中共朔城区委、朔城区人民政府在烈士的故乡召开了追悼会，纪念这位革命先驱。

牺盟会在朔州

牺盟会的全称是山西牺牲救国同盟会，是抗日战争爆发前，国共合作建立的抗日民族统一战线组织。牺盟会的会长名义上是阎锡山，实际领导权由中国共产党的秘密党员掌握，是共产党在山西发动民众、武装民众，进行抗日救亡的群众组织。

1936 年 12 月，山西牺盟总会首次派往雁北的先遣队，由联络员武养民、张效忠、张干臣等率领百余名村政协助员，在经太原短期训练后，带着阎锡山的“尚方宝剑”向各县进发。当时，地处偏僻的雁北广大城乡人民在饱尝了军阀混乱的灾难之后，又面临日军的入侵。整个雁北人心惶惶，民不聊生。村政协助员打着阎锡山的“官办”招牌，陆续来到的消息很快传遍了各个城镇乡村。在一片充满喜悦和忧虑的议论声中，村政协助员走村串巷，登台讲演，控诉日本帝国主义在东北三省的侵略罪行。一时间雁北各县沸腾起来。

到朔州各县的牺盟会员及村政协助员属大同牺盟中心区领导。其中，山西牺盟总会执委张干臣（共产党员）以牺盟会联络员的身份，带领四名村政协助员来到了应县。其时，正值“双十二事变”刚刚发生，应县旧县长王映银正要主持召开一个所谓“声讨张、杨叛逆大会”。得知这一消息后，张干臣决定发动进步青年，利用这一机会揭露国民党顽固派的不抵抗政策。在会上，先是县长讲话，无非是张学良、杨虎城如何大逆不道，不该逮捕蒋介石，散布一些亡国的论调。县长的讲话一结束，一位身穿制服的青年在大会主席台上站了起来，宣读孙中山遗嘱。伴随着洪亮的声音，会场平息下来，紧接着是一连串的质问：“现在民众唤起了没有？中国人民自由了没有？平等了没有？眼看着日本帝国主义侵占了东北，变全中国为殖民地，为什么不去抵抗？是谁不去抵抗？‘双十二事变’说明了什么？这完全是蒋介石‘先安内，后攘外’的政策所致。”平静的会

山西牺牲救国同盟会成员合影

青年学生在街头进行抗日宣传

场顿时沸腾起来了，“反对内战，一致抗日！”强大的口号声打断了讲演。此刻，群众愤怒的情绪已经达到高潮。“打倒日本帝国主义！”“打倒汉奸卖国贼！”等口号此起彼伏，震动县城。这个讲话的青年就是张干臣。

那次会后不久，应县牺盟会的活动迅速遍布了城乡各地。街头巷尾常常有牺盟会员的宣传活动。应县牺盟会的组织发展也很快，到 1937 年 4 月，应县有 171 名青年参加了国民兵军官教导团，后来加入了山西牺盟总会领导的决死队。

就在同时，一个叫魏梅（右玉县人）的村政协助员来到了平鲁城。不久，又下到了井坪镇（今平鲁区政府所在地）。他利用各种机会召集学校师生并深入各手工业者家里控诉日本侵略者在东北三省的侵略罪行，讲述亡国奴任人宰割的苦难遭遇，动员青年知识分子参加牺盟会。这时井坪初小教师贾治富和手工业者柳编匠王二铁的儿子王谋等数十名青年率先加入了牺盟会。从此，井坪的抗日救亡活动迅速发展起来。

农历正月十五日，村政协助员魏梅在贾治富、王谋等牺盟会员的配合下，组织了一个高跷队和演唱队，利用传统节日进行抗日宣传。演唱

“同胞快醒，抗日救国”胸章

山西牺牲救国同盟会会章

队先在玉皇阁对面的戏台上演出《木兰从军》《放下你的鞭子》等进步剧目。下午，高跷队上街演出，同时伴着“打倒日本帝国主义！”“不当亡国奴！”的口号声。这时井坪区公所沈区长组织的秧歌队（由沈区长小舅子带领并指挥）挡住了去路并捣乱，大骂高跷队“不守规矩，破坏治安”。数名牺盟会员便把这个小丑打了一顿。沈区长派人把王谋等数名牺盟会员以“扰乱社会秩序”为由“禁闭”起来。这时，正值山西牺盟总会执委戎伍胜巡视晋北到达井坪，闻听此事，下令将禁闭的牺盟会员放了。之后，井坪的抗日救亡活动更加活跃起来，一大批牺盟会员参加了国民兵军官教导第九团。

6月，为了响应党中央“为争取千百万群众进入抗日民族统一战线而斗争”的号召，把山西抗日救亡运动引向纵深发展，山西牺盟总会结合当时的斗争形势，决定从“军政训练班”和“牺盟特派员训练班”中挑选一批进步青年（绝大多数是共产党员，少部分是“民先”队员），以牺盟特派员的身份派到各县开展工作。在朔州各县的情况是：平鲁县特派员屈健、康庄；右玉县特派员韩燕如、傅生麟；朔县特派员宋效先、王儒玢；怀仁县特派员孙培贵、张健中；山阴县特派员苏谦益、李秀芝（又名李培芝）；应县特派员郭钦安、戎占峡。

同时，中共山西工委为了充分加强党对雁北抗日救亡运动的领导，在牺盟会公开身份的掩护下，建立了中共雁北工作委员会，书记阎秀峰、组织委员侯富山、宣传委员李林（女）。并把特派员中的共产党员分片编成了党小组，山阴、应县、朔县为一组，郭钦安任党小组长；左云、右

中共雁北工作委员会书记阎秀峰(左二)与战友们

玉、平鲁为一组,屈健任党小组长。这批特派员名义上是牺盟会派来的工作组,实际上是党组织派到雁北的一批党的领导骨干。这批特派员来到各县后,一方面开展抗日宣传,发展牺盟会员,健全牺盟会组织,并通过牺盟会的活动发展共产党的组织。另一方面,建立革命抗日武装,改造旧政权,掌握和建立抗日民主政权。同时,组织工、农、青、妇、商各界抗日救亡团体。再一方面,实行合理负担,改善人民生活,发展农业生产。从此,以牺盟会出面的各种抗日救亡活动遍及朔州各地。

抗日战争全面爆发后,朔州地区各县牺盟会和部分继续留下的牺盟会特派员,根据山西牺盟总会的指示,在中国共产党的领导下,同各县人民一道在敌后开展了如火如荼的抗日斗争。

日军朔县“九二八”屠城

1937 年 9 月 27 日,日本关东军察哈尔派遣兵团酒井兵团在侵占山阴、应县后与侵占平鲁的第四师团本间旅团及第十二留守师团铃木旅团会师后直扑朔县城下。

守卫朔县城的东北军何柱国骑 3 师 9 团 3 营 11 连 100 余人,在副团长邵平章(朔县城内人)带领下,与县长郭同仁、警察局长白生成、牺盟会特派员宋效先(共产党员)等人,带领防共保卫团100余人,和几十名警察,在头一天动员群众用土口袋堵了西门、北门和东门,这天一早又堵南城门,要与城共存亡。

何柱国像

28日拂晓,日军开始用重炮轰击朔县城,守军进行了顽强抵抗。上午10时许,日军用坦克撞开北城门,守军与之巷战失败,县城遂告陷落。日军屠城三日,不分男女老幼,十个一串、八个一伙捆绑双手,有的用麻绳勒住脖子,用铁丝串住锁骨、鼻翼,押到南城门外,逼跪在城壕堰上,先用刺刀穿膛,后用机枪扫射。南街二道巷一次就被日军串起500多人,枪杀于南城壕。被杀害的群众死了一批又一批,直至南城壕被填平后,日军又开来坦克,在尸体堆上碾压。大街小巷,尸横遍野,血染长街,惨不忍睹。在西花园街的一块空地上,日军把汽油泼在被俘守城士兵身上,然后点燃,狂笑取乐。牛家巷姓曹的一户人家,连其探亲的外甥共13口人藏在山药窖里,被日军扔进手雷全部炸死。草市街"义忠祥"成衣局师徒12人同时被杀。"广亨源"掌柜、伙计20人全部遇难。躲藏到西关帝庙内的60多名群众,日军发现后堵住庙门,集体屠杀。其中有十几个盲人吹鼓手躲在庙内厢房,被日军投进手雷,炸得血肉横飞,溅满了墙壁。居民徐增寿院内共住38口人,被日军杀害了11人,他父亲、叔父一起被杀害于南城壕,他和侄子重伤未死,深夜死里逃生,成为惨案的幸存者和见证人。有的群众从南门出逃,被日军堵住,其中有换了便服的商会会长贾成德,县长郭同仁和他的马弁,骑马赶到南门,弃马混入群众中。日军翻译令贾成德从人群中认老百姓,贾认到十几个人时,县长郭同仁等不及了,便喊:"润之润之(贾成德字润之),你不认识我吗?"没等贾开口,日军再不许贾认

郭同仁像

人，便将所有的人赶到南门外连郭同仁等都枪杀在南门外城壕。日本侵略军从北街杀到西街，到东街把肖仲、尹之等多人捉上，搬开城门，杀死在东门外，只有西门未开。从 9 月 28 日上午起到 30 日午后三天，日本侵略军血洗了朔县城。事后日军让维持会统计城内各户被杀人员，每一死者补食盐 1 斤，共发放了 3600 多斤。被杀绝户的 160 余户无人领取，不在此数。这次屠城连同村里进城“躲兵”的、学徒的、送月饼探亲的、过路住店的、关南坐贾商人以及我守军等死难共计 4800 多人。其中同德泉、广亨源、义忠祥等店铺人员被杀光，北街王耀全家、东庙巷黄家鼓匠班都被杀绝，西和成李家父子 6 人被屠杀，文庙看庙的老两口都 80 多岁了也被杀死。第四天，玉皇庙街张俊两个八九岁的儿子被日军用粗铁丝贯穿双耳，然后将尸体悬挂到房梁上。在这三天的大屠杀当中，日军抓人给他们烧水、杀猪，当时用白布写上“村井部队司令部使用人”作为执照，这些人才幸免一死。

面对日军的血腥屠杀，城内军民同敌人展开了英勇搏斗。何柱国部几名士兵在南街朱衣阁上居高临下，击毙日军多人后，英勇牺牲。11 连 1 排长邵含章是邵平章的二弟，打死几名日军后弹尽，和另一名士兵被日军捉住用铁丝勒死，其妻高氏与日军争夺铁丝时被刺刀捅死。南关刘氏三兄弟同几个日军搏斗，用顶门杠和瓷罐猛砸日军脑袋，逃出虎口。曾当过清朝“绿营兵”的年近七旬的姜佐才，枪击日军并肉搏而死的经过更是惊心动魄，令人难忘。9 月 28 日上午，日军入城后，三个守城士兵跑进水圪桃堰街紧靠城墙下的姜佐才家，上气不接下气地说：“日军进入县城，在街上开始大屠杀，您快领我们躲躲吧。”姜佐才听后气愤地说：“这些日本狗强盗，真是杀人不眨眼的刽子手。我人虽老，也要跟他们拼命，决不当亡国奴！”当看到城墙上晃过几个日本兵的身影后，他从一个士兵手中夺过一支枪，从窗户眼里向外连放几枪，接连打倒几名日军。日军发现射击目标后，先用炮轰击了一阵子，接着便闯入院内进行搜捕。姜佐才临危不惧，孤身一人坚持向敌还击。敌人叫嚣着逼近后，他便奋不顾身地扑上去，跟敌人展开了肉搏战。终因年老体衰，寡不敌众，被日军连刺数刀而死。

在朔县屠城的日军部队，在随后的忻口战役中全部被我军歼灭，得到了应有的下场。

抗日武装雁北支队

从1937年9月14日到28日，朔州地区6县城在短短半个月内相继被日军占领，沦陷区人民顿时陷入水深火热之中。在此危急形势下，八路军一二〇师三五八旅七一六团奉命组成雁北支队，挺进雁北，深入敌后，创建根据地，开展抗日游击战。团长宋时轮以第二营为基础，很快组成一支近千人的队伍，亲任支队长，率军奔赴朔州地区。

宋时轮，1907年出生于湖南省醴陵县。1922年在醴陵中学参加社会主义研究所。1926年考入黄埔军校。1927年1月加入中国共产党。1930年任红军学校第四分校校长。1935年随中央红军长征到陕北后任红十五军团作战科科长。1936年任红三十军军长，率部参加红军东征，刘志丹牺牲后，接任红二十八军军长。红军改编为八路军后任一二〇师三五八旅七一六团团长。

10月1日，支队首袭井坪，一举歼灭了200余名日伪军和一个卫生队，炸毁数辆坦克、装甲车、汽车，缴获了数十箱炮弹、子弹。4日，收复平鲁县城(今凤凰城镇)。接着，对同蒲铁路朔县至大同段进行了破袭战，袭击并攻占了岱岳以南的东榆林和马邑。10日夜和23日，又分别在辛庄和周庄伏击敌军运输队，各击毁敌汽车10余辆，击毙敌军10余人。尔后，迅速逼近大同，于26日夜袭击了大同西南之口泉村，直接威胁到大同日军和同蒲铁路北段敌之交通运输。这样，在近一个月的时间里，支队采取突袭、奔袭、伏击和破袭等手段，狠狠地打击了敌人，初步打开了雁北地区的抗战局

宋时轮像

面，使当地的民心为之大振，并为山西省委派驻雁北地区的干部立足平鲁县，进而发动群众广泛建立抗日根据地创造了有利条件。宋时轮名扬朔州地区，雁北支队军威大振，被人们称之为“宋支队”。

为了便于部队隐蔽机动，开展山地游击战，弱化日军机械化部队优势的发挥，宋支队迅速东进到洪涛山区。洪涛山区位于朔县、平鲁、右玉、左云、怀仁、山阴等县的交界处，山势险峻，沟壑纵横，以此为依托，可奔袭（大）同太（原）公路、同蒲铁路沿线之敌，威胁这一带敌军的交通和运输，是创建根据地的好地方。部队进驻到山阴县西山的水头村一带，他们首先做好团结和发动群众工作。支队纪律严明，对群众秋毫无犯，帮助驻地群众挑水、打扫院落，用实际行动感动群众，消除群众的顾虑，扩大影响。另外，组成工作队，深入山区广大农村，

中共晋绥边特委书记赵仲池（后排左二）和他的战友们

八路军地方工作团宣传发动群众投入抗战

大力宣传共产党、八路军的抗日政策，用日军侵华罪行教育群众，唤起群众的民族觉悟，动员、组织群众团结起来，一致抗日。一些村庄组织起抗日救国会、妇救会、自卫队等群众团体，制军衣、做军鞋、站岗放哨、送信，大批青年踊跃参军参战。

爱国青年踊跃参加八路军

根据地儿童团站岗、放哨、查路条

1937年10月，雁北支队向大(同)怀(仁)左(云)地区派出三个武装工作团，其一活动在偏岭、夏家马营一带，其二活动在鸦儿崖、鹅毛口一带，其三活动在吴家窑、峙峰山一带。工作团化整为零，深入农村，通过写标语、演讲等多种形式，开展抗日救国宣传，广泛发动群众。在此基础上，首先，组建了大怀左抗日救国委员会，刘国梁任主席，驻地设在黑流水村。同时建立三个区抗日救国会，将人民群众的抗日斗争纳入有组织、有领导的轨道。其次，组建了500余人的大怀左抗日游击大队，大队长为蔺子明，下辖三个游击中队。第三，开展秘密建党工作，先后在鹅毛口、羊圈沟、高屯、上山井等村发展了40余名党员，在羊圈沟等村建立了党支部。这一时期，仅怀仁地区就有300余名青年主动参加了游击队和八路军。一次，近百名日军窜入大怀左根据地边沿村庄骚扰，支队部分干部战士在游击队的配合下对敌伏击，经过40多分钟的战斗，击毙日军10多名，缴获重机枪1挺，长短枪

20余支，烧毁敌汽车1辆，迅速打跑了敌人。12月初，雁北支队又派出钟怀科武工队，挺进右玉二区破虎堡一带，开辟右玉东山抗日根据地。同期，雁北支队还派陈仲明率领的武工队，挺进左云、右玉、凉城三个县接壤地带，以右玉东山沟、左云五区山区为中心，深入农村宣传抗战，发动青年参军参战，扩建武装力量，消灭、收编危害群众的土匪团伙，武装开辟左右凉抗日根据地。到1938年4月，雁北支队已经发展成为一支编有3个步兵营、1个骑兵大队、8个挺进队（相当于8个连），总兵力达2000人的队伍，各游击队也有了很大发展。

对雁北支队开辟敌后抗日根据地的业绩，贺龙曾给予很高的评价，他在《关于晋西北抗战经过概述》中说："直至今日，敌人还不能很快的南犯，宋支队是起到了相当的作用。"

1938年5月，雁北支队奉调东进平西，留一个小分队继续坚持在洪涛山区开展抗日斗争。根据中共晋绥边特委的决定，鲁平奉命来到洪涛山区接收雁北支队留下的挺进六支队，领导洪涛山根据地的抗日斗争，组建成立中共右山朔怀县委，鲁平任书记。成立右山朔怀县动委会，主任为柏玉生。

此后，还有几支抗日武装也曾名为雁北支队：

一、1937年山西地方党组织派赵仲池、刘华香等10余人带电台开赴雁北、绥远边区开展武装活动，组建之部队初始称山西牺盟雁北游击队，司令为牺盟会来的梁雷。1939年该部统一规划为一二〇师三五八旅雁北独立六支队，支队长为王宝珊，胡一新为政委。随后不久，刘华香接任支队长。1940年冬支队转由一二〇师直属。调入晋绥五分区时改称一二〇师雁北支队。

二、1939年8月三五九旅奉命由恒山开赴绥德时，派出七一八团副团长徐国贤率该旅一部组建八路军三五九旅雁北支队。同期，山西动委会在雁北成立察绥游击军一支队。1940年夏，察绥游击军一支队并入三五九旅雁北支队，新支队长由察绥一支队来的刘苏担任，徐国贤副之。1940年10月，此"雁支"又拆开分拨，徐国贤出任支队长的部分仍称为三五九旅雁北支队。1941年后改为三五九旅特务团，辖教导营和警卫营。

三、刘苏、徐国贤"分家"时归刘苏带领的老"雁支"部分后来恢复察绥游击支队番号,属晋察冀五分区指挥。1941 年秋调入晋察冀一分区仍称察绥支队,1942 年后改称一分区雁北支队,刘苏仍任支队长。1944 年底雁北指挥部改为晋察冀新五分区,刘苏的“雁支”嫡脉仍在其内。

先后命名为雁北支队的这几支抗日武装,都在朔州地区的抗日斗争中建立了不朽的功勋,做出了巨大贡献。

血战茹越口

1937 年 7 月 7 日“卢沟桥事变”后,日本侵略军分两路沿平汉路和平绥路向华北发动进攻。其中向北线大同方向进攻的是日军东条(英机)纵队和伪蒙疆兵团。他们在突破中央军的南口防线和晋军的盘山防线后,于 9 月 13 日入侵大同,9 月 20 日侵占应县,试图突破雁门关防线侵入山西腹地。

当时晋军的防守重点是雁门关和平型关,对军事要隘茹越口没有在意,只放了一个旅进行防守。而日军主力恰恰避开重兵防守的雁门关和平型关,选择兵力薄弱的茹越口作为进入山西的突破口。

防守茹越口的是晋绥军第六十九师(后改称第三十四军)师长杨澄源所属的第二〇三旅。旅长梁鉴堂,参谋长艾子谦,旅辖三个团。

茹越口是恒山上的一个交通要道,向为兵家必争之地。茹越口的北面是应县,位于茹越沟,沟两边是

日军拍摄的茹越口

梁鉴堂像

高山，从应县南下繁峙，必须经过这里。这个口子宽约数十米，有大路通行。阎锡山曾在茹越口的两山筑有简单的国防工事，有防空洞（石窑）、碉堡、散兵壕等。二〇三旅就驻扎在这里。旅部设在茹越口东南3里左右位于茹越沟的一个小村孙家窑。

1937年9月27日，日军蒙疆兵团主力混成第二、第十五旅团向茹越口阵地猛攻。二〇三旅四二七团坚决抵抗，战况激烈，伤亡惨重，激战竟日，日军未能前进一步。27日晚，旅长梁鉴堂曾令四〇五团赵团长带一个营去王宜庄袭扰敌人。28日晨，日军先用猛烈炮火轰击晋军阵地，炮火之后，即驱伪蒙骑兵发起冲锋，守军居高临下，以轻重机枪及手榴弹猛烈还击，伪蒙军死伤累累。紧跟着，日军又轮番冲锋，占领了茹越口前的一个小山头。旅长梁鉴堂亲率警卫排到前线督战，走至山口时，被占领小山头的敌人枪击阵亡，警卫排亦大部牺牲。守军见旅长殉国，义愤填膺，向敌猛攻，终将敌人的进攻打退，并将梁旅长遗体抢回。战至下午，守军伤亡过半，连长、营长大部牺牲，日军冲上阵地，守军奋起与敌拼刺刀，终至寡不敌众，阵地失守，残部及预备队退守铁吉岭阵地。29日，日军再次向铁吉岭阵地猛攻，侵略者援兵源源不断，守军后继无援，铁吉岭亦于同日陷落，至此，日军突破恒山防线，进入繁峙川。

此次血战，二〇三旅伤亡惨重，除旅长梁鉴堂阵亡外，牺牲营长褚孝昌等官兵2000余人，四〇三团一个满员连仅剩下17人。撤到忻县整编时，全旅只编了一个团。同样，日军的伤亡也很大，茹越口前，堆满了日军的尸体。因此，战后日军拿茹越口村的老百姓出气，屠杀茹越口村群众30余人，杀害附近教场村民17人，南上寨村亦有村民被杀害。

马鞍山伏击战

1938 年 4 月下旬，八路军三五八旅张宗逊旅长和张平化政委率七一六团和旅部直属队北上，经神池县、平鲁县城进入洪涛山区，七一六团驻口前、玉井一带，旅部驻水头、东庄等村。为了寻机打击敌人，他们不断派出侦察员深入同蒲铁路沿线，侦察敌情。5 月中旬，七一六团以小股部队，先后在山阴县南的北周庄之间成功地伏击了日军汽车队，偷袭了榆林火车站。这两次战斗，毙伤敌 40 多人，击毁敌汽车三辆，缴获了一批武器弹药。

张宗逊像

5 月 22 日晚上，旅部获得朔县城日军军官教导团要在明日上午到平鲁城慰问的情报后，张宗逊旅长当即决定抓住战机，歼灭这股敌人。当夜，贺炳炎副旅长带领七一六团的一营和二营的两个连，共 700 多人，由两名熟悉地形的群众带路，火速赶到马鞍山下的公路两侧，破坏了公路，修筑了简易的工事，严密而周详地作了伏击敌人的部署。

贺炳炎像

马鞍山位于朔县城北约 30 里处，是朔县到平鲁的必经之地。该公路铺设在马鞍山脚下的沟底，道路蜿蜒曲折，极有利于居高临下打伏击。23 日早饭后，朔县日军军官教导团派出 62 名日军押着 7 辆汽车，满载着白面、大米、猪肉、罐头之类的食品由朔县城出发，耀武扬威地向马鞍山地段开来。当前面的 6 辆汽车进入马鞍山脚下的沟底时，发现公路已被截断，一名日军指挥官慌忙跳下车，命令押车士兵作战斗准备。就在这时，埋伏在公路两侧山坡上的七一六团健儿，"砰"的一声打响了歼敌的第一枪，那个敌军官应声倒在地下。紧接着步枪、轻重机枪、手榴弹响成一片，打得敌人连头都抬不起来。60多名日军在这突然打击下，像切了头的苍蝇一样四处乱窜，有的爬到汽车下躲避，有的隐藏沟岔。此时，我指战员跃出阵地，像猛虎一般扑向公路，短兵相接，与日军展开白刃格斗。有两名鬼子爬到汽车上，抓起机枪向我军扫射，两名战士急速绕到背后，乘其不备，将两名日军推下车，随即用刺刀结果了他们的性命。还有三名日军逃到附近的石崖湾村，正架起机枪向我军射击时，埋伏在这个村的二营一连战士，用手榴弹将其炸得血肉横飞。

八路军指战员在观看缴获的战利品

八路军战士缴获的日军枪械

这次伏击战，进行了一个多小时，歼敌61名，击毁敌汽车6辆，缴获步枪50余支，机枪2挺，小炮2门和6辆汽车上的全部物品。只有最后一辆汽车，因未进入我伏击圈，在战斗打响后，转过车头仓皇逃回朔县城。朔城日军得知我军伏击了他们的车队，恼羞成怒，立即出动大批部队赶到马鞍山增援。但当增援日军到来时，我军早已打扫完战场转移了。日军气急败坏地乱放了一阵枪炮后，只好扫兴地返回朔县城。

马鞍山战斗后，部队移驻到朔县西山的下水头村，召开了由地方党政干部参加的祝捷大会。张宗逊、贺炳炎在会上讲了话，并对挺进洪涛山区以来立功的一批战士、干部给予了表彰奖励。在祝捷大会上，还向群众展览了在马鞍山战斗中缴获的一批武器。会后，用缴获来的日军白面、大米和各类肉食罐头给指战员们改善了生活，请地方党政负责同志与旅、团的领导一起会餐。半个月后，阎锡山就此战致电蒋介石报捷。

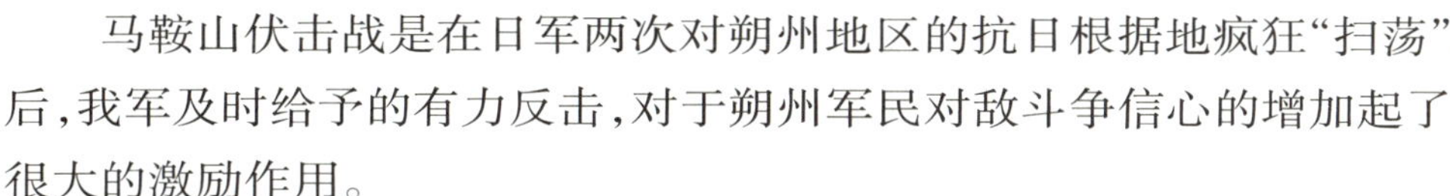

马鞍山伏击战是在日军两次对朔州地区的抗日根据地疯狂“扫荡”后，我军及时给予的有力反击，对于朔州军民对敌斗争信心的增加起了很大的激励作用。

女英雄李林

在抗日战争最艰苦的1940年，在塞上莽莽苍苍的洪涛山下，倒下了一位名震华夏、功垂青史的女英雄。她，就是人们熟知的李林。

李林（1916—1940），女，原名李秀若，生于福建闽侯县，幼年随养父侨居印度尼西亚爪哇地区。1930年回国求学于福建厦门集美中学、上海爱国女中，后考入北平民国大学。“九一八”事变后，她以“甘愿征战血染衣，不平倭寇誓不休”的誓言，积极参加了学生抗日救亡运动。1936年底加入中国共产党，随即投笔从戎，赴太原参加军政训练班学习。1937年夏，来到抗日前线——雁北，发动和组织民众进行抗日救亡运动。历任雁北工委宣传部长、雁北游击队政委、八路军一二〇师六支队骑兵营教导员、牺牲救国同盟会晋绥边工委宣传委员、晋绥边区十一专署秘书主任、晋西北行政公署委员等职。她宣传发动群众，培训地方干部，组织人民武装，为开辟和巩固晋绥抗日根据地做出了重要贡献。她长时间活动于平鲁县境内，转战长城内外，曾以田成村夺马、麦胡图破

平鲁区李林烈士陵园雕像

敌、偏关城杀奸、夜袭红沙坝、奇袭岱岳镇等战功，名扬根据地，成为晋绥边区能征善战的巾帼英雄。她的英名使敌人见之颤栗、闻之丧胆，敌人曾以5000元银洋悬赏捉拿。1940年4月26日，在平鲁县东平太村反扫荡战斗中，为掩护专署机关和群众安全转移。她有意将敌人火力吸引在自己一边，双手持枪，英勇奋战。党政机关、军政人员及群众大部突出重围，但仍有一部分未及脱困。李林二次杀入重围营救。敌人将李林团团围住，李林将最后一颗子弹留给自己，壮烈殉国，时年24岁。

李林骁勇善战，战功卓著，与人民血肉相连，亲如手足。当李林遇难的噩耗传出的时候，引起了晋绥边区军民的极大悲痛，中共中央妇委会在延安召开了追悼会，并向全党、全军和全国人民通报了她的英雄事迹，号召全体共产党员和全国妇女，以民族英雄李林为榜样，踏着李林烈士的血迹战斗，争取中华民族的彻底解放。李林壮烈殉国，震动了国内外，当时的各媒体

李林（前右二）担任晋西北行政公署委员时与中共晋西北军政干部的合影

都报道了她的英雄事迹。中共中央机关报《新中华报》、重庆的《新华日报》等多家媒体都在头版刊载了李林英勇牺牲的消息、通讯和纪念文章。中共中央晋绥分局机关报《新西北报》还于5月26日发表了《悼李林同志》的社论。

悼民族女英雄李林同志

《晋绥日报》悼念李林的文章

中央妇委对她的评价是：

二十余岁之青年李林同志，自一九三七年夏起即在前方英勇杀敌，不仅是女共产党员的光辉模范，而且是全国同胞所敬爱的女英雄。今竟英年战死，实我中华民族——特别我妇女界严重损失。

新中国成立后，关于李林烈士的宣传不断深入，1985年，平鲁中学改名为李林中学。

关于李林的传记文学作品版本很多，以李林事迹为题材创作的影视作品也有多部。2009年，在中宣部等11个部门联合组织开展的“100位为新中国成立作出突出贡献的英雄模范人物”评选活动中，李林被评为“100位英雄模范人物”之一。她已经成为中华民族的一面旗帜，一位家喻户晓的民族英雄。

晋察冀“铁军”应县支队

应县支队，前身是察绥抗日游击军第一支队，也称雁北军分区独立第十二团，后称雁北支队，是抗日战争和解放战争时期由中国共产党领导的，战斗在应县、浑源、繁峙一带的一支地方武装。在抗日战争中，曾被誉为“晋察冀西北角的一支铁军”。

1937年8月，应县龙泉村人共产党员刘苏，动员来自平津、察绥、

刘苏像

雁北等沦陷区的64名青年学生和旧军人组成了察绥游击军第一支队，刘苏任支队长。支队成立后，共产党员陈凤桐、安汝涛、阮慕韩等奉命到该部工作。察绥游击军后来又扩建了几个支队，1938年10月，由于军内发生分裂，全军只剩第一支队开赴雁北参加抗日战争。共产党为了保留和改造这支抗日武装，由陈凤桐以军政治部长的身份，把二支队、十五支队从右玉调到应县、浑源地区，由八路军帮助整训。并改名为察绥游击支队，支队长刘苏，政委陈凤桐，政治主任安汝涛。政治部下设组织、宣传、民运、除奸、总务等科。支队下辖3个大队、1个教导队。支队建立党总支，大队建立党支部，成为一支完全由共产党领导的抗日武装。这支部队的领导成员多为知识分子，如政委陈凤桐是留日学生，支队长刘苏是北方军校毕业，政治部主任安汝涛与王铭森、朱宝琛是平津大学生，科长钟琪、杨劝农、范郁文、任达之以及营级干部张一波、方正、肖警宇、赵奕轩都是高中生，连、排干部大部分为中学生，文化程度高，接受党的方针政策快，斗争坚决，经过残酷斗争锻炼，成为敌后抗日的一支劲旅。

支队于1938年6月间，在浑源、应县、山阴一带开展敌后武装斗争，活动于东起浑源凌云口、西至山阴的西安峪一线。当时，应、浑川下敌人的统治力量较强，是敌人的“治安强化”区，据点林立，扫荡频繁，支队深入敌后，主动灵活地袭击敌人，并在南山游击区充分发动群众，帮助组建抗日民主政府。当时毗邻南山游击区的应县重镇下社村，为乔日成率领的敌伪武装所占据。为争取一切力量，共同抗日，利用日乔之间的矛盾，分化敌人，支队曾先后数次派任达之、王铭森、刘仲英等人到乔部作争取工作，虽未说服乔日成率部抗日，但与之建立了联系。在1939年夏以前，支队与乔部未发生过大的军事冲突。

1940年春，察绥游击支队奉命与三五九旅的雁北支队合编，统称

雁北支队，司令员刘苏，副司令员徐国贤，政委陈凤桐，副政委谭文邦。1944 年，雁北支队与雁北青年支队合编，改称应县支队，应县县委书记赵凡兼任支队政委。

支队在坚持敌后抗日的 8 年间，克服重重困难，不断巩固和扩大抗日根据地，而且经常深入到应县、浑源、繁峙川下敌占区破坏交通，袭击敌伪据点和伪政权机关。比较著名的战役有：杨家窑战斗，下汇战斗，碓臼坪、泽青岭、柏家庄等战斗。1940 年夏，支队参加了著名的百团大战，配合晋察冀主力攻击南坡头、抢风岭等敌人据点，执行了阻击打援任务。1942 年，支队除坚持在应县、繁峙的山区根据地斗争外，还组织了边耀山武工队、怀仁武工队、山阴武工队，深入敌后作战。

1945 年 8 月，日本投降后，支队输送两个主力连队编入解放军野战部队十一旅，下余三个连及新吸收的应县各区区小队、武工队和新兵合编为雁北军分区独立十二团，共辖五个连，近千人。团长张一波，政委温友成、杨子安，他们继续战斗在以应县为中心的雁北境内，常驻小石口村。与据守县城的乔日成部进行的战斗不下数十次，由于十二团英勇善战，乔军闻风丧胆，不敢轻易出城抢掠，有效地保卫了群众的生命财产。应县南山一带群众纷纷向十二团赠送锦旗，赞誉为人民的“看家佛”。

在解放战争中，十二团还经常配合主力作战。1946 年 1 月 13 日，配合十一旅攻击抢占浑源城的傅作义部三十八师。在这次战斗中，十二团担任南城主攻，团长张一波身先士卒，随第一个尖刀班登上城头，取得了攻坚战的胜利。7 月，又配合解放军主力投入大同战役，十二团曾攻克大同外围的口泉、平旺、七里村、南下庙等阎军据点。由于十二团战士多为应县人，所以应县人民把这支部队一直看作是自己的子弟兵。

1947 年 8 月，晋察冀军区决定将所有地方部队整编为第一纵队，十二团也奉命编为一纵队二旅四团，刘苏任二旅副旅长，张一波任四团团长，杨子安任团政委。整编后，该团又参加了忻定护秋战役，解放石家庄、保北、察南、绥东战役，解放应县等战斗。在各次战役中，四团均作为旅主力担任攻坚任务，而且屡建战功。尤其在解放石家庄战役中，该团首先突破敌人防线，攻入市区。

1949 年，四团整编为中国人民解放军六十六军一九七师五八九团。在解放太原战斗中，获“登城先锋”锦旗。随后参加了抗美援朝的一至四次战役，屡建战功。

雁北支队在战争年代牺牲连以上干部30余人。新中国成立后被授予将军军衔的6人，涌现出军级、部级干部10余人。

独立六支队在朔州

1938年7月，中共晋绥边特委根据对敌斗争需要，决定把朔州地区的五支队（和右县）、六支队（平鲁县）、七支队（和右县）、八支队（直属特委领导）和11支队（在右玉西山地区组建）等合编起来，形成拳头，更加有力地打击敌人。筹建工作基本就绪后，特委派刘华香向一二〇师贺龙师长、关向应政委等领导作了汇报。

贺龙师长作了五点指示后，正式命名支队为“第一二〇师独立六支队”，并任命刘华香为支队长，姜胜为政委（8月改任胡一新），还任命了骑兵营、步兵营领导。李林被任命为骑兵营教导员。

刘华香，江西省吉安县人。1929年参加红军，曾在红三十二军九十六师任团长，解放战争时任绥远军区参谋长，新中国成立后任内蒙古军区副司令员。1955年授衔少将。

在组建独立六支队的过程中，赵仲池、郑林、李林、李登瀛、梁雷、柏玉生、屈健、胡一新、李林枝、武养民、康庄、苏谦益、姜胜、田仲、胡亦民、胡全、王默平、赵英、石青山、张福来、王零余、傅生麟……及一二〇师雁北支队、警备六团的同志都做了大量的工作。支队属一二〇师师部和中共晋绥边特委双重领导。

1938年9月，支队组建不久，就夜袭长流水敌据点，首战告捷，打死打伤日伪军90多名。至年底前又转战长城内外，接连取得了圪臭沟、五柳沟、蓝旗马厂、厂汉营等袭击战的胜利，很快成为晋绥边地区打击敌人的一支重要的地方武装力量。1939年10月，部队已由组建时的150人发展到800多人。

向八路军投降的日军士兵

此后,在朔州地区进行的无数次战斗中,著名的战斗还有:

1938 年 9 月间进行的鹅毛口战斗。此役,毙伪军队长以下 30 余人,俘敌 80 余,缴获步枪 60 余支,我方只有 3 个战士负伤。

1939 年 4 月进行的增子坊战斗。经过一个多小时的战斗,打死打伤敌人众多,俘日伪军 5 人,缴获敌人汽车 1 辆,歪把机枪 1 挺,步枪 6 支,王八盒子 3 支,子弹 3000 余发。在战斗中,连长贾连成和李胜牺牲,1 名排长和 10 名战士负伤。第二天,中共晋绥边特委书记赵仲池、边委会主任屈健、支队长刘华香、政委姜胜、各县县委和各群众团体的负责人及 2000 多群众参加了庆功大会,会上敲锣打鼓,为立了战功的指战员和民兵们披红戴花。

1939 年冬天进行的杀虎口袭击战。此战共击毙敌人 30 余,7 名日军全部被打死,其余 100 多名伪军全被俘虏。缴获步枪 160 多支,机枪 7 挺,子弹两万余发,战马 100 余匹。我方伤亡 12 人。

1940 年 3 月进行的左小峰伏击战。这次战斗,从上午 9 时开始,到 11 时半结束,打死敌人 100 余,一个日军小队长被击毙。俘敌 100 余,缴获山炮 3 门、机枪 4 挺、步枪 150 余支、王八盒子 3 支、子弹 10 万余发、山炮炮弹 60 余发、战马 10 匹、战刀 1 把。

六支队从 1938 年组建到 1941 年番号撤销，部队分别编入八路军主力部队的三年时间里，一直战斗在以洪涛山为根据地的朔州地区及长城沿线。打了不少漂亮仗，也付出了很大的牺牲。支队政委胡一新同志、归侨女英雄李林、58 岁的老英雄蒙蔚等都是支队中英勇牺牲的著名烈士。

解放朔县城

1946 年 6 月初，晋察冀野战军、晋绥野战军为切断太原与大同之敌的联系，发动了晋北战役。晋北战役的第一仗是解放朔县城。

1946 年 6 月 14 日，由周士第、贺炳炎指挥的晋察冀、晋绥野战军在地方部队及民兵配合下，开始围攻朔县城。当时守城的是阎锡山的山西省北岳区总指挥楚溪春（驻大同）部下中将张文龙。城内驻有王达山组织的政保团 300 人，三十八师三团三营 250 人，警察、挺进支队 100 余人，“爱乡团”600 余人，共 1250 余人，配有轻重机枪 50 余挺、步枪 500 余支、迫击炮 2 门、护城碉堡 10 余个。此外，山西省防第五军十五师四十五团千余人，由团长殷成玉带领，驻守在北邵庄至朔县火车站一线，负责铁路和朔县城的外围防务。

解放军攻城部队是晋绥军区二旅三十六团和雁门军分区的一、三团，指挥员为二旅旅长唐金龙和五分区司令员王赤军，前线指挥部设在北邢家河村。攻城部队接受任务后，进行了沙盘作业，训练了爆破手，作了战前演习，配备了攻城用的云梯及破坏电网、铁丝网的各种工具。

6 月 17 日零时 30 分，在炮火掩护下开始攻城。三团二营四连唐钧带领投弹组，掩护突击队长贾世仁和其他 3 名突击队员，从城东北角登云梯首先爬上城头，点燃解放朔县城的第一把火焰信号。在后续部队因压断了云梯没有及时增援的情况下，他们 4 人坚守阵地，抵抗着冲过来的 30 多个守城敌军。激战之际，六连从东登城，四、五连与二连在六连登城处，消灭了反扑的敌军，亦攻入城内。五连与二连于 1 时 30 分攻下了县公署。二连又绕到城南协同四、六连夹击城楼上的敌军，经数次冲锋形成对峙局面，二连即转向公安局进攻，并于 3 时占领。与此同时，三十六团从城西发起进攻，二营从西北角登城。五、六连于 3 时占领文庙及敌指挥所两处制高点。攻击西门的四连受阻，三营八连从西北角登城向北门攻击，二营二连班长张八带领爆破组，先用 35 公斤黄色炸药将北城门炸开一个口子，接着又用 90 公斤炸药将用沙包堵着的瓮圈城门炸开，二营、三营攻入城内，击退敌军，控制了北城墙。

朔县城内弹片横飞，巷战激烈，被迫当兵的“爱乡团”士兵纷纷缴械投降。在强大火力攻击下，敌军收缩兵力，集中在西城楼、南门、十字街文昌阁、鼓楼和东城楼负隅顽抗。其中，文昌阁是敌政保团指挥部，火力猛烈，居高临下，对入城部队威胁很大。三十六团神炮手、战斗英雄刘海山在北城门洞架起迫击炮，凭借月光，连放三发，全部命中目标，敌专员王达山腿被炸断。三营战士一阵猛攻，歼敌 50 余人，于 4 时占领文昌阁。一团二营绕至西北角登城，协同三十六团四连在山炮掩护下，向西城楼攻击，5 时占领后即向南门攻击。在炮火轰击下，南门守敌退至东门，南门亦被解放军占领。

东城门为守城敌军临时指挥部。天亮时，三十六团三营及三团 4 个连展开攻击，先将两座炮楼摧毁，接着猛烈攻击。17 日上午 8 时攻克了东门，张文龙率残部向东城外逃跑，被三团三连阻击，大部俘获，张文龙只带 20 多人逃往大同。至此，城内守敌全部被歼，解放军集中火力围歼东关火车站守军。车站守敌系殷成玉部四十五团，其临时指挥部设在车站水塔上，塔高 30 余米，直径 6 米，钢筋混凝土结构，四周均有射击孔，驻有一个连的兵力。三十六团歼灭火车站敌军后包围了水塔。由于工事坚固，炮弹、子弹发挥不了作用，于是用火力掩护，爆破组冲到塔底，堆上炸药，轰开 6 平方米大的一个口子。塔底敌军全部上了塔顶，解放军冲进塔内，敌军从塔顶往下扔手榴弹。为了避免伤亡，下午 8 时，攻击部队把木柴、干草点燃扔进塔内，敌守军才缴械投降。

在解放朔县城战斗打响的同时，解放军向铁路沿线敌据点发起进攻，6 月 16 日下午，一团一营由张家堡出发到前寨。17 日零时 30 分，前寨车站战斗打响，三连迅速将区公所摧毁，二连在车站北面与守敌对峙，监视车站之敌。朔县城战斗结束后，一团二营带山炮一门赶到前寨车站参加战斗。13 时 45 分，在炮火配合下，一营、二营南北夹攻，守敌缴械投降。

解放朔县城战斗共毙、俘敌 1230 余人，活捉敌专员王达山、团长丁堂、副团长李长仁及阎锡山留用的 4 名日本军人。缴获大炮两门、轻重机枪 50 余挺、步枪 500 多支、子弹数万发、火车 1 列、汽车 2 辆、电台 2 部。

战斗中，解放军牺牲 40 余人。2000 余名民兵从数十里外赶来，为部队搬送弹药，护送伤员，协助作战。县城人民冒着枪林弹雨，主动为部队送水送饭。中共地下工作者和内线人员为解放军提供了重要情报和敌人兵力部署图，在解放朔县战斗中发挥了重要作用。

朔县，是解放战争中人民解放军解放的朔州地区第一座县城。

朔州骄子戎子和

新中国财政战线重要领导人戎子和，原名戎伍胜，今平鲁区下面高乡莺房沟村人，祖辈务农。1927 年考入山西省太原第一师范学校，接受了爱国主义思想，参与领导了太原的学生爱国运动。1931 年“九一八事变”后，作为一师的学生代表，加入山西学生抗日救国联合会，任学联常委。1934 年考入山西大学法学院经济系。1936 年 12 月加入中国共产党，是山西牺牲救国同盟会的发起人之一，任执委、常委。1937 年参与了抗日武装山西新军的组建，任新军决死三纵队政治委员。6 月，兼任山西长治五专署专员。年底兼任专署保安司令，后任决死三纵队司令员。1941 年 7 月任晋冀鲁豫边区政府副主席、党组副书记。

1948 年 9 月任华北人民政府委员、财政部部长。北平解放前，作为中共三人代表之一，参加了北平和平解放的谈判工作。后又作为北平军事接管委员会委员兼物资接管委员会副主任，协助市长叶剑英主持了对北平财经部门的接管和恢复工作。

戎子和像

新中国成立后，戎子和历任财政部副部长、党组副书记、书记，政务院财经委员会委员。1952 年 10 月至 1953 年 8 月任财政部代部长，和陈云、薄一波、李先念一同协助周恩来总理，为新中国成立初期整顿财经纪律，恢复国民经济，完成统一全国财政和调整工商税收，理顺共和国经济秩序，做了大量工作，奠定了全国财政工作稳定运行的基础。在主管国家财政预算的 11 年中，在国家面临财政经济困难的情况下，为弥补巨额财政赤字，保持财政收支平衡，保障抗美援朝后勤供给，采取发行公债、债券等措施，缓解了国家经济运行中亟待解决的诸多矛盾。特别是在抗美援朝期间，作为当时财政工作的组织领导者之一，戎子和认真贯彻执行中央“边抗、边稳、边建”的方针，为抗美援朝的伟大胜利和国民经济的恢复呕心沥血，为年轻的共和国建设做出了重大贡献。

1960 年，戎子和调任中共中央西北局委员、财贸办公室主任。期间，他对西北地区的粮食、商业和财政金融工作进行了深入的调查研究，为克服西北地区三年暂时困难，组织调运粮食，改善商品供应，及时解决人民生活问题做了大量卓有成效的工作。

“文化大革命”中，戎子和遭到林彪、“四人帮”的残酷迫害，在身心受到严重摧残的境况下，坚持不懈地斗争，并写出财政工作经验总结提纲，为后人留下了一份宝贵的遗产。粉碎“四人帮”后，戎子和同志得到彻底平反，恢复名誉。

1978 年 5 月任财政部顾问，同年 7 月兼任中央财政金融学院院长、党委书记。1979 年 1 月任财政部党组纪检组长。戎子和是第五、六届全国政协委员、常委。1988 年离休。1999 年 3 月 20 日在北京逝世，享年 93 岁。

戎子和同志忠诚党的事业，坚持原则，秉性耿直，不唯书，不唯上，

勇于谏言;注重调查研究,实事求是;勤于学习,作风正派;保持了劳动人民的本色,心系群众,是中国共产党的优秀党员,忠诚的共产主义战士,国家财政战线上的重要领导人。他的一生是为中华民族解放事业,为社会主义革命和建设事业鞠躬尽瘁、奋斗不息的一生;是为党、为民、为国尽职尽责、无私奉献的一生。他为革命建立的不朽功勋,彪炳史册,光照后人。

朔州六县人民民主政权的建立

1945 年 8 月 11 日, 全国各抗日根据地根据毛泽东主席和朱德总司令的命令,全面对日伪军发起大反攻。8 月 14 日,雁北前线总指挥部成立,苗树森任总指挥,李登瀛任总政委。朔州地区夺取抗战最后胜利,反击阎日伪合流抢夺抗战胜利果实的斗争随之展开。8 月 17 日,朔县城获得第一次解放, 同时, 西山自卫队和游击队接收右玉城。8 月 18 日,平鲁城获得解放,同时成立平鲁市、井坪市,市长分别为王敏、程凤岐。8 月下旬,山阴县除岱岳一处外,全县广大地区获得解放。尽管朔县城等地在抗日军民收复不久后又被阎军夺去, 但新的解放区在反复的斗争中不断扩大。

8 月 23 日,经绥蒙区党委决定,中共雁北工作委员会成立,李登瀛任工委书记。为适应新形势的需要,雁北工委决定在原抗日民主政府的基础上重新组建县委及县人民民主政府。如果把这两种政权简单地对比一下,就能明显地看到,同此前“三三制”政府不同的首先是党的领导作用和地位有了进一步突出和加强。朔州地区各县委、县人民民主政府很快相继组建。石磊任中共朔县县委书记,贾丕绩任县人民民主政府县长。康庄任中共平鲁县委书记并兼县人民民主政府县长。石生荣任中共右玉县委书记,王志风任县人民民主政府县长。牛其益任中共右南县委书记,张慕姚任县人民民主政府县长。王尚志任中共山朔县委书记,张

慕姚任县人民民主政府县长。李志明任中共山阴县委书记，王越毅任县人民民主政府县长。9月，绥蒙军区二十七团接收怀仁，并成立怀仁县（路西）人民民主政府，何长修任县长，后组建中共怀仁（路西）县委，王尚志任县委书记。中共应县县委及县政府领导也进行了调整，雷宜之任县委书记，康建业任县长。各县还就行政区划进行了进一步调整和确定。各县新政权的建立，为打开新局面发挥了更重要的作用，也为迎接新中国成立奠定了坚实的基础。

各县新政权建立后，当即一方面加强对敌斗争，扩大政治宣传，强化政治攻势；一方面放手发动群众，开展肃奸反贪、减租清算斗争等活动。同时组织广大民众从人力、财力、物资等多方面加强支前工作。

1946年1月，国共双方签订停战协定后，阎军破坏协定，对朔州地区的解放区大肆进犯和袭扰，新生的人民政府为配合部队痛击进犯之敌，一方面加强形势教育，提高“和平”与“战争”两种思想准备，作好自卫反击备战工作。并且，多方面开展军政、军民团结等劳军慰问活动。另一方面，制定了以“减租、生产、练兵”为中心的全面建设解放区的各项工作措施，各县抽派干部组成工作队，深入农村抓好兴修水利、开垦荒地等工作，推动解放区不断掀起生产热潮。2月17日和5月31日，分别召开了各县首届农民代表大会和首届工人代表大会。6月15日，为回击国民党军队向解放区的大举进攻，晋绥部队发起晋北战役，朔县城、山阴全境等地先后解放，北同蒲铁路线大部被我军控制。战役中，各县积极组织游击队、民兵参战，配合部队架云梯，抬担架，救护伤员等，出色地完成了各项支前工作。

1947年，各县党政机构在组织地方武装配合部队抗击进犯之敌的同时，先后开展了土改工作。1月，怀仁县首先进行了试点工作；8月，右玉、山阴、朔县、平鲁等县都先后以点带面广泛铺开。期间，对土改中出现的划分阶级成分偏高致使敌对面扩大化，分房分地绝对平均，乱打乱斗等“左”的倾向进行了认真纠正。各县的施政能力在工作中得到了不断提高。

1948年3月，朔州地区各县老解放区和半老解放区的土改基本结束。到处呈现出一派喜气洋洋的欢快景象。各县组织开展的全力以赴抢修公路，运集粮草等支前工作及大批民工随军远征支前都得到了翻身农民的积极配合和支持。各县加强基层党组织的工作扎实地开展起来，一大批经过考验的积极分子被接纳吸收入党。同时，各县还对一部分区、村干部分期分批进行了轮训。先后举办的党员、民兵、妇女训练班也收到了明显的效果。各县地方武装相继整编壮大，有力地打击了地富还乡复仇队的猖狂报复。在军民共同攻击下，3 月，右玉城获得解放，怀仁城获得第三次解放；4、5 月间，三攻应县迫使敌人狼狈而逃；5 月，怀仁城获得最后解放。各县又组织新解放区深入进行土改工作。6 月，培养和选拔一批领导干部补充野战部队，或随部队开辟新区。当时的平鲁县委书记张耀宗、山怀县委书记王尚志等就都属此。11 月，平鲁等县还组织召开了劳资代表大会。各县党政机构在各项工作中的堡垒作用越来越突出。

1949 年，在一派大好形势下，朔州地区各县全力以赴，投入支前工作，运粮、运煤等任务都得到了上级的表彰。5 月，由专署组织抽调组成的南下先遣队奔赴临汾。6 月，各县组成的第一批南下干部由李登瀛等人率领分赴大西南和大西北。8 月，又派出了第二批人员奔赴新区。9 月 2 日，雁北地区划归察哈尔省管辖。9 日，东、西雁北两大根据地合并，重新组成中共雁北地委、雁北行政公署，张晓东任地委书记兼专署专员。当时，朔州地区各县的县委书记、县长分别是：怀仁，县委书记王治元、县长沈浩；山阴，县委书记张静、县长高呈；朔县，县委书记康伯成、县长肖成林；平鲁，县委书记白进、县长杜臻；右玉，县委书记张荣怀、县长江永济；应县，县委书记胡辰祥、县长李守元。12 月，朔州地区各县第一次党员代表大会和各界人民代表会议相继召开。朔州人民心花怒放，热烈庆祝彻底翻身解放，从此当家做主，放声宣告艰难困苦的历史从此成为过去，欢快的脉搏与人民自己的新政权一起跳动。各县党政领导机构经过血与火的洗礼，经过残酷激烈的战斗考验，满怀信心地带领朔州人民踏上新的征程，开创新局面。

参考文献

(北魏)郦道元:《水经注》,上海古籍出版社 1990 年版。

(清)顾祖禹:《读史方舆纪要》,中华书局 2005 年版。

王仲荦:《北周地理志》,中华书局 1990 年版。

施和金:《北齐地理志》,中华书局 2008 年版。

白寿彝总主编:《中国通史》,上海人民出版社、江西教育出版社 2013 年版。

刘泽民主编:《山西通史》,山西人民出版社 2001 年版。

王耀斌总主编:《朔州通史》,三晋出版社 2009 年版。

高海:《朔州简史》,三晋出版社 2012 年版。

朔州市三晋文化研究会编:《朔州历史文化丛书》(第 1—5 辑),三晋出版社 2007—2012 年版。

卫奇、谢飞编:《泥河湾研究论文选编》,文物出版社 1989 年版。

雷云贵编:《朔州文物考古文集》,三晋出版社 2013 年版。

后　记

经过一年多时间的努力，由朔州市三晋文化研究会承担编写的《三晋史话·朔州卷》数易其稿，终于完成。我们如释重负，也满怀欣慰。

本书精选了朔州历史上一系列颇有影响的重要事件，颇为知名的重要人物和许多古迹文物，以时间为线，纵向排序，分章简述，内容涵盖地理、政治、经济、军事、文化、宗教、民俗等各个领域，难免纷繁复杂。我们力求最大限度地加以浓缩提炼，以新颖的视角反映朔州的历史大势，让读者跨越历史长河，全面而简要地领略源远流长的朔州历史文化。凡是朔州曾经的沧桑，朔州显现的人文，朔州固有的精神等等，无不是我们希望奉献给大家的。

本书还采用图文结合的形式，力求生动、形象、准确、简要地展示朔州从原始社会到新中国建立的整个历史进程，让读者在轻松愉快中接受历史启迪，得到历史的感悟。

我们几个编写者多年来一直关注和热爱自己脚下这片热土的人文历史。在编写过程中，参考翻阅了大量史书、史料，对不少疑点也一再进行了考究探索和多方面的调查访问。在广泛收集资料，并采纳来自各个方面的重要观点的同时，尤其注重了第一手资料的挖掘，努力做到严格把握史著及认真探究考古新成果、碑铭新发现等。但由于水平所限，再加上时间紧迫，进行阐发时，难免是欲求科学严谨而实际上仍留缺憾。比如，对高屋建瓴的规律性的认识不够深入，理性思辨不够精要；力求展示的时代性、地方性特色还没有达到理想的境界；对自己热爱和熟悉的领域相对记述较为详细，但难免渗透着个人的观念印记等等。特别是，失误之处在所难免。所以，这只是一本带有史话风格，但并不很成熟完整的东西。其中不如意处，敬请宽谅。谬误之处，衷心地恳请专家和广大读者多予批评指正。

书中引用的资料，主要来自古籍，也有很多来自今人的作品。另外，朔城区三晋文化研究会也提供了大量石刻拓片。全书可以说是前贤今人的研究成果。在这里向本书中被引用过资料的作者表示感谢。

朔州历史要展现的无疑还有许多，因而，遗憾也难免不少。今后，我们将会更加努力。

《三晋史话·朔州卷》编写组

编后记

2014 年初，中共山西省委宣传部决定编撰《三晋史话》丛书，系统梳理山西地区及所辖各市的历史文化，从历史的、文化的、哲学的层面对山西的历史文化以及文明贡献进行回顾总结。为此，山西省委宣传部组织动员各市委宣传部及各地历史文化学者组成了百数十人的工作团队，力求在较短的时间内高质量地完成这套丛书。

为与已出版的通史类著作、地方志类著作有所区别、互不雷同，我们首先在编撰思路上进行了较大的调整。特别强调在基本勾勒出山西地区及各地历史文化发展基本脉络的同时，突出其在文明发展进程中的重大贡献。思考研究问题的视野不能满足于仅仅说清一时一地一事，还要联系文明发展的大历史进行分析对比，以突出其重要价值与意义。在文体上，既强调可读性，更注重严谨性；既要满足一般读者的阅读需求，做到通俗好看，又要具备历史学科的学术品格，言出有据，并使二者较好地结合起来。为此，特别聘请我省的专家担任学术顾问，全面参与到撰写工作之中。各地也高度重视，组织了本地具有较高学术水平的学者专家承担本地史话的撰写任务。

这套丛书的编撰，从提纲的设定开始就进行了反复研究讨论。首先由各卷的编撰者提出初步纲目，再组织丛书的学术顾问与大家一起讨论，提出修改意见，反复数次才基本确定编撰纲目。仅《三晋史话·综合卷》一书的提纲就修改了九次之多。编撰纲目基本确定后，各卷分头撰写。初稿出来后，由学术顾问组的专家进行审阅，提出修改意见，大部分书稿进行了三次以上修改。编撰工作完成后，再次请学术顾问组的专家进行审读。同时出版社进入审稿程序，以期能够最大可能地消灭不准确、不正确、不严谨的问题。

尽管我们付出了极大的努力，但是这套丛书仍然存在一些问题。首先是撰写风格不够统一。其次是由于同一事件涉及不同地区，各地在编撰中均有涉及，难免有重复叙述的现象。三是限于我们的水平、能力，还有许多地方分析得不够、不准。所以，希望读者能够提出批评指导意见，以期在日后进行修改调整。

胡苏平同志主持了丛书的编撰工作。杜学文同志具体负责丛书的组织工作。王灵善、高春平同志具体负责丛书的审读、出版协调事务。渠传福、李书吉、赵瑞民、王灵善、降大任、高春平、巨文辉同志为学术顾问，负责各卷纲目与书稿的审读研讨。崔力、武献民、谢振中、高小勇同志参与了纲目与书稿的审读，负责组织协调工作。各市委宣传部组织协调了本市分卷的编撰工作与图片提供工作。

《三晋史话》丛书编委会

图书在版编目（CIP）数据

三晋史话. 朔州卷 / 刘英魁主编 .--太原：三晋出版社，2015.8
ISBN 978-7-5457-1203-2

Ⅰ. ①三… Ⅱ. ①刘… Ⅲ. ①朔州市—地方史 Ⅳ. ①K292.5

中国版本图书馆CIP数据核字（2015）第202475号

三晋史话·朔州卷

主　　编：刘英魁　王加关
责任编辑：薛勇强
印装监制：赵宏生　李佳音

出 版 者：山西出版传媒集团·三晋出版社（原山西古籍出版社）
地　　址：太原市建设南路21号
邮　　编：030012
电　　话：0351-4922268（发行中心）
　　　　　0351-4956036（总编室）
　　　　　0351-4922203（印制部）
网　　址：http://www.sjcbs.cn

经 销 者：新华书店
承 印 者：山西臣功印刷包装有限公司

开　　本：787mm×1092mm　1/16
印　　张：21.75
字　　数：320千字
印　　数：1-6000册
版　　次：2016年5月 第1版
印　　次：2016年5月 第1次印刷
书　　号：ISBN 978-7-5457-1203-2
定　　价：94.00元